제안서 작성, 팀 빌딩 등 실무 중심의 IT PM 업무 가이드

PROJECT MANAGE MENT SKILL

저자 최선신

아무도 알려 주지 않는
PM 필수 지식

YoungJin.com Y.
영진닷컴

아무도 알려 주지 않는
PM 필수 지식

ISBN : 978-89-314-7752-8

독자님의 의견을 받습니다.

이 책을 구입한 독자님은 영진닷컴의 가장 중요한 비평가이자 조언가입니다. 저희 책의 장점과 문제점이 무엇인지, 어떤 책이 출판되기를 바라는지, 책을 더욱 알차게 꾸밀 수 있는 아이디어가 있으면 팩스나 이메일, 또는 우편으로 연락주시기 바랍니다. 의견을 주실 때에는 책 제목 및 독자님의 성함과 연락처(전화번호나 이메일)를 꼭 남겨 주시기 바랍니다. 독자님의 의견에 대해 바로 답변을 드리고, 또 독자님의 의견을 다음 책에 충분히 반영하도록 늘 노력하겠습니다.

이메일 : support@youngjin.com

주 소 : (우)08512 서울특별시 금천구 디지털로9길 32 갑을그레이트밸리 B동 1001호
(주)영진닷컴 기획1팀

파본이나 잘못된 도서는 구입하신 곳에서 교환해 드립니다.

STAFF

저자 최선신 | **총괄** 김태경 | **기획** 최윤정 | **디자인** 김유진 | **편집** 박수경

영업 박준용, 임용수, 김도현, 이윤철 | **마케팅** 이승희, 김근주, 조민영, 김민지, 김진희, 이현아

제작 황장협 | **인쇄** 제이엠

준비가 부족한 상태로 PM이 되었어요!

IT 업계에는 PM이라는 용어가 두 가지 의미로 사용되고 있습니다.

| Project Manager | IT 프로젝트의 총괄 업무 |
| Product Manager | IT 상품 개발 및 개선 총괄 업무 |

하나는 Project Manager입니다. 고객이 요청하는 IT 시스템을 만들기 위해서 특정 기간 동안 개발을 진행하는 것을 IT Project라고 하는데, 이 IT Project를 시작부터 끝까지 총괄하는 사람을 말합니다.

두 번째는 Product Manager입니다. 특정 회사에서 IT 시스템으로 서비스를 할 때 이 시스템을 하나의 IT 상품(Product)이라고 하는데, IT 상품을 기획하고 개발하고 발전시키며 전체 업무를 이끄는 사람을 말합니다.

이 책은 IT 프로젝트에서 Project Manager로 업무를 하는 분들을 위해 만들었습니다.

모든 IT 프로젝트에는 PM이 있습니다. 하지만 PM의 역할을 수행하기 위해 체계적인 교육을 받거나 준비를 한 후 시작하는 경우는 드뭅니다. 회사에서 개발자로 일하다가 갑자기 PM으로서 업무를 하라는 지시를 받아, 간단한 설명과 자료만 전달받은 채 업무를 시작하는 경우가 많습니다. 또한, 웹에이전시와 같은 회사에서는 별도의 PM을 둘 정도로 사업비가 많지 않아서, 기획자가 PM 업무를 병행하기도 합니다.

저 또한 비슷한 상황에서 PM으로서 일을 시작했습니다. 그리고 상당한 어려움을 마주하며 스트레스를 많이 받았는데, 주변에 똑같이 힘들어하는 분들을 보면서 이렇게 준비가 부족한 상태로 PM을 시작하는 분들에게 확실한 기초가 되는 실무 지식을 나누고 싶은 마음에 이 책을 집필하게 되었습니다.

이 책이 도움이 되는 대상은 다음과 같이 나눌 수 있습니다.

1. PM 준비생 및 신규 PM

– 체계적인 교육 및 준비를 통해 PM 업무를 수행할 수 있도록 가이드

2. 전문적인 PM 교육을 받지 못한 PM

– 현재 본인이 진행하는 PM 업무 방식과 비교해 보며, 자신의 프로젝트 관리 업무를 강화하고 진행에 대한 자신감을 가질 수 있도록 함

3. 사업 관리 및 사업 지원(PMO, PA, QA 등) 담당자

– 사업 관리 및 지원 업무를 할 때, 전체 프로젝트 진행 과정을 확실히 이해하여 업무를 진행하고, 장기적으로 PM으로 업무를 전환하기 위한 기초를 다짐

4. Product Manager

– IT 시스템 개발 과정 및 관리 방법의 지식을 강화하여 Product Manager 업무를 더 체계적으로 진행하도록 함

이러한 분들이 각자의 상황에서 PM 업무를 확실히 이해하고 자신감 있는 업무를 할 수 있도록 하기 위해서, 책은 아래와 같이 4개의 큰 파트로 구성했습니다.

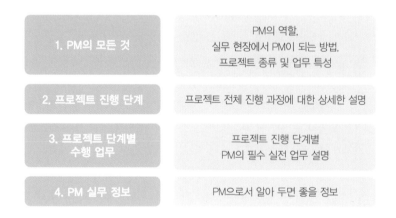

1. PM의 모든 것	PM의 역할, 실무 현장에서 PM이 되는 방법, 프로젝트 종류 및 업무 특성
2. 프로젝트 진행 단계	프로젝트 전체 진행 과정에 대한 상세한 설명
3. 프로젝트 단계별 수행 업무	프로젝트 진행 단계별 PM의 필수 실전 업무 설명
4. PM 실무 정보	PM으로서 알아 두면 좋을 정보

첫 번째 파트는 [PM의 모든 것]입니다. PM으로서 본격적인 프로젝트를 관리하면서 "이 업무를 정말 PM이 해야 하는 걸까?", "다른 사람들은 어떤 과정으로 PM이 되는 걸까?", "이번에 진행하는 프로젝트는 기존에 하던 것과 너무 다른데, 원래 이런 건

가?", "저 회사의 PM과 우리 회사의 PM이 하는 일이 너무 다른데, 누가 맞는 거지?" 와 같은 질문들을 마주치게 됩니다. 이러한 질문은 단순한 호기심의 문제를 넘어서 회사에서 PM으로서의 역할(R&R), 책임 등의 문제와 직결됩니다. 그래서 본격적인 PM의 실무 업무를 배우기 전에 PM에 대한 모든 것을 다양한 IT 현장의 사례들을 기반으로 설명합니다.

두 번째 파트는 [프로젝트 진행 단계]입니다. PM은 프로젝트의 총괄자인 만큼, 당연히 IT 프로젝트의 전제 진행 단계를 확실히 이해하고 있어야 합니다. 이때 어떤 분들은 PM이 단순히 개발 프로젝트를 관리만 한다고 생각합니다. 하지만 실무 현장에서 PM은 사업의 준비 단계부터 제안 및 수주, 수주 이후 준비 단계, 프로젝트 개발 관리, 프로젝트 완료 이후 사후 관리까지 전체 영역에서 업무 연관성이 있습니다. 이 전체 과정을 확실히 이해할 수 있도록 설명합니다.

세 번째 파트는 [프로젝트 단계별 수행 업무]입니다. 프로젝트 진행의 전체 과정을 이해했다면, 각 과정에서 PM으로서 진행해야 할 실무 기술을 상세하게 설명하여, 이 책에서 배운 정보만으로도 충분히 PM 업무를 수행할 수 있도록 합니다.

네 번째 파트는 [PM 실무 필수 정보]입니다. PM으로서 업무 기술을 습득했다면, 그다음으로는 '프로젝트 진행 중 만나게 되는 이해 관계자 및 소통을 위한 정보', 'PM으로서 반드시 알아야 할 필수 용어' 등 프로젝트를 원활하게 이끌기 위한 다양한 실무 정보가 필요합니다. 단순한 관리 지식이 아닌, 프로젝트를 더 잘 수행하기 위해 필요한 실무 지식을 소개합니다.

이러한 설명을 통해서 PM으로서 프로젝트를 관리할 때 프로젝트의 전체를 보고, PM으로서 명확한 역할과 범위를 정하고, 프로젝트 진행 시 각 단계별 실무 기술을 잘 적용해서 프로젝트를 성공적으로 관리할 수 있길 바랍니다.

로드맵
roadmap

IT 프로젝트 전체 진행 과정

IT 프로젝트 전 과정을 유일하게
책임지는 사람 PM(Project Manager)

3

기획/설계

- 요구 사항 분석
- 개발 기능 정의(WBS)
- 프로세스 정리
- 상세 화면

2

프로젝트 계획 및 시작

- 팀 구성
- 프로젝트 전반 계획
- 대략적인 진행 일정 구성
- 프로젝트 본격 시작

4

디자인

- 디자인 콘셉트 확인
- 디자인 시안 작업
- 시안 확정 및 디벨롭
- 전체 화면 디자인 작업

1

프로젝트 제안 및 수주

- 사전 분석(RFI)
- 사업 공고 제안 요청(RFP)
- 제안 및 견적(RFQ)
- 낙찰(계약)

START

FINISH

8

오픈 안정화
- 사전 교육
- 오픈 준비
- 검수
- 오픈/안정화

테스트
- 테스트 케이스 작성
- 테스트 시나리오 작성
- 단위 테스트
- 통합 테스트

7

개발
- (사전)서버-네트워크 환경 구성
- (사전)개발 환경 구성
- 프론트엔드(웹/앱)+백엔드
  (서버) 개발

6

5

퍼블리싱
- 일정에 따른 퍼블리싱
- 유저 측 우선 작업
- 관리 측 다음 작업
- 퍼블리싱 보완 지원

PART 01 **PM(Project Manager)의 모든 것**

PART 04

PM 실무 필수 정보

PART

—

PM
(Project Manager)의
모든 것

—

이번 파트에서는 PM과 관련된 전반적인 정보를 알아봅니다.
어떻게 PM이 되는지, PM은 어떤 일들을 하고
어떤 프로젝트들을 관리하는지,
어떤 장단점이 있는지를 상세히 설명합니다.
이를 통해 IT 현장에서 PM으로서
여러분들의 정체성을 확실히 할 수 있습니다.

1.1 IT 실무 현장에서 PM이 되는 법

이번 절은 IT 실무 현장에서 PM이 되는 법을 소개합니다. 다양한 IT 현장 및 회사에서 어떤 과정을 거쳐 PM이 되는지 설명하며, 이를 통해 PM을 희망하는 분들은 '앞으로 PM이 되기 위해서 어떤 준비를 해야 하는지 확인'할 수 있고, 현재 PM으로 일하는 분들은 'IT 현장에서 PM으로서 자신의 위치를 확인하고 다른 PM에 대해 이해'할 수 있습니다.

✦ IT PM이 되는 사례

IT 현장에서는 다양한 사례를 통해 PM이 됩니다. 이 사례를 자세히 살펴보면 아래 그림과 같이 크게 세 가지로 구분됩니다. 참고로 IT 업계에는 매우 많은 회사가 있습니다. 같은 분류의 회사라 하더라도 조금씩 차이가 있을 수 있으며, 지금부터 설명하는 내용은 해당 분류에서 많은 회사가 일반적으로 진행하는 방식을 기준으로 작성된 것임을 참고하길 바랍니다.

첫 번째는 [회사의 규모]에 따른 구분입니다. 회사가 스타트업인지, 소기업인지, 중견기업인지, 대기업인지에 따라서 PM이 되는 과정에 차이가 있습니다.

두 번째는 [회사의 종류]에 따른 구분입니다. 웹에이전시 회사, SI 회사, 솔루션 회사, IT 서비스 회사에서 PM이 되는 데에는 각각 다른 과정을 가집니다.

세 번째는 [개인의 직무]에 따른 구분입니다. 일을 시작할 때 처음부터 전문 PM이 되기 위해 준비하고 시작하는 경우와 개발자, 기획자, 사업 관리 담당에서 PM이 되는 과정은 다릅니다.

지금부터 분류별로 상세하게 설명하겠습니다.

✦ 회사의 규모에 따른 구분

회사의 규모는 크게 스타트업, 소기업, 중견기업, 대기업으로 구분할 수 있습니다. 기업은 매출을 기본으로 인원 등 다양한 정보를 복합하여 구분하지만, 여기서는 설명을 위해 대략적인 직원 수 기준으로 구분하겠습니다. 각 회사 규모에 따라 PM이 되는 방법은 아래와 같습니다.

스타트업	➡	별도의 과정 없이 기획자나 개발 팀장이 PM 역할을 수행
소기업	➡	기본은 최소 3년 이상 회사 상황에 따라 기획자, 영업, 사업 관리 등이 수행
중견기업	➡	소기업과 비슷하지만 일반적으로 연차가 더 높음
대기업	➡	별도의 PM 조직으로 인력 양성 혹은 개발 관련 담당자 중 높은 연차가 담당

1. 스타트업: 10인 미만으로 구성된 신규 비즈니스를 수행하는 회사

- PM이 되는 별도의 과정 없이 바로 PM 직무를 맡는 경우가 많음
- 보통 별도의 PM을 두지 않고 기획자나 개발 팀장이 PM 역할을 수행
- 자체 IT 시스템(Product)을 두고 서비스를 하는 형태일 경우, Project Manager의 개념 대신 유사한 업무를 Product Manager라는 개념으로 수행

2. 소기업: 10~50인 정도의 인원으로 구성된 전통적인 SI나 솔루션 중심의 IT 회사

- 기본은 개발자가 업무 경험을 쌓고 PM이 되는 경우가 많음
- 이때, 회사의 규모가 작을수록 낮은 연차에서 PM 업무 기회를 가지며, 보통 3~5년 정도의 연차에 PM을 하는 경우가 많음
- 회사의 상황에 따라서 개발자 외에 기획자, 사업 관리, 영업 담당자가 개발할 시스템에 대한 지식 및 경험을 쌓고 PM을 하는 경우도 많음

3. 중견기업: 50~200인 정도의 전통적인 SI나 솔루션 중심 IT 회사

- 기본은 개발자가 업무 경험을 쌓고 PM이 되는 경우가 많음
- 보통 5년 이상 연차의 개발자 중 관리 업무를 잘 수행할 것으로 판단되는 사람이 담당
- 회사의 상황에 따라서 개발자 외에 기획자, 사업 관리, 영업 담당자가 개발할 시스템에 대한 지식 및 경험을 쌓고 PM을 하는 경우도 많음(소기업과 유사, 단 PM이 되는 평균 연차가 더 높음)

4. 대기업: 200인 이상의 전통적인 SI나 솔루션 중심의 IT 회사 및 대기업 IT 계열사 등

- 회사마다 PM을 육성하고 지정하는 별도의 시스템이 있음
- 별도의 PM 조직을 두고 전문 PM을 양성하기도 하고, 개발 및 관리 업무의 차/부장급이 PM 업무를 하는 경우도 많음
- 소기업이나 중견기업 대비 PM이 수행하는 프로젝트의 크기가 많이 커짐

이와 같이 회사의 규모에 따라 PM이 되는 과정에 차이가 있습니다. 간략히 정리하면 회사의 규모가 작을수록 빠른 연차에 PM의 기회를 갖고 수행하는 프로젝트 규모가 작은 편이며, 회사의 규모가 커질수록 더 늦은 연차에 PM의 기회를 갖고, 이때 수행하는 프로젝트의 규모는 커지는 구조입니다.

✦ 회사의 종류에 따른 구분

두 번째는 회사의 종류에 따른 구분입니다. 이번 설명을 이해하기 위해서는 먼저 IT 분야에 어떤 회사가 있는지 알아야 합니다. 지금 설명하는 회사의 구분과 해당 회사에서 진행하는 프로젝트에 대해서는 이후 절에서 더 상세히 설명할 예정이니 참고 바랍니다.

1. 웹에이전시 회사
- 아무것도 없는 상태에서 고객이 원하는 시스템을 만들어 주는 회사
- 일반 고객이 주로 사용하는 B2C 채널 시스템을 개발하는 기획/디자인 중심의 회사(ex. 홈페이지/서비스 이용 화면 등 일반 고객이 중심이 되는 시스템)
- 개발자도 중요하지만 기획/디자인이 시스템 구축의 중심이 되는 경우가 많음
- 간단한 홈페이지를 만들어 주는 회사부터 복잡하고 기능이 많은 플랫폼을 개발해 주는 회사까지 규모가 다양함

2. SI 회사
- 아무것도 없는 상태에서 고객이 원하는 시스템을 만들어 주는 회사
- 기업 내부에서 업무를 처리하는 시스템 등 기능 중심의 시스템 개발이 많음(ex. 사내 직원들이 사용하는 시스템)
- 기획/디자인이 진행되지만 개발이 시스템 구축의 중심이 되는 경우가 많음
- 국내에서 가장 많은 개발 업무 및 회사가 있음

3. 솔루션 회사(프로젝트형)

- 이미 만들어진 시스템(솔루션)을 고객에게 맞춰 적용 개발(커스터마이징)하는 회사(ex. 구매 시스템을 미리 만들어 놓고, 특정 회사에 납품하면서 해당 회사의 환경에 맞게 적용)
- 회사의 솔루션에 대한 이해도가 높은 사람이 중요(ex. 구매 시스템 솔루션 회사라면 PM, 기획자, 개발자 모두 구매 업무에 대한 이해가 필요)
- SI나 웹에이전시는 다양한 시스템을 개발하는 것에 비해, 솔루션 회사는 회사가 보유한 솔루션에 해당하는 시스템 개발만 하는 것이 특징(단, 솔루션 회사에서 SI 사업을 하는 경우도 있음)

4. 서비스 회사

- 고객을 대상으로 시스템을 개발하는 것이 아닌, 회사의 서비스에 따른 시스템을 만들고 해당 시스템을 계속 관리 및 발전시키는 회사(ex. 플랫폼 서비스 회사의 경우, 자사의 플랫폼을 발전시켜 서비스 확장 중심의 개발만 수행함)
- 외부 고객의 목적에 따른 개발이 아닌, 내부 시스템 발전 중심의 개발 수행이 특징

이러한 회사 종류에 따라 PM이 되는 과정은 아래와 같습니다.

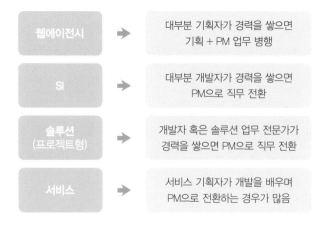

웹에이전시	대부분 기획자가 경력을 쌓으면 기획 + PM 업무 병행
SI	대부분 개발자가 경력을 쌓으면 PM으로 직무 전환
솔루션 (프로젝트형)	개발자 혹은 솔루션 업무 전문가가 경력을 쌓으면 PM으로 직무 전환
서비스	서비스 기획자가 개발을 배우며 PM으로 전환하는 경우가 많음

1. 웹에이전시 회사

- 대부분 별도의 PM을 두기보다 기획자가 PM 업무를 병행하는 경우가 많음
- 기획 업무를 몇 년간 수행하면서 경험을 쌓은 뒤 PM 업무 병행
- 회사의 상황 혹은 프로젝트의 상황에 따라 신입 기획자가 PM 업무를 같이 하는 경우도 있음

2. SI 회사

- 대부분 개발자가 업무 경험을 쌓으면 개발과 PM을 병행하거나 PM으로 전환
- 기업의 규모에 따라 다를 수 있으나, 소규모 프로젝트 중심의 회사는 3년차 이상 개발자가, 규모가 커질수록 높은 연차의 개발자가 PM으로 전환

3. 솔루션 회사(프로젝트형)

- 대부분 개발자가 업무 경험을 쌓으면 개발과 PM을 병행하거나 PM으로 전환
- 회사에 따라 솔루션 기능 및 솔루션의 도메인 지식을 별도의 담당자에게 교육하여 PM으로 양성하는 경우도 있음(ex. 구매 솔루션의 경우, 고객과 업무 협의 시 개발보다 구매에 대한 전문 지식이 필요하므로 구매 업무의 유경험자에게 솔루션 시스템 및 프로젝트 진행 과정을 교육한 후 PM으로 양성)

4. 서비스 회사

- Project Manager보다는 Product Manager의 개념으로 업무 진행
- 대부분 서비스 기획자가 Product Manager 역할을 맡음
- 이때 기획자의 업무와 Product Manager의 업무는 회사마다 다양하게 정의됨(ex. 기획 업무 중심에 관리 업무를 하는 경우도 있고, 개발 관리 업무를 중심으로 하면서 화면 기획 등은 디자이너 혹은 별도의 UX 디자이너를 두고 일하는 경우도 있음)

이처럼 회사의 비즈니스 모델(수익을 발생시키는 모델)에 따라서 PM이 되는 상황에 차이가 있습니다. 이를 정리하면 SI 기술 및 기능 개발 중심의 회사는 개발자가 PM이 되는 경우가 많고, 일반 고객을 대상으로 하는 서비스 시스템을 만들거나 운영하는 회사는 기획자가 PM이 되는 경우가 많습니다.

✦ 개인의 직무에 따른 구분

마지막은 개인의 직무에 따른 구분입니다. 참고할 것이 하나 있다면, IT 현장에서 처음부터 PM으로 직무를 시작하는 경우는 상당히 적다는 것입니다. 대부분 다른 직무를 하면서 프로젝트 경험을 쌓아 PM이 됩니다. 그리고 시작하는 직무에 따라서 PM이 되는 과정이 조금씩 달라집니다. PM이 가장 많이 되는 직무를 분류하고 분류별로 PM이 되는 과정에 대해서 설명하겠습니다.

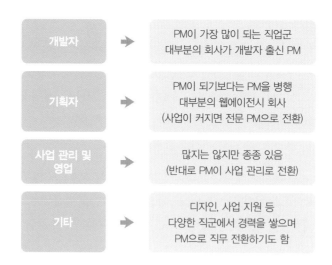

1. 개발자

- IT 현장에서 가장 많이 PM이 되는 직군
- 프로젝트에 개발자로 투입되어 개발을 하며 PM이 하는 업무를 지켜보고,

회사에서 기대하는 연차가 되면 바로 PM이 되거나 PL(Project Leader: PM 아래의 리더)로서 경험을 쌓은 뒤 PM이 됨(특정 회사에서는 PL을 상위 개념, PM을 하위 개념으로 두는 경우도 있음)

- 개발자로 시작한 만큼 개발과 관련된 IT 지식을 강점으로 개발을 잘 관리하는 편이며, 커뮤니케이션 및 관리 경험을 쌓아 가며 노련한 PM이 됨

2. 기획자

- IT 현장에서 개발자 다음으로 많이 PM이 되는 직군
- 개발자는 충분한 프로젝트 경험을 쌓고 PM이 되는 반면, 기획자는 초년생부터 규모가 작은 웹 기반의 프로젝트에서 기획 업무와 PM 업무를 병행하는 경우가 많음
- IT 개발에 대한 지식이 부족하여 개발 관리 및 개발자와의 소통을 어려워하는 경우가 많은 반면, 고객과의 소통 및 커뮤니케이션은 잘하는 경우가 많음
- 개발을 포함한 전체 프로젝트를 관리하며 프로젝트 경험을 쌓은 뒤, 규모가 큰 프로젝트를 관리하는 전문 PM이 되거나, 회사의 환경에 따라 개발은 별도의 개발 PM 혹은 PL을 두고 그들과 협업하면서 기획과 PM 업무를 병행하기도 함

3. 사업 관리 및 영업

- IT 프로젝트에서 개발과 직접적으로 연관된 업무를 하지 않지만, 프로젝트 수주를 위한 영업 과정 및 프로젝트 진행 중 개발 외적인 사업 관리를 하거나, 프로젝트가 종료된 후 사후 관리 업무를 하는 사람들이 PM이 됨
- 개발자와 기획자는 경력을 쌓으며 PM을 하나의 선택지로 보고 가는 것과는 달리, 사업 관리 및 영업자는 자신의 기존 업무를 지속하되 전문적인 프로젝트 관리 업무에 매력을 느껴, 사전에 준비하고 회사와 협의하여 PM이 되는 경우가 있음
- 이 경우, 프로젝트를 직접 수행하지 않았기 때문에 프로젝트 진행 및 관리 경험, 지식이 부족할 수밖에 없어, 바로 직무를 전환하지 않고 자신의 업

무를 하면서 1~2개 정도의 프로젝트에 참여하여 경험을 쌓은 뒤 시작하는 경우가 많음

4. 기타

– 앞의 경우 외에도 디자인, 사업 지원 등 다른 업무를 하면서 PM으로 전환하는 경우도 있음

이와 같이 IT 현장에서는 회사의 규모, 성격, 개인의 직무에 따라 다양한 방법으로 PM이 됩니다.

✦ 신입은 PM을 못하나요?

PM 관련해서 가장 많이 받는 질문 중 하나가 "신입은 바로 PM을 못하나요?" 입니다.

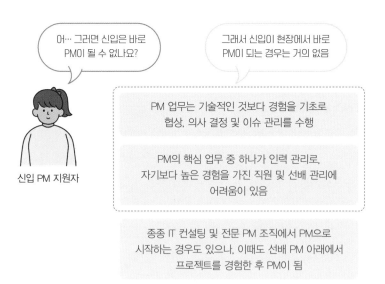

어… 그러면 신입은 바로 PM이 될 수 없나요?

신입 PM 지원자

그래서 신입이 현장에서 바로 PM이 되는 경우는 거의 없음

PM 업무는 기술적인 것보다 경험을 기초로 협상, 의사 결정 및 이슈 관리를 수행

PM의 핵심 업무 중 하나가 인력 관리로, 자기보다 높은 경험을 가진 직원 및 선배 관리에 어려움이 있음

종종 IT 컨설팅 및 전문 PM 조직에서 PM으로 시작하는 경우도 있으나, 이때도 선배 PM 아래에서 프로젝트를 경험한 후 PM이 됨

일반적으로 IT 현장에서 신입 사원이 바로 PM 직무를 받는 경우는 거의 없습니다. 그 이유는 PM의 업무가 기술적인 것보다는 경험을 기초로 협상과 의사결정을 하고, 프로젝트 진행 중 발생하는 이슈를 해결하는 것이 핵심이기 때문입니다. 이와 함께 가장 중요한 것이 인력 관리입니다. 하지만 신입 사원이 PM이 되는 경우, 프로젝트에 투입된 모든 인력이 자기보다 경력이 높은 선배들이기 때문에 사실상 이러한 선배들을 관리하는 것이 쉽지 않습니다.

단, 앞서 이야기한 바와 같이 프로젝트 규모가 작은 웹에이전시 사업에서 신입 기획자가 PM 업무를 병행하는 경우와, 아주 드물지만 IT 컨설팅 조직이나 전문 PM을 육성하는 팀이 있는 회사에서 드물게 신입 사원이 PM 역할을 하는 경우가 있습니다.

따라서 일반적으로는 신입 사원이 바로 PM 직무를 배우고 PM이 된다고 생각하기보다는, 개발자 및 기획자 등 프로젝트의 멤버로서 일을 하다가 PM으로 직무를 전환하는 것이 가장 일반적이라고 생각하는 것이 좋습니다.

✦ PM이 되는 난이도

프로젝트 규모

웹에이전시 회사
↓
소규모 SI 및 솔루션 회사
↓
중규모 SI 및 솔루션 회사
↓
대기업

회사 규모

1. 규모가 작을수록 빨리 PM이 될 수 있음
2. 규모가 작을수록 도제 교육 + 자기 학습
3. 규모가 클수록 늦게 + 체계적으로

같은 PM이라는 직무를 가지고 비슷한 IT 개발 프로젝트를 관리하더라도, 업무의 성격과 규모에 따라 PM이 되는 난이도가 달라질 수 있음을 앞서 설명했습니다. 이 부분을 정리하자면, 규모가 작은 회사 또는 웹에이전시의 경우에는 빨리 PM이 될 수 있습니다. 그리고 규모가 작을수록 선배 PM이 프로젝트 관리하는 것을 도제식으로 배우고, 관련된 자기 학습을 통해서 PM이 됩니다. 회사의 규모나 프로젝트의 규모가 커질수록 PM이 되는 데 오랜 시간이 걸리고, 좀 더 전문적이고 체계적인 PM 교육을 받습니다.

여러분은 이런 상황을 이해하고 자신이 목표하는 PM의 성격을 좀 더 구체화시킨 후, 이에 맞는 준비 과정을 통해 PM이 되길 바랍니다. 예를 들면 "나는 너무 큰 프로젝트를 진행하기보다는 소규모의 프로젝트를 관리하면서 다양한 프로젝트를 경험하고 싶어."라고 생각한다면 중소 규모의 웹에이전시 회사나 SI 회사로 입사하여 기획자나 개발자로 일하면서 PM이 될 기회를 가질 수 있습니다. "나는 규모가 큰 프로젝트를 이끄는 PM이 되고 싶고, 그 과정이 길어져도 상관없어!"라고 생각한다면 가능한 한 큰 규모의 IT 회사로 입사하여 장기적인 플랜을 세워 PM이 되는 준비를 하면 됩니다.

✦ PM이 되는 방법

PM을 준비하는 분들이 어떠한 방법으로 PM이 되는지 참고할 수 있도록, IT 현장에서 PM이 되는 몇 가지 사례를 소개하겠습니다.

첫 번째는 웹에이전시 회사입니다.

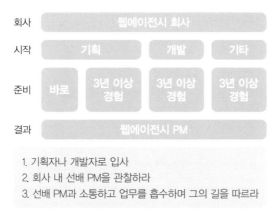

회사	웹에이전시 회사		
시작	기획	개발	기타
준비	바로	3년 이상 경험	3년 이상 경험	3년 이상 경험
결과	웹에이전시 PM		

1. 기획자나 개발자로 입사
2. 회사 내 선배 PM을 관찰하라
3. 선배 PM과 소통하고 업무를 흡수하며 그의 길을 따르라

웹에이전시 회사에서 PM이 되기 위해서는 기획자나 개발자로 입사하는 것이 가장 효과적입니다. 그리고 회사 내에서 PM이 된 선배들이 어떤 과정을 통해서 PM이 되었는지 관찰하고 그들과 소통하면서 업무 역량을 흡수하고 성장하여 PM이 되면 좋습니다.

두 번째는 SI나 솔루션 회사입니다.

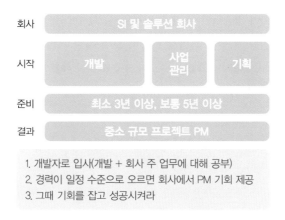

회사	SI 및 솔루션 회사		
시작	개발	사업 관리	기획
준비	최소 3년 이상, 보통 5년 이상		
결과	중소 규모 프로젝트 PM		

1. 개발자로 입사(개발 + 회사 주 업무에 대해 공부)
2. 경력이 일정 수준으로 오르면 회사에서 PM 기회 제공
3. 그때 기회를 잡고 성공시켜라

SI나 솔루션 회사에서는 개발자로 입사하는 것이 PM이 되는 가장 효과적인 방법입니다. 해당 회사에서 개발자로 일정 수준의 역량을 보이고 최소 3년, 길게는 5~6년 정도의 경력을 쌓으면, 회사에서 PM으로서 프로젝트 수행 기회를

제안하는 경우가 많습니다. 이때 기회를 잡아서 성공적으로 프로젝트를 수행시키고, 이러한 경험을 반복적으로 쌓아 가면서 큰 규모의 프로젝트를 관리할 수 있는 PM으로 성장하면 좋습니다. 솔루션 회사는 개발자가 아니더라도 솔루션의 도메인(업무 영역) 전문가로 성장하여 PM이 되는 것도 좋은 방법입니다.

세 번째는 대기업입니다.

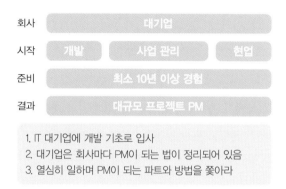

회사	대기업		
시작	개발	사업 관리	현업
준비	최소 10년 이상 경험		
결과	대규모 프로젝트 PM		

1. IT 대기업에 개발 기초로 입사
2. 대기업은 회사마다 PM이 되는 법이 정리되어 있음
3. 열심히 일하며 PM이 되는 파트와 방법을 쫓아라

대기업은 회사마다 PM이 되는 방법이 다릅니다. 하지만, PM이 되는 방법이 확실하게 정리되어 있습니다. 그래서 입사 이후 회사에서 정리해 둔 PM이 되는 프로세스를 확인하고, 일을 하면서 해당 부문에 지원 기회가 있을 때 적극적으로 기회를 잡고 노력하면 됩니다. 하지만 프로젝트의 규모가 크고 비용 등 책임이 다소 무겁기 때문에, 상대적으로 PM의 기회가 쉽게 오지 않을 수 있음을 참고해야 합니다. 그리고 상황에 따라서는 외부에서 전문 PM을 영입하여 PM 업무를 맡기는 경우도 있어서, 중/소 규모의 프로젝트에서 PM 경력을 쌓으며 대기업에 경력 이직하는 방법도 있습니다.

✦ PM이 되려면 PMP 자격증을 따야 하나요?

종종 PM이 되기 위해서 PMP 자격을 따야 하는지, PMP 자격증을 따면 PM이 바로 될 수 있는지 궁금해하는 분들이 있습니다.

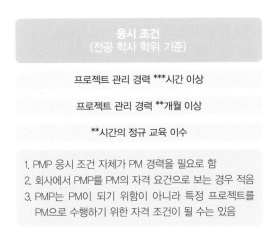

응시 조건
(전공 학사 학위 기준)

프로젝트 관리 경력 ***시간 이상

프로젝트 관리 경력 **개월 이상

**시간의 정규 교육 이수

1. PMP 응시 조건 자체가 PM 경력을 필요로 함
2. 회사에서 PMP를 PM의 자격 요건으로 보는 경우 적음
3. PMP는 PM이 되기 위함이 아니라 특정 프로젝트를 PM으로 수행하기 위한 자격 조건이 될 수는 있음

기본적으로 PMP 자격증의 응시 조건 자체에 PM 경력이 필요하다고 되어 있습니다. 이는 PMP 자격증이 없어도 PM으로 경력을 쌓을 수 있음을 의미합니다. 즉, PMP 자격증은 PM이 되는 필수 조건이 아니라는 것입니다. 그리고 일반적인 IT 회사에서 PMP를 PM의 자격 요건으로 보는 경우가 많지 않습니다. 오히려 회사에서 PM으로 성장시키려는 사람에게 좀 더 체계적인 PM 업무를 수행시키기 위해 PMP에 응시하도록 하는 경우가 많습니다. 하지만 종종 특정 프로젝트에서 PM으로 수행할 사람의 자격 조건을 PMP 자격으로 두기도 하여, 이러한 자격 요건을 확보하기 위해서 PMP 자격을 따는 경우가 있습니다.

✦ PM이 되기 위해서 준비할 것은?

그러면 PM이 되기 위해서 무엇을 준비해야 할까요? IT 현장에서 PM으로 일하는 분들이 공통적으로 언급하는 가장 우선으로 될 조건은 PM이 되겠다는 확고한 의지입니다. 회사 입장에서 PM 업무를 맡기기 위해서는 책임을 가지고 프로젝트를 성공시키는 PM으로 일하겠다는 의지를 보이는 것이 가장 중요하기 때문입니다. 그 다음은 개발에 대한 기초 지식을 공부하는 것입니다. 개발 관리를 위해서는 반드시 필요한 요소입니다. 다음은 본인이 되고 싶은 PM의 영역을 선택하는 것입니다. 앞서 계속 얘기한 것과 같이 다양한 PM 분야 중 내가 되고자 하는 PM 분야를 확실하게 정하고, 해당 영역에서 PM이 되기 위한 진로를 결정해야 합니다. 마지막은 실제로 자신이 세운 계획에 따라 회사에 입사하고, 회사 내에서 PM이 되려는 실질적인 노력을 해야 합니다.

이번 절에서는 IT 현장에서 PM이 되는 과정과 함께 PM이 되기 위한 준비에 대해서 설명했습니다. PM을 꿈꾸는 분들은 이번 절을 통해서 내가 어떤 형태의 PM이 될지 정하고 준비하는 계기가 되면 좋겠습니다. 그리고 현재 PM을 하고 있는 분들은 다른 사람들이 어떻게 PM이 되는지 참고하여 이후 PM 경력을 어떻게 만들어 갈지 방향을 잡는 기회가 되면 좋겠습니다.

PM이 하는 일은 무엇일까?

다양한 IT 현장에서 PM의 역할에 대한 인식은 기본적으로 동일합니다. 하지만 각각의 회사마다 PM이 하는 업무 범위에는 조금씩 차이가 있어, 같은 PM인데도 회사에서 요구하는 일의 차이로 인해서 혼란스럽거나 어려움을 겪는 분들이 생각보다 많습니다. IT 현장에서 PM으로서 자신의 역할이 무엇인지 명확히 이해하는 것이 이번 절의 목적입니다.

✦ IT 프로젝트 단계별 PM의 역할

IT 프로젝트를 진행한다고 하면 일반적으로는 계약 이후 개발을 하는 단계를 생각하기 쉽습니다. 하지만 실제 IT 현장에서의 업무 범위는 더 넓습니다. PM의 역할을 설명하기 전에 먼저 IT 프로젝트 진행 단계를 4단계로 구분하여 설명하겠습니다. 참고로 단계의 구분은 저의 경험을 기준으로 임의 분류한 것입니다. 하지만, 실제 각 단계의 업무는 모든 IT 프로젝트 사업에서 수행되는 실제 업무를 기준으로 합니다.

제안/수주	→	IT 개발 사업을 수주하기 위한 업무
프로젝트 준비	→	사업 수주 후 프로젝트 진행을 위한 준비 업무
프로젝트 진행 관리	→	개발 프로젝트 전체 진행 관리 업무
이후 관리	→	프로젝트 종료부터 그 이후 관리

첫 번째는 [제안/수주] 단계입니다. IT 개발 프로젝트를 진행하기 위해서는 먼저 고객이 발주한 사업을 찾고, 해당 사업에 지원하고, 최종으로 선정된 후 계약을 진행해야 합니다. 이러한 과정을 제안/수주 단계라고 합니다.

두 번째는 [프로젝트 준비] 단계입니다. IT 개발 프로젝트를 계약하고 나면, 그때부터 본 프로젝트를 수행하기 위한 준비를 해야 합니다. 대표적인 예로 투입 인력에 대한 상세 계획, 인력 소싱(준비), 상세 수행 계획 및 진행 협의 등이 있습니다. 이러한 단계를 프로젝트 준비 단계라고 합니다.

세 번째는 [프로젝트 진행 관리] 단계입니다. 여러분이 가장 일반적으로 알고 있는 IT 개발 프로젝트가 잘 진행되도록 관리하는 단계입니다.

네 번째는 [이후 관리] 단계입니다. IT 개발 프로젝트가 완료되면 진행한 프로젝트가 정상적으로 완료되었는지 고객에게 최종 검사(검수)를 받고 사업을 마무리합니다. 그리고 오픈한 시스템이 안정적으로 운영되도록 지원하고, 유지 보수 및 이후 연계 사업에 대한 협의 등 마무리 작업을 진행하는 단계입니다.

그럼 각 단계에서 PM이 진행하는 업무를 알아보겠습니다.

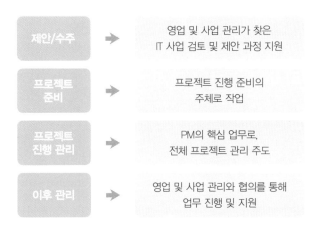

제안/수주	→	영업 및 사업 관리가 찾은 IT 사업 검토 및 제안 과정 지원
프로젝트 준비	→	프로젝트 진행 준비의 주체로 작업
프로젝트 진행 관리	→	PM의 핵심 업무로, 전체 프로젝트 관리 주도
이후 관리	→	영업 및 사업 관리와 협의를 통해 업무 진행 및 지원

제안/수주 단계는 영업 및 사업 관리 담당자 주도로 진행됩니다. 영업이나 사업 관리 파트에서 신규 IT 사업을 발굴하고, 사업 지원을 위해 고객과 접촉하며, 이 과정에서 발생하는 다양한 행정 업무를 처리합니다. 이때, PM은 영업 및 사업 관리 파트에서 찾은 사업에 대한 검토를 지원합니다. 그리고 지원하고자 하는 사업이 확정되면, 제안하는 과정을 주도하거나 지원합니다.

프로젝트 준비 단계는 PM이 주도합니다. 사업에 투입될 인력 계획, 수행을 위한 상세 계획, 사업 수행을 위한 구체적 준비 및 관련 문서 준비 등의 업무를 PM이 주도적으로 진행하며, 필요 시 영업, 사업 관리, 개발 리더 등에게 지원을 받습니다.

프로젝트 진행 관리 단계는 PM의 핵심 업무 단계입니다. 기획, 디자인, 개발, 테스트, 배포의 전 과정을 PM이 주도하여 관리합니다. 일반적으로 많은 분들이 이해하고 있는 PM의 업무 범위입니다.

이후 관리 단계는 PM이 검수(고객에게 검사 완료) 및 안정화 과정까지 주도하고, 이후 유지 보수 및 추가 사업 등에 대한 진행은 영업 및 사업 관리 파트에서 주도하며 PM이 지원하는 구조로 진행됩니다.

이와 같이 PM은 단순히 프로젝트를 개발 수행하는 것보다 넓은 IT 사업 전 범위의 업무를 진행합니다. 지금부터 각 단계를 조금 더 세분화하여 PM이 해야 할 업무를 구체적으로 살펴보겠습니다. 참고로 이번 절은 각 단계의 업무를 상세히 알아보기 전에 PM의 업무 범위에 대해 설명하는 것을 목적으로 하고 있으며, 각 단계별 상세 업무는 이후 파트에서 구체적으로 설명하겠습니다.

● 제안/수주 단계의 PM 업무

제안/수주 단계는 크게 4개의 과정으로 진행됩니다. 단계별 업무와 PM이 지원해야 할 부분을 구분해서 설명하겠습니다.

1. 영업

- 영업 및 사업 관리 담당자가 신규 사업을 찾고, 사전에 고객과의 미팅 및 협의를 통해 사업에 지원하는 환경을 조성
- PM은 영업 및 사업 관리에서 찾은 사업을 검토하고, 사업의 진행 여부를 판단할 수 있도록 지원(기술적 난이도 검토, 예상 투입 공수 산정, 수익성 분석 지원, 사전 고객 미팅 등)

2. 제안서 작성 제출

- 검토한 사업에 지원하기로 확정했다면, 고객사의 사업 발주 정보를 기준으로 견적(비용)을 산정하고 제안서(수행 계획)를 작성하여 고객사에 제출

- PM은 고객사에서 사업을 발주할 때 개발 및 사업의 요청 사항을 정리한 문서(RFP)를 분석하여, 제안서를 작성하는 작업을 주도하거나 핵심이 되는 자료를 만드는 일을 지원

3. 제안 발표

- 제안서를 작성하고 제출까지 하면, 그 이후 고객사에서 주체하는 제안 발표에 참석해서 제출한 제안서를 기준으로 우리 회사가 프로젝트를 어떻게 수행할지를 발표
- 공공사업은 필수, 민간사업도 대부분 이 제안 발표를 PM이 진행(사업 수행의 핵심이 되는 PM의 발표 과정을 통해 고객은 이 회사가 사업을 잘 수행할 수 있을지 판단)

4. 수주

- 견적(금액) 제출과 제안 발표가 완료되면, 고객은 가격점수(견적)와 기술점수(제안서 작성 및 발표)를 평가하여 수행할 업체를 선정하고, 이후 최종 협상 과정을 거친 후 계약을 진행
- 회사의 사업 수주가 확정될 경우, PM은 계약 진행을 위해 고객과의 사전 협상 과정을 주도하고, 계약 진행과 관련된 업무를 지원

● 프로젝트 준비 단계의 PM 업무

프로젝트 준비 단계는 크게 4개의 과정으로 진행됩니다.

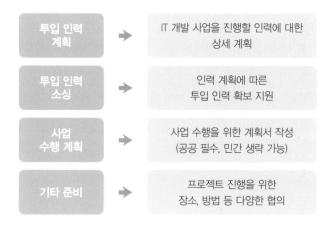

1. 투입 인력 계획

- 보통 제안 과정에서 투입될 인력 계획이 완료되며, 계약된 이후에는 이미 완료된 계획에 따라 실제 투입될 인력 배치 등 상세 계획 수립
- PM은 프로젝트의 중요도, 난이도, 회사의 인력 상황, 외부 인력 소싱 환경 등을 고려하여 본 프로젝트에 투입될 인력을 확정하는 작업을 주도하되, 사업 관리 담당자와 협의를 통해 진행

2. 투입 인력 소싱

- 프로젝트에 투입될 인력을 모두 자사의 인원으로 충원하는 경우도 있지만, 많은 경우 자사 인력만으로 수행 인력이 확정되지 않기 때문에, 협력 업체 인력 혹은 일반 외주 인력(프리랜서)을 통해 인력을 확보
- 기본적으로 이 과정은 사업 관리 혹은 영업 담당자가 주도하고, PM은 사업 관리나 영업 파트에서 찾은 협력 회사 및 인력과의 인터뷰 과정을 거쳐 수행 인력 최종 결정

3. 사업 수행 계획

- 계약 완료 후 본격적으로 사업을 시작하기 전에 고객사에서 사업 수행을 위한 상세 계획을 요구하는데, 이때 사업 수행 계획서를 작성하여 제출(공공사업은 필수, 민간사업은 생략하는 경우도 있음)
- 사업 수행 계획은 본격적인 PM의 업무로, PM이 주도하여 프로젝트에 배정된 인력(사업 지원 등)과 작업

4. 기타 준비

- 본격적인 프로젝트 시작 전에 수행을 위한 다양한 사항을 고객과 협의
- 사업 장소, 시스템 환경 협의, 착수 보고, 주요 회의 방식, TFT 구성 협의 등 프로젝트 상황에 따른 사전 준비 협의를 PM이 주도하여 진행

● 프로젝트 진행 관리 단계의 PM 업무

프로젝트 진행 관리 단계는 PM의 핵심 업무 단계로, 모든 과정을 PM이 주도하여 진행하므로 진행 업무 내용만 설명하겠습니다.

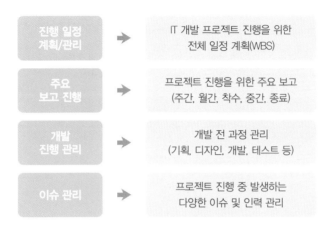

1. 진행 일정 계획 및 관리

- 본격적인 개발 관리를 위한 일정을 계획하고, 일정에 맞게 프로젝트가 진행되도록 관리하는 작업으로, WBS를 작성하고 이에 따른 진행을 관리

2. 주요 보고 진행

- 프로젝트 진행을 위해서 고객에게 정규 보고(주간 보고, 월간 보고) 및 비정규 보고(착수 보고, 중간 보고, 종료 보고) 진행

3. 개발 진행 관리

- 개발 프로젝트의 각 단계(기획, 디자인, 개발, 테스트, 오픈 등)에 대한 관리
- 각 단계별 업무 가이드, 주요 의사 결정, 진행을 위한 문제 해결 등의 작업

4. 이슈 관리

- 프로젝트 진행 중 발생하는 다양한 이슈를 관리하고 해결
- 투입 인력 관리, 고객 관계 및 의사 결정 관리, 예상치 못한 문제 발생 대응

● 이후 관리 단계의 PM 업무

이후 관리 단계는 크게 3개의 과정으로 진행됩니다

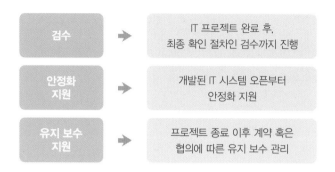

1. 검수

- IT 프로젝트가 완료되면 고객에게 최종 확인을 받고, 프로젝트가 정상적으로 종료되었음을 확정받는 검수 과정 진행
- PM에게 가장 중요한 업무로, 프로젝트를 성공적으로 수행한 후 고객에게 검수를 요청하는 검수 확인서를 제출하고 도장을 받음으로써 공식적으로 프로젝트 종료

2. 안정화 지원

- 개발이 완료된 후 사용자가 시스템을 사용할 수 있도록 오픈하고, 오픈 후에는 일정 기간 동안 시스템이 안정적으로 동작하는지 모니터링하며 발생하는 오류에 대응
- PM은 고객사와 안정화 관련 사전 협의(기간, 방법 등)를 하고, 안정화 지원을 총괄

3. 유지 보수 지원

- 프로젝트가 공식적으로 종료되면 유지 보수를 지원. 보통은 계약 시 1년 정도의 무상 유지 보수 기간을 두며, 상황에 따라서 조정
- 유지 보수는 영업이나 사업 관리 파트에서 진행하고, PM은 영업이나 사업 관리 담당자에게 유지 보수 방법에 대한 의견을 제시

지금까지 IT 프로젝트 단계에서 PM이 해야 할 업무에 대해서 설명했습니다. 그런데 IT 현장에서는 같은 PM 직무를 함에도 불구하고, 회사마다 업무 범위가 다른 경우가 많습니다. 어떤 회사의 PM은 앞서 설명한 단계 중 [프로젝트 진행 관리 단계]만 진행하는데, 어떤 회사의 PM은 [제안/수주 단계]를 포함한 전 과정을 진행하기도 합니다.

그래서 신규 PM 중 많은 분들이 "내가 PM으로서 어디까지 업무를 해야 하는 건가?"라는 고민을 합니다. 지금부터 그 이유와 여러분이 신규 PM이 되어 동일한 상황에 놓일 때 어떻게 대처해야 하는지 설명하겠습니다.

결론부터 말하자면 PM의 업무 범위는 앞서 설명한 전 과정이 맞지만, PM의 역량과 회사의 상황에 따라서 요구되는 범위가 다릅니다. 앞의 그림은 실제 현장에서 많이 적용되는 PM 업무 범위를 표시한 그림입니다. 아래에 각 번호별로 어떤 경우에 해당하는지 알아보겠습니다.

① [프로젝트 진행 관리] 업무만 수행

- PM으로서 최소의 업무 범위
- 주로 신규로 PM 업무를 수행하거나 외주 인력으로 PM 업무를 하는 경우 (프리랜서 PM)
- 웹에이전시에서 기획자로 업무를 하면서 PM 업무를 병행하는 경우
- 회사의 규모가 작고 수행하는 프로젝트 규모가 작은 경우(PM의 역할이 구체적으로 정리되지 않은 경우)
- 회사의 규모가 크고 수행하는 프로젝트 규모가 큰 경우(조직의 규모가 커서 프로젝트 참여 인력의 역할이 세분화되는 경우)

② [프로젝트 진행 관리] 업무를 수행하면서, [프로젝트 준비 단계]와 [이후 관리] 일부를 지원

- IT 현장에서 가장 일반적인 PM의 업무 범위
- 일반적인 SI 회사나 솔루션 회사에서 PM에게 요구하는 업무 범위
- 일정 수준의 PM 경력자가 PM 업무를 수행할 경우
- 중소, 중견 회사에서 많이 진행되는 방식

③ 프로젝트 전 과정을 수행 및 지원

- PM으로서 최대 업무 범위
- PM 경험이 많고 업무 역량이 뛰어난 경우
- 소규모 SI 회사나 솔루션 회사에서 대표 혹은 임원이 직접 PM을 수행하는 경우
- 중견 SI 회사나 솔루션 회사에서 경험 많은 PM(부장/차장급 이상)이 수행하는 경우

①번부터 ③번까지 PM의 업무 범위에 대해서 "어떤 것이 맞다, 틀리다"의 개념은 없습니다. 같은 회사라 하더라도 PM의 역량에 따라서 회사가 요구하는 범위가 다르기도 합니다. 중요한 것은 현장에서 많은 PM이 ①번부터 ③번까지 다양한 범위로 일하고 있음을 아는 것입니다. IT 현장의 일반적인 PM의 업무 범위를 알고, 회사가 PM으로서 나에게 요구하는 것과 내가 수행할 수 있는 일의 범위를 조정해 가는 것이 중요합니다.

여러분이 이제 막 시작하는 PM이라면 회사와 협의하여 ①번의 범위부터 시작하여, 경험을 쌓으며 ②번을 지나 ③번의 업무 범위까지 수행할 수 있는 역량을 키우는 것을 목표로 하면 좋으리라 생각됩니다.

이번 절에서는 IT 현장에서 PM의 업무 범위에 대해서 설명했습니다. 이번 절을 통해 여러분이 각자의 현장에서 PM 업무 범위를 잘 조율하여, 자신의 역량과 환경에 맞는 PM 업무를 수행하기를 바라겠습니다.

1.3 PM이 관리하는 프로젝트 종류 및 업무 특성

IT 현장에는 다양한 IT 프로젝트가 있습니다. 같은 PM이라 할지라도 프로젝트의 종류에 따라서 하는 일과 방식이 많이 달라집니다. 그중 대표적인 프로젝트의 종류를 알아보며 기본적인 IT 현장의 프로젝트 종류를 이해하고, PM으로서 의사 결정, 준비, 업무 진행을 할 수 있도록 하는 것이 이번 절의 목적입니다.

✦ **프로젝트 종류**

　IT 현장에는 다양한 형태의 프로젝트가 있습니다. 모든 프로젝트를 다 언급하는 것은 불가능하지만, 시장의 대부분을 차지하는 대표적인 세 가지 프로젝트인 SI, 웹에이전시, 솔루션에 대해서 설명하겠습니다. 프로젝트의 종류에 따라서 PM이 하는 일, 업무 방식, 관리의 포인트가 조금씩 다르기 때문에, 여러분이 사전에 프로젝트 종류 및 특성에 대해서 파악하여 이에 맞는 관리를 진행할 수 있길 바랍니다.

● SI 프로젝트

> **무에서 유를 개발하는 프로젝트**
> (고객이 원하는 대로 시스템 개발)

> **다양한 시스템 개발 프로젝트**
> (IT 시장에서 가장 많은 프로젝트, 주로 B2B)

> 프로젝트의 전 과정을 거침
> (일반적인 개발 방법론이 대부분 SI 개발을 기초로 설명함)

> 개발을 잘 알아야 함
> (개발 공수 산정, 개발 일정 관리 등 개발을 모르면 어려움)

> 고객사 상주 개발을 기초로 하는 경우가 대부분

> 정해진 팀을 관리하기도 하지만
> 프로젝트에 따라 외주 인력과의 협업 많음

SI는 [System Integration]의 약어입니다. 영문 그대로 해석하자면 시스템 통합이라는 의미인데, 이해하기 쉽게 설명하면 무에서 유를 개발하는 프로젝트입니다. 아무것도 없는 상태에서 고객이 "이런 시스템을 만들고 싶어요."라고 얘기하면, 고객의 요구 사항에 맞춰 시스템을 그대로 개발하는 프로젝트입니다.

SI 프로젝트는 IT 시장에서 가장 많이 발생하는 프로젝트 방식입니다. 국내의 경우, 주로 기업이 업무적으로 필요한 시스템(B2B 시스템)을 개발할 때 이러한 SI 프로젝트를 진행합니다. 각 기업마다 사업 모델과 업무를 처리하는 방식 등이 다른데, 기업의 특성과 목적에 맞게 시스템을 개발하기 위해 아무것도 없는 상태에서 기업의 요구 사항을 기초로 시스템을 개발하는 것입니다.

SI의 특징은 일반적으로 말하는 개발 방법론의 전 과정을 거친다는 것입니다. 요구 사항 분석, 설계, 디자인, 퍼블리싱, 개발, 테스트, 오픈 및 안정화의 과정을 순차적으로 거칩니다. 그래서 보통 개발 프로세스를 설명할 때 SI 프로젝트를 기준으로 설명하는 경우가 많습니다.

이러한 SI 프로젝트를 진행할 때 PM은 복잡하고 어려운 고객의 요구 사항을 잘 분석하고 설계하는 것이 중요하며, 이와 함께 개발에 대해서 잘 아는 것도 중요합니다. 앞서 얘기한 것처럼 아무것도 없는 상태에서 고객의 요구 사항을 기초로 개발을 위한 공수를 산정하고, 개발 일정을 계획하고 관리하려면 기본적으로 개발 지식이 있어야 합니다.

그리고 SI는 고객사 상주 개발을 기초로 하는 경우가 대부분입니다. 무에서 유를 만들기 위해서는 프로젝트 처음부터 끝까지 고객과 밀접하게 소통하며 개발에 필요한 요구 사항을 듣고, 분석하고, 확정하고, 개발하는 과정을 거쳐야 하기 때문입니다. 언제든 고객과 가까운 거리에서 소통하기 위해서 보통은 고객사 내부의 프로젝트 장소에서 개발을 하거나, 고객과의 소통을 고려한 별도의 프로젝트 사무실에 상주하며 업무를 합니다.

SI 프로젝트는 회사마다 정해진 팀이 관리하고 개발을 진행하지만, 핵심 인력을 제외한 나머지 멤버는 프로젝트 상황에 따라 그때 그때 다르게 구성되거나, 외부 인력과 팀을 이루어 일하는 경우도 많습니다. 그 이유는 SI 특성상 프로젝트마다 해당 프로젝트의 업무 도메인, 성격, 사업의 규모, 투입 인력의 규모가 다르기 때문입니다. 어떤 프로젝트는 PM 포함 5명이 6개월을 진행하는 경우도 있고, 어떤 프로젝트는 PM 포함 30명이 1년을 진행하는 경우도 있습니다. 이러한 SI 프로젝트의 특성에 따라서 PM은 다섯 가지의 중요 관리 포인트를 가집니다.

첫 번째, 고객과의 소통 강화입니다. 요구 사항을 듣고, 분석하고, 설계하고, 의사 결정을 받는 전체 과정에 고객사의 각 담당자와 소통해야 합니다. 이 과정에서 PM이 소통에 게으르거나 원활하게 관리를 하지 않으면, 프로젝트 진행에 어려움을 겪을 수밖에 없습니다.

두 번째, 인력 관리입니다. 프로젝트 진행 상황에 따라 핵심 인력을 제외한 대부분의 인력이 자주 변경되거나 외부 인력과 일하는 경우가 많습니다. 그래서 기본적으로 인력 관리를 잘해야 하며, 투입된 인력 간에 불화가 없도록 관리하는 것이 중요합니다.

세 번째, 다양한 개발 지식에 대한 대응 강화입니다. SI의 특성상 같은 프로젝트를 반복해서 진행하기보다는 다양한 성격의 프로젝트를 진행하는 경우가 많습니다. 그래서 PM은 가능한 한 시야를 넓히고 다양한 유형의 프로젝트에 대응할 수 있는 지식과 기술력을 갖춰야 합니다. 예를 들어, 외부 연계를 해야 할 경우에는 연계와 관련된 솔루션 및 기술이, 프로젝트 내부의 전자 계약을 진행해야 하는 경우에는 전자 문서 솔루션 및 기술 등이 필요한 것처럼, IT 현장에서 자주 사용되는 솔루션, 개발 기술, 협력 관계 등에 대한 지식과 대응 역량을 강화해야 합니다.

네 번째, 도메인 지식에 대한 빠른 적응입니다. 도메인 지식은 만들고자 하는 시스템 영역의 지식을 말합니다. 고객은 보통 해당 도메인의 지식을 배경으로 소통하고 의사 결정을 합니다. 이때 PM이 해당 도메인에 대한 지식이 없어서 고객이 하는 얘기를 정확히 이해하지 못하고 어려워하면 고객 입장에서는 신뢰도가 떨어지게 됩니다. 따라서 본인이 경험하지 못한 도메인 영역의 시스템 개발에 들어갈 경우, 사전에 그리고 진행 중에 꾸준히 해당 도메인을 공부해야 합니다. 예를 들어, 구매 시스템을 만드는 프로젝트라면 구매 업무 지식이 도메인 지식이 됩니다. 고객사 직원이 '소싱 그룹'을 나눠야 한다고 했을 때, 이것을 '구매를 위한 상품의 분류 그룹'으로 이해하고 대응해야 합니다.

다섯 번째, 기록과 증빙 관리입니다. 고객과 협의한 내용을 잘 기록하고, 해당 기록을 고객과 명확히 공유하여 서로 확인이 되었음을 증빙하는 관리입니다. 이 부분은 SI뿐만 아니라 어떤 프로젝트라도 PM이 중요하게 해야 할 일입니다. 예를 들어, 어떤 시스템을 A라는 방식으로 만들기로 고객과 협의했다면, PM은 협의에서 끝내는 것이 아니라 협의 결과를 회의록(기록)으로 만들고, 고객에게 이를 공유하여 동의(증빙)를 받아야 합니다. 이렇게 진행하면 향후 고객이 프로젝트 종료 시점에 "저희는 B방식으로 하기로 했는데요."와 같이 잘못된 의견을 주더라도 해당 기록을 보여 주며 대응할 수 있게 됩니다. 프로젝트가 잘될 경우는 상관없지만, 이와 같은 문제가 생길 경우에는 남겨 놓은 기록과 증빙이 중요한 역할을 합니다. SI는 모든 것을 처음부터 개발하다 보니 개발과 관련된 화면 구성, 프로세스, 주요 이슈에 대한 의사 결정 사항이 굉장히 많고, 이에 따라 오해나 잘못된 소통이 생길 가능성이 많기 때문에 항상 기록과 증적 관리를 잘 해야 합니다.

● 솔루션 프로젝트

> **회사의 솔루션을 고객에게 제공**
> (고객에게 맞춰 주는 커스터마이징 개발)

> **회사의 솔루션에 대한 프로젝트만 수행**
> (구매 솔루션, 금융 솔루션 등)

> 최초 고객에게 자사의 솔루션을 설명하고,
> 고객의 요구 사항과 솔루션의 GAP을 찾아서 개발

> SI 프로젝트와 과정은 유사하지만,
> 전체 구축이 아닌 GAP에 대한 커스터마이징 구축

> 자사 솔루션에 대한 이해가 필수
> (개발 지식도 중요하지만 솔루션에 대한 이해가 더 중요)

> 대부분 정해진 팀을 중심으로 프로젝트 진행
> (SI에 비해 개발 공수가 적고, 솔루션 전문성 필요함)

IT에서 솔루션은 [고객이 필요로 하는 시스템을 미리 개발해 놓은 것]을 말합니다. 구매 시스템을 SI로 만들 수도 있지만, 구매는 많은 회사에서 진행하는 업무이기 때문에 어떤 IT 회사에서 미리 만들어 놓은 구매 시스템(솔루션)을 도입할 수도 있습니다.

이러한 솔루션 프로젝트의 진행 방식은 기본적으로 SI와 동일하지만, 최초 요구 사항의 분석 설계 과정이 완전 다릅니다. SI가 아무것도 없기 때문에 모든 요구 사항을 고객으로부터 받는 것과 달리, 솔루션은 현재 솔루션의 기능 및 프로세스를 고객에게 설명하는 일부터 시작합니다. 고객이 솔루션의 기능을 충분히 이해하고 나면 이를 도입하게 하는 것입니다. 이때 고객사의 요구 사항과 솔루션이 완전이 일치한다면 솔루션을 설치만 하면 되지만, 보통은 솔루션이 제공하는 기능과 프로세스 중 일부분이 고객사가 필요로 하는 것과 다릅니다. 이때 솔루션의 제공 기능과 고객사의 요구 사항 차이를 GAP이라고 부릅니다. 보통 SI 프로젝트에서 요구 사항 분석이라고 표현하는 부분을 솔루션에서는 GAP 분석이라고 부릅니다.

이렇게 GAP에 대한 분석이 끝나면 GAP만 고객의 요구 사항에 맞춰서 수정 개발합니다. 이때 GAP에 대한 수정 개발을 커스터마이징이라고 합니다. 즉, SI가 요구 사항을 분석해서 모든 기능을 만드는 것이라면, 솔루션은 GAP을 분석해서 커스터마이징 개발을 하는 것입니다.

SI가 고객이 원하는 것은 무엇이든 다 개발하는 것과 달리 솔루션은 해당 솔루션과 관련된 사업만 할 수 있습니다. 예를 들어 구매 솔루션을 가지고 있는 회사라면 당연히 구매 시스템만 구축할 수 있습니다. SI는 무엇을 해야 할지 모르는 상태에서 처음부터 다 만들어야 하기 때문에 개발 역량을 중요시하지만, 솔루션은 회사가 보유한 솔루션과 해당 솔루션 도메인에서만 일을 하기 때문에 솔루션 자체 기능에 대한 이해와 해당 도메인에 대한 지식이 중요합니다.

솔루션 프로젝트는 전체 기능 개발이 아닌 GAP에 대한 커스터마이징 개발이 중심이므로, 개발자의 투입이 SI에 비해서 상대적으로 적습니다. 그리고 신규 개발이 아닌 커스터마이징 개발, 즉 기존 솔루션을 수정하는 개발이므로 해당 솔루션을 지속적으로 개발하고 수정한 사람이 일을 더 잘하는 구조입니다. 그래서 SI가 사업에 따라서 팀 구성이 많이 바뀌는 것과 달리 솔루션은 한 번 정해진 팀이 계속해서 프로젝트를 진행하는 경우가 많습니다.

개발 또한 고객사에 상주해서 진행하는 경우도 있지만, GAP을 찾아내고 분석·설계하는 핵심 인력인 PM과 기획 업무 담당자 정도만 상주하고, 개발자는 비상주 형태로 일을 하되 필요 시 고객사에 방문해서 작업하는 방식으로 진행하기도 합니다.

이러한 특성으로 인해서 솔루션 프로젝트의 PM은 두 가지 중요 관리 포인트를 가집니다.

첫 번째, 솔루션 및 도메인 지식 중심의 관리입니다. SI로 개발할 경우에도 도메인에 대한 지식은 중요하다고 했습니다. 하지만 솔루션은 그 이상으로 도메인 전문가가 되어야 합니다. 예를 들면 구매 시스템을 구축할 경우, 해당 회사가 구매 솔루션을 보유하고 있다면 그 회사의 PM은 구매 솔루션으로 수많은 프로젝트를 진행하는 사람이어야 하고, 해당 솔루션 및 구매 업무의 경험을 기초로 시스템 개발 과정을 이끌 수 있어야 합니다.

두 번째, 고객 설득 관리입니다. SI는 고객의 말을 잘 듣고 적절한 협의를 통해 시스템을 구축해도 문제가 없습니다. 하지만 솔루션은 고객의 말을 일방적으로 들어서는 안 됩니다. 고객 말만 듣고 고객이 원하는 환경에 맞춰 개발하여 이미 만들어진 솔루션에 대한 커스터마이징이 지나치게 커지면, 일반적인 SI 개발보다 더 힘들어집니다. 그래서 해당 솔루션에서 제공하는 좋은 기능과 프로세스를 유지하도록 설득해야 할 부분, 고객의 의견 중 수용할 부분을 나누는 것이 중요합니다. 예를 들어 구매 시스템에서 솔루션은 A라는 방식으로 구매 업무를 하게 되어 있는데 고객이 B라는 특이한 방식을 쓰고 있다면, 고객의 B라는 특이한 방식에 맞춰서 구매 업무 부분을 커스터마이징하는 것이 아니라 고객에게 A라는 방식의 장점을 설명하고 이러한 이유로 시장에서 A라는 방식을 쓰고 있다고 설득함으로써, 고객 입장에서는 더 좋은 방식으로 업무 효율을 높이고 솔루션 회사 입장에서는 커스터마이징이 되는 포인트를 줄이는 방식으로 일해야 한다는 것입니다.

● 웹에이전시 프로젝트

무에서 유를 개발하는 프로젝트
(고객이 원하는 대로 시스템 개발)

기획 및 디자인 중심의 프로젝트
(업무 시스템보다 고객용 B2C 시스템)

기획자 업무를 하면서
PM 업무를 수행하는 경우가 많음

기획자가 PM을 함께 수행하므로
개발 관리 부분, 특히 개발자와의 소통을 힘들어함

가능한 한 비상주로 프로젝트 진행
(필요 시에만 고객 방문 미팅)

기획, 디자인, 퍼블리싱까지는 대부분 자사 팀으로 운영,
개발자는 상황에 따라 외주 혹은 협력 업체와 진행

웹에이전시는 기본적으로 SI와 동일하게 무에서 유를 개발하는 프로젝트 방식입니다. 차이가 있다면 SI가 B2B 분야의 시스템을 많이 구축하고 개발 중심의 프로젝트를 진행한다면, 웹에이전시는 B2C 분야의 시스템을 많이 구축하고 기획과 디자인의 중요도가 높은 개발을 합니다. 예를 들면 B2B 구매 시스템은 회사 직원들의 업무를 위한 시스템이므로 기획과 디자인보다는 업무 효율성을 중심으로 만듭니다. 하지만 B2C로 만들어지는 서비스 플랫폼의 사용자 앱이라면, 사용자가 해당 서비스 플랫폼을 보고 더 많은 서비스를 이용할 수 있도록 더 편리하고 매력적인 모습으로 기획하고, 예쁘게 디자인 작업을 해야 합니다. 이처럼 B2C 고객을 대상으로 한 기획과 디자인 중심의 개발 프로젝트를 웹에이전시 프로젝트라고 합니다.

웹에이전시 프로젝트는 기획자의 중요도가 높습니다. 프로젝트를 진행할 때 구축할 시스템의 목적에 맞게 기획을 얼마나 잘하느냐가 중요합니다. 그리고

기획자가 PM 역할을 겸임하는 경우가 많습니다. 웹에이전시 프로젝트는 SI 프로젝트에 비해서 개발 규모가 작은 경우가 많아서 별도의 PM과 기획자를 두고 일을 하기에는 비용이 많이 들기 때문에, 프로젝트에서 중요한 업무를 하는 기획자가 PM 업무까지 같이 하는 것입니다.

이처럼 기획자가 PM을 겸임하거나 기획자로 시작해서 PM이 되는 경우가 상당히 많은데, 이 경우 기획자가 개발에 대한 기초 지식이 부족하여 개발자와 소통하는 데 어려움을 겪기도 합니다. 그래서 기획자로 시작한 PM은 개발 지식을 습득하고 개발자와 소통하는 데에 많은 노력을 기울여야 합니다.

웹에이전시 프로젝트는 일반적으로 비상주가 기본입니다. PM 및 기획자가 필요 시 고객사에 방문해서 요구 사항 분석 및 업무 협의를 하고, 디자이너나 퍼블리셔, 개발자는 본사에서 일하는 방식을 선호합니다. 이것이 가능한 이유는 B2C 기반의 사이트는 고객의 요구 사항이 복잡하지 않고 기획자가 더 많은 고민을 해서 기획하는 경우가 많기 때문입니다. 즉, 커뮤니케이션이 SI에 비해서 적고 기획자가 스스로 고민하는 부분이 많기 때문에 꼭 상주를 고집하지 않아도 됩니다. 예를 들면, 고객이 "심부름 서비스 플랫폼을 만드는데 이런 저런 기능을 넣어 주세요!"라고 하면 기획자가 그 내용을 듣고 고객의 요구 사항을 정리한 후, '더 많은 고객이 이 서비스를 이용하게 하려면 어떤 UI/UX 구성이 필요할까?'를 고민하고 아이디어를 정리해서, 이후 미팅에서 고객에게 보여 주며 진행하는 식입니다. 그리고 웹에이전시 회사 입장에서는 기획자나 디자인 개발자가 한 가지 프로젝트만 진행하는 것보다 다수의 프로젝트를 병행하는 것이 더 좋기 때문에 비상주를 선호하는 것도 있습니다. 단, 규모가 큰 프로젝트일수록 비상주 대신 상주 형태로 조건이 바뀔 수 있음을 참고 바랍니다.

일반적으로 웹에이전시 회사에서 기획, 디자인, 퍼블리싱, 개발까지 다 하는 경우도 있지만 기획, 디자인, 퍼블리싱에 중심을 두고 개발은 별도 협력 회사를 통해서 진행하는 경우도 많습니다.

웹에이전시 프로젝트에서 PM은 두 가지의 중요 관리 포인트를 가집니다.

첫 번째, UI/UX 기획에 대한 고객 리딩입니다. B2C를 기반으로 하는 시스템은 단순히 어떤 기능을 만들고 동작시키는 것이 끝이 아닙니다. 만들어진 기능이 B2C의 일반 고객에게 더 매력적으로 보이도록 하여, 고객이 그 서비스를 더 많이 사용할 수 있도록 하는 것이 중요합니다. 하지만 보통의 경우, 고객사 업무 담당자는 기능에 대한 필요성을 알려 주고 정의는 해 주지만, UI/UX 전문가가 아닙니다. 그래서 PM 및 기획자 혹은 PM을 겸임하는 기획자가 UI/UX 전문가로서 고객을 잘 이끌고 의사 결정을 하는 것이 중요합니다. 고객이 검색 시스템을 만들고자 할 경우, 다양한 정보를 제공하는 포탈 형태의 UI/UX를 사용할지, 심플하게 검색에 집중할 수 있는 UI/UX를 사용할지 고객의 요구 사항을 잘 들은 후, 둘 중 어떤 방식이 해당 프로젝트에 더 맞는지를 고객에게 설명하고 설득하고 가이드하는 식으로 진행해야 합니다.

두 번째, 개발 관리입니다. 기획자 출신의 PM이 많은 웹에이전시 프로젝트에서는 PM이 개발 관리에 있어 어려움을 겪는 경우가 많습니다. 단순하게 개발 일정 관리뿐만 아니라 도입될 H/W 구성, 네트워크 구성, 보안 문제 등 프로젝트 진행 중 의사 소통을 하거나 결정해야 하는 것들이 많습니다. 이러한 어려움을 해결하기 위해서 기획자 출신의 PM은 개발에 대한 기초 지식을 강화하고, 함께 개발을 담당할 개발 리더를 확보하여 개발 관련 주요 소통을 할 수 있는 체계를 갖추고 일을 해야 합니다.

✦ PM 필요 조건

지금부터는 PM에게 필요한 조건을 설명하겠습니다. 이미 PM으로 일하는 분들은 공감되는 부분이 있을 것이고, PM을 준비하는 분들은 "아! PM이 되려면 이런 것들이 필요하구나!"를 알 수 있을 것입니다.

책임감	프로젝트가 시작되면 모든 책임을 짐
커뮤니케이션	고객, 이해관계자, 내부 팀, 협력사와의 회의, 보고, 의사 조율 등 소통이 주 업무
관계 관리	업무 관리와 함께 사람에 대한 관리가 핵심
문제 해결 능력	프로젝트 진행 중 발생하는 다양한 이슈를 해결해 나가는 과정의 연속
개발 지식	개발에 대한 지식이 높을수록 유리
파견	기본적으로 시스템 구축을 원하는 고객사 혹은 협의된 장소로 파견이 가능해야 함

첫 번째, 책임감입니다. PM은 프로젝트를 시작부터 끝까지 책임져야 하는 사람입니다. 그래서 당연히 책임감이 중요합니다. 다소 역량이 부족해도 확실한 책임감을 가지고 열심히 일하면 더 좋은 결과를 낼 수 있고, 반대로 업무 역량이 충분하더라도 책임감이 부족하고 이에 따르는 부담감에 잘 대처하지 못하면 중도에 포기하는 경우도 많습니다. PM이 되고자 하는 분들은 '내가 정말 책임감이 강한 사람인가'를 점검해 보고, 만약 부족하다면 책임감을 강화할 수 있는 방법을 진지하게 찾고 노력할 것을 추천합니다.

두 번째, 커뮤니케이션 능력입니다. 프로젝트 관리 업무의 80% 이상이 커뮤니케이션입니다. 이때 단순히 한두 사람을 만나는 것이 아니라 고객 업무 담당자, 이해 관계자, 내부 팀원, 협력사 등 다양한 부류의 사람과 회의, 보고, 의사결정 및 조율 등의 소통을 하게 됩니다. 그래서 커뮤니케이션 능력이 높은 사람이 PM으로서 업무 역량을 인정받기 좋습니다. 커뮤니케이션이 단순히 '대상과 말을 잘함'을 의미하는 건 아닙니다. '다양한 대상과 분명한 목적을 가지고 소통하고, 소통 준비부터 최종 협의까지 잘하는' 종합적인 의미의 커뮤니케이션을 말합니다.

세 번째, 관계 관리 능력입니다. 프로젝트 진행 시 업무 처리 및 일정 관리 못지 않게 중요한 것이 관계 관리입니다. 고객 및 다양한 이해관계자, 내부 팀원들과 좋은 관계를 유지하고, 각 담당자 간의 관계도 잘 관리하는 능력이 중요합니다.

네 번째, 문제 해결 능력입니다. 프로젝트 진행 중 계획에 따라 일이 진행되는 경우도 많지만 계획에 없던 일들이 많이 발생하기도 합니다. 요구 사항 분석 및 설계 시 고객과의 협의점을 찾기가 어렵거나, 개발을 위한 H/W 장비 준비가 일정보다 늦어지거나, 프로젝트 팀원 중 누군가에게 문제가 생기는 등 다양한 문제가 발생합니다. 이러한 문제를 꼼꼼히 점검하여 좋은 결과로 전환되도록 하는 해결 능력이 중요합니다.

다섯 번째, 개발 지식입니다. IT 프로젝트에서 PM은 프로그램 개발을 관리하는 일을 합니다. 그래서 준비, 소통, 관리 모든 단계에서 개발 지식이 필요합니다. 개발 지식을 쌓으면 쌓을수록 정확한 판단과 의사 결정을 할 수 있고, 특히 개발자와 소통이 원활해집니다.

여섯 번째, 파견에 대한 대응입니다. 앞서 말한 것처럼 SI 프로젝트 진행 시 대부분 고객사에 파견됩니다. 이때 파견이 고객사라는 장소의 개념이 될 수도 있고, 일하는 도시가 달라질 수도 있고, 해외에서 일을 해야 하는 경우도 발생할 수 있습니다. 파견이 가능한 사람 혹은 이런 파견을 해도 문제가 없는 상황을 만들어 둬야 합니다.

✦ PM 업무 장점

업무 리딩	전체 프로젝트를 리드하는 즐거움
창의적 업무	반복되는 업무가 아닌 새로운 일을 할 기회가 많음
업무 조건	책임을 지는 만큼 좋은 업무 조건
전문성 인정	IT 분야의 가장 중요한 전문직으로 전문성을 인정받아 이직, 프리랜서, 기타 기회 비용 많음
롱런	PM은 경력이 길수록 인정받는 직군 통상 55세 전후까지 무리 없이 업무 수행
업무 전환	사업 관리, 감리, 영업, PMO 등 다양한 직군으로 업무 전환 가능

PM은 장점과 단점이 극명한 직무입니다. 매력적인 장점을 가짐과 동시에 단점을 가지고 있습니다. 이러한 장단점을 잘 고려하여 PM 준비를 하길 바랍니다.

첫 번째, 업무 리딩의 즐거움입니다. PM으로 일을 하면 전체 조직의 리더가 되어 자신이 원하는 방법과 방향으로 프로젝트 조직을 이끌 수 있습니다. 짧게는 3개월, 길게는 6개월 혹은 1년 이상이라는 긴 시간 동안 IT 프로젝트를 총괄하며, 다양하게 소통하고 의사 결정을 하는 즐거움이 있습니다.

두 번째, 창의적인 업무를 할 기회가 많습니다. 프로젝트마다 만들어 내는 결과물은 다양합니다. 다양한 시스템을 만들면서 분석 및 설계 과정에 참여하고, 자신의 의견과 아이디어를 추가하여 프로젝트를 진행하고, 그 결과물이 성공적으로 세상에 나오는 것을 보는 것은 큰 즐거움입니다.

세 번째, 업무 조건입니다. PM은 전체 프로젝트의 리더로서 책임을 지고 프로젝트를 관리하는 사람입니다. 회사에서 제공하는 기회와 조건이 다른 직무에 비해서 상대적으로 좋은 것이 일반적입니다. PM 업무를 잘 수행하는 리더급 직원은 회사 입장에서는 꼭 필요한 사람이 되어 이에 따른 보상과 인정을 받습니다.

네 번째, 전문성 인정입니다. IT 분야는 기본적으로 모든 직군이 전문성을 인정받습니다. 그중 PM은 IT 분야의 가장 중요한 전문직으로서 본인의 실력이 확실하다면 이직이나 프리랜서, 혹은 다른 유사 업무 분야에서 전문성을 인정받아 좋은 기회를 얻기 쉽습니다.

다섯 번째, 길게 일할 수 있습니다. IT 분야는 하루가 다르게 새로운 기술이 도입되고 변화합니다. 그래서 경력이 많다고 좋은 것이 아니라, 시대의 트렌드를 따라 꾸준히 노력해야 하고 이 과정에서 수명이 짧은 직군이 생기기도 합니다. 하지만 PM은 해당 업무 경험이 많을수록 경력을 더 인정받고, 특정 분야에서는 오히려 나이가 많고 경력이 높은 PM을 선호하기도 합니다. 제 주변을 보면 55세 전후 혹은 그 이상도 PM으로 업무를 하는 분들이 많습니다.

여섯 번째, 업무 전환이 유리합니다. PM으로 일을 하면 기본적으로 IT 프로젝트의 전 과정을 알 수밖에 없습니다. 그래서 IT 사업 관리, 감리, 영업, PMO 등 관련 직종으로 전환이 쉽습니다. 반대로 다른 관련 직종이 PM으로 전환을 하려면 관리 기술에 대한 벽이 높은 편입니다.

✦ PM 업무 단점

스트레스	문제 해결을 기본으로 하기 때문에 이슈 해결 과정에서 스트레스가 많음
인간 관계	관계가 좋은 조직에서 일할 때와 나쁜 조직에서 일할 때의 차이가 큼
커뮤니 케이션	업무의 절반 이상이 커뮤니케이션으로, 커뮤니케이션을 즐기지 않는 사람은 힘듦
책임감	프로젝트 전체를 책임져야 함 중도 포기하는 상황 발생 시 인정받기 힘듦
파견	본사가 아닌 외부 파견 중심의 일을 해야 하므로 파견이 익숙해야 함

PM 업무가 가지는 장점과 매력도 많지만, 단점을 미리 알고 이에 대한 대비를 해야 합니다.

첫 번째, 스트레스입니다. 앞서 PM의 주요 업무 중 하나가 문제 해결이라고 했습니다. 반대로 말하면 그만큼 문제가 많이 발생한다는 의미입니다. 발생하는 문제에 대해서 프로젝트의 다른 구성원들은 자신의 업무에 해당하는 부분만 마주하지만, PM은 모든 문제를 마주하고 이를 해결하기 위해서 노력해야 합니다. 이런 과정에서 받는 스트레스도 적지 않습니다. 그래서 자신이 스트레스를 받았을 때 해소할 수 있는 방법을 미리 생각해 두면 좋습니다.

두 번째, 인간관계의 어려움입니다. PM은 다양한 관계를 관리해야 한다고 했습니다. 일을 진척시켜야 하는데 관계에 문제가 생기면 진척이 더딜 수밖에 없고, 중재해야 하는 경우도 많아서 힘듭니다. 그리고 프로젝트에 투입된 사람들 혹은 진행하는 조직이 내부적으로 관계가 나쁜 사람들로 구성되어 있을 경우, 상당한 어려움을 겪기도 합니다.

세 번째, 커뮤니케이션입니다. PM은 전체 업무의 절반 혹은 그 이상이 커뮤니케이션입니다. 사람에 따라서 커뮤니케이션을 즐긴다면 오히려 장점이 되겠지만, 커뮤니케이션을 어려워하는 분이라면 힘들 수 있습니다. PM을 준비하는 분들은 평소에 다양한 사람과의 만남 혹은 모임, 커뮤니티 활동 등을 통해서 커뮤니케이션의 습관을 들일 것을 추천합니다.

네 번째, 책임감입니다. PM의 가장 중요한 요소가 책임감이라고 했는데, 프로젝트가 어렵게 진행될 경우 이 책임감이 주는 부담이 상당히 큽니다. 그래서 중간에 포기하고 싶어지는 경우가 많이 생기지만, 업무를 중간에 쉽게 포기할 수 없기 때문에 어려움을 겪기도 합니다.

다섯 번째, 파견 업무입니다. 본사에서 일하는 것보다 파견지에서 일하는 경우가 많아서, 장소에 대한 제약 및 불편함이 많습니다. 이러한 부분에 대해서는 미리 마음의 준비를 하는 것이 좋습니다.

PART

02

—

IT
프로젝트
진행 단계

—

이번 파트에서는 IT 프로젝트의 전체 진행 단계에 대해서 상세히 설명합니다.

PM으로서 일을 하려면 우선 IT 프로젝트가 어떻게 시작하여

어떤 과정을 거치고 어떻게 마무리되는지 전체적인 모습을 알아야 합니다.

이번 파트는 전체 진행 과정을 요약 설명하여 전체 흐름을 이해한 후,

각 단계에 대해 상세하게 알아보며 PM으로서

필요한 지식을 충분히 습득하도록 구성하였습니다.

2.1 IT 프로젝트 전 과정

이번 절은 본격적인 IT 프로젝트 진행에 대해 설명하기 전에, IT 프로젝트의 전 과정을 요약 설명하는 절입니다. 이번 절을 통해 IT 프로젝트 진행 과정의 큰 흐름을 확실하게 이해할 수 있길 바랍니다.

✦ IT 프로젝트 전 과정

이전 파트에서 PM의 업무 범위에 대해 설명할 때 IT 프로젝트를 크게 4단계(제안 및 수주, 프로젝트 준비, 프로젝트 진행 관리, 이후 관리)로 구분하여 설명하였습니다. 이번에는 프로젝트 진행을 이해하는 관점으로 크게 8단계로 구분하였습니다. 각 단계별 상세 설명을 듣기 전에 전체적인 흐름을 이해하는 데 초점을 두고 봐 주길 바랍니다.

본격적인 설명 전에 두 가지 용어를 정리하고, 이후부터는 해당 용어를 기준으로 설명하겠습니다. 첫 번째는 [고객사]입니다. IT 프로젝트 사업을 발주하는 회사를 말합니다. 두 번째는 [수행사]입니다. 고객사에서 발주한 사업을 수주하고 수행하는 IT 개발 회사를 말합니다.

지금부터 IT 프로젝트의 전 과정을 알아보겠습니다.

첫 번째는 [프로젝트 제안 및 수주] 단계입니다. IT 프로젝트를 진행하려면 먼저 고객사에서 사업을 발주해야 합니다. 이후 수행사는 발주된 사업을 찾고 검토한 후, 자신들이 참여할 사업을 선정합니다. 그리고 해당 사업에 제안을 하고 평가를 받은 후 공식적인 수행사로 선정되면 사업을 수주하고 계약을 합니다.

두 번째는 [프로젝트 계획 및 시작] 단계입니다. 계약이 완료되면, 본격적인 시작에 앞서 고객사와 프로젝트 팀 구성부터 진행 장소, 대략적인 업무 일정 등 프로젝트 진행과 관련된 협의 및 준비를 합니다.

세 번째는 [기획/설계] 단계입니다. 이 단계부터 본격적인 개발 프로젝트가 시작됩니다. 먼저 고객이 어떤 시스템을 만들고자 하는지 요구 사항을 듣고 분석한 후, 기획 및 설계를 해서 고객이 머리로 생각하고 있는 시스템을 개발 가능한 형태로 구체화시킵니다.

네 번째는 [디자인] 단계입니다. 기획과 설계가 끝나면 본격적인 개발에 앞서 프로그램이 예쁘게 만들어질 수 있도록 디자인을 준비하고 확정한 후, 만들어질 시스템 전체 화면에 대한 디자인 작업을 진행합니다.

다섯 번째는 [퍼블리싱] 단계입니다. 디자인까지 완료되면 본격적인 기능을 개발하는 단계가 시작됩니다. 이때 웹 개발의 경우, 디자이너가 전달한 화면을 개발자가 작업하기 좋게 구성하는 퍼블리싱 작업이 진행됩니다.

여섯 번째는 [개발] 단계입니다. 기획, 디자인, 퍼블리싱이 완료되면 개발자가 본격적으로 시스템을 개발합니다. 이때 프로그램을 개발하는 일도 진행하지만, 사전에 프로그램이 동작할 서버와 네트워크 환경에 대한 구성 작업도 함께 진행합니다.

일곱 번째는 [테스트] 단계입니다. 개발이 완료된 프로그램이 설계한 대로 오류 없이 잘 동작하는지를 확인합니다.

마지막은 [오픈 안정화] 단계입니다. 테스트까지 완료하고 나면, 실제 사용자가 시스템을 사용할 수 있도록 열어 주는데 이것을 오픈이라고 합니다. 오픈이 완료되면 일정 기간 동안 사용자들이 시스템을 처음 사용하면서 오류가 발생하거나 추가적인 요청이 있는지 등을 확인하며 안전하게 시스템을 쓸 수 있도록 지원합니다.

이번 절에서는 IT 프로젝트가 진행되는 전체 단계에 대해서 간략하게 설명했습니다. 이번 절에서 가장 중요한 것은 IT 프로젝트가 진행되는 전체 흐름을 이해하는 것입니다. 흐름을 먼저 이해한 후 단계별 업무를 이해하는 것이 중요합니다.

2.2 프로젝트 제안 및 수주 단계

프로젝트 제안 및 수주 단계는 고객사에서 IT 프로젝트를 발주하고 수행사에서 사업을 최종 수주하는 과정입니다. 회사에 따라서는 이 과정을 PM이 수행해야 할 가장 중요한 업무라고 생각하기도 합니다. 사업의 발주와 수주 과정에 어떤 일이 일어나며, 이때 PM이 어떤 역할을 맡고 어떤 지원을 해야 하는지를 알아보겠습니다.

✦ 프로젝트 제안 및 수주 주요 업무

프로젝트 제안 및 수주 단계에는 크게 네 가지 업무가 있습니다. 각각의 업무에 대해 간단한 콘셉트를 파악하고, 이후 상세한 내용을 설명하겠습니다.

사전 분석 (RFI)	• 사업 발주를 위한 사전 정보 수립 과정 • 직접 정보 조사 & 관련 사업자에게 RFI 요청을 통해 정보 조사
사업 공고 제안 요청 (RFP)	• 사업 공고 • 공개 공고 & 사업 대상 업체 우선 선정 참석 요청
제안 및 견적 (RFQ)	• 사업 제안 및 견적(투입 인력 공수 및 비용 산정) • 제안서 및 견적서 제출, 제안 발표를 통한 최종 심사
낙찰 (계약)	• 제안 내용 및 견적 검토를 통한 업체 낙찰 • 낙찰된 업체와 계약 수행

첫 번째는 [사전 분석(RFI)] 업무입니다. 이 작업은 고객사가 신규 사업을 발주하기 위해 준비하는 단계입니다. 고객사에서 프로그램 개발 사업을 발주하려면 우선 만들고자 하는 시스템이 어떤 기능을 가져야 하는지 정리해야 합니다. 이때 고객사의 업무 담당자는 기본적으로 직접 조사를 통해서 앞으로 발주할 시스템의 기능을 정리합니다. 하지만 발주 업무 담당자가 IT 전문가가 아닌 경우, 만들어야 할 시스템의 기능 정의를 직접 못하는 경우가 있습니다. 이럴 때 만들고자 하는 시스템과 유사한 솔루션을 보유한 IT 솔루션 회사 또는 해당 분야를 전문으로 개발하는 SI 회사에 RFI(Request For Information)라는 문서를 보냅니다. RFI는 [정보를 요청하는 문서]라는 뜻으로, "저희가 만들려고 하는 시스템의 기능 사항을 전문가 분들께서 정리하여 전달해 주시기 바랍니다."라는 의미로 사용됩니다. RFI를 받은 업체들은 해당 시스템을 만들기 위해서 필요한 기능 사항을 작성하여 고객사에 전달합니다.

두 번째는 [사업 공고 제안 요청(RFP)] 업무입니다. 사전 분석 과정을 통해서 만들어야 할 시스템의 기능을 정리하고 나면, 고객사는 본 사업의 발주를 진행합니다. 이때 "우리 회사는 이러한 배경과 목적으로 인해서 이러한 시스템을 언제까지 대략 얼마의 비용으로 만들고자 합니다. 그 시스템의 기능은 이렇고, 참여하는 기업에 대한 평가는 이러한 기준으로 하겠습니다."와 같이 발주와 관련된 상세한 내용을 정리한 문서를 제공하는데 이것을 RFP(Request For Proposal)라고 합니다. RFP는 [제안을 위한 요청]이라는 의미로, 보통 제안 요청서라고 합니다.

세 번째는 [제안 및 견적(RFQ)] 업무입니다. 고객사가 RFP를 통해서 사업을 발주하면, IT 개발 회사들은 RFP를 분석하여 해당 사업을 수행할 수 있는지, 수익이 많이 나올지 등을 검토하고 참여 여부를 결정합니다. 그리고 참여가 결정되면 RFP(제안 요청서)에서 요구한 내용에 맞춰서 "저희는 이런 회사이며, 이 사업에 이런 식으로 참여해서 이런 식으로 개발을 하겠습니다."라는 문서와 "이 정도 비용으로 시스템을 구축하겠습니다."라는 비용을 제안합니다. 이때의 문서를 제안서라고 하고, 비용을 견적 혹은 견적서(RFQ)라고 합니다. RFQ는 [Request for Quotation]의 약어이며, [견적을 요청]한다는 의미로 견적 요청서라고 합니다. 참고로 고객사에서 견적 요청서를 보내면 지원 기업이 해당 양식에 맞춰 견적을 보내는 것이 원칙인데, 현장에서는 고객사에서 견적을 요청하면 지원 기업이 자신들의 양식에 맞춰 견적서를 작성해서 보내는 경우가 많아서, 견적 요청서와 견적서의 용어를 큰 구분 없이 사용하기도 합니다. 제안서와 견적이 제출되고 나면, 제안 발표라는 과정을 통해 지원 기업이 고객 앞에서 제안 내용을 요약 발표합니다. 대부분의 경우 이 제안 발표는 PM이 진행합니다. 그 이유는 개발 사업을 이끌 PM의 역량이 평가의 가장 중요한 요소이기 때문입니다.

네 번째는 [낙찰(계약)] 업무입니다. 고객사는 제안 과정을 통해 사업을 수행할 업체를 최종 선정합니다. 제안서 및 제안 발표를 보고 기술 점수를 주고, 견적 비용을 통해서 비용 점수를 주어 최종 점수를 매긴 후, 이 중 1위가 된 업체를 우선 협상 대상자로 뽑고 최종 협의를 통해 계약을 진행합니다. 이때, 우선 협상 대상자는 최종 계약 과정 가운데 특별한 이상이 없으면 낙찰이 되지만, 문제가 발생할 경우 그 다음 등수의 업체에게 기회를 부여할 수 있다고 이해하면 됩니다.

지금부터 각 업무에 대해서 상세히 설명하겠습니다.

● 사전 분석(RFI)

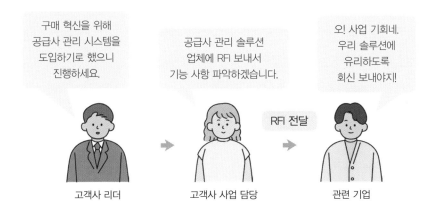

사전 분석 업무는 고객사로부터 시작됩니다. 보통 고객사의 리더가 회사 내의 IT 사업 담당자에게 신규 IT 시스템 개발에 대한 진행을 지시합니다. 지시를 받은 고객사의 IT 사업 담당자는 내부적으로 시스템 도입의 필요성(배경, 개요, 범위, 비용 및 수익 분석)을 검토한 후, 내부 결재를 통해 시스템 도입을 확정합니다. 시스템 도입을 확정하고 나면, IT 사업 담당자는 사업 발주를 위한 RFP(제안 요청서)를 작성해야 합니다. 이때 RFP는 "대략적으로 어떤 시스템을 구축할 테니 참여해 주세요."가 아니라, 구축해야 할 시스템의 상세한 기능 사항이 정리되어 있어야 합니다. IT 사업 담당자가 개발할 시스템의 기능을 파악하는 방법은 아래와 같이 세 가지가 있습니다.

첫 번째, 자료 조사입니다. 인터넷 검색 및 관련 자료를 조사해서 개발 기능 리스트를 정리하는 것입니다. 보통 홈페이지와 같이 일반적이고 범용적인 시스템을 도입할 때 많이 쓰는 방식입니다.

두 번째, 실무 담당자 지원 요청입니다. 회사 내에 도입할 시스템을 사용할 실무 담당자에게 필요한 시스템의 기능을 문의하고, 정리하는 방식입니다. 보통 내부 업무 시스템을 도입할 때 많이 쓰는 방식입니다.

세 번째, 전문 IT 회사를 통한 조사입니다. 도입할 시스템의 솔루션을 가지고 있거나, 전문적으로 구축하는 IT 회사에게 도입할 시스템에 필요한 기능을 문의하고, 정리하는 방식입니다. 자료 조사나 실무 담당자 지원으로는 개발할 시스템의 기능 사항이 정리되지 않을 때 쓰는 방식입니다.

이때 세 번째 방법인 전문 IT 회사를 통한 조사 시 사용하는 것이 RFI입니다. 앞서 간략히 언급한 것처럼 RFI는 [Request For Information]의 약어로, 고객사의 IT 사업 담당자가 전문 IT 업체에게 구축하고자 하는 시스템을 설명하고, 해당 시스템에 만들어야 할 기능을 알려 달라고 요청하는 문서입니다.

전문 IT 회사는 RFI 요청을 받으면 해당 기능 사항을 상세히 정리하여 회신을 주거나, 무시하거나 둘 중 하나의 선택을 합니다. '고객사의 IT 사업 담당자가 해야 할 일을 대신해 줄 필요가 있을까?'라고 생각할 수도 있습니다. 하지만 현장에서는 RFI를 받는 것이 단순히 업무를 지원해 달라는 의미가 아니라, 다른 두 가지 의미를 포함하고 있습니다. 하나는 사업 발주 후 선정 시, RFI를 받은 업체를 우선적으로 협상 검토하겠다는 의미입니다. 두 번째는 같은 시스템이라 하더라도 회사마다 가진 기능과 특장점이 다릅니다. 자기 회사의 솔루션 혹은 강점을 담은 기능을 RFI에 담아 전달하고, 해당 내용이 채택되어 RFP에 실릴 경우, 향후 제안 및 평가 단계에서 우위를 점할 수 있습니다. 그래서 RFI를 받은 업체 중 해당 사업을 수주하고 싶은 마음이 있는 회사라면 성실하고 전략적으로 기능 리스트 및 내용을 회신하여 WIN-WIN 구조를 만들고, 사업에 관심이 없는 회사라면 무시합니다.

PM은 구축할 시스템에 대해 가장 잘 알고 있는 사람입니다. 따라서 RFI 과정에서 기능 사항 정리를 지원하고, 경험이 많은 PM의 경우 자사와 경쟁사의 강점 및 약점을 고려하여 전략적으로 RFI 내용을 정리합니다.

● 사업 공고 제안 요청(RFP)

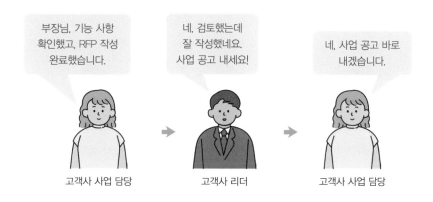

고객사의 IT 사업 담당자는 앞의 과정을 통해 구축할 시스템의 기능 사항을 정리한 후, 사업 발주 작업을 진행합니다. 이때 사업을 발주하기 위해서 반드시 작성해야 하는 것이 RFP(제안 요청서)입니다.

RFP는 고객사가 발주할 IT 시스템 구축 사업의 배경, 일정, 비용, 범위, 구축해야 할 시스템의 기능, 제안서 작성 및 제출 방법, 평가 기준 등의 내용을 포함한 문서입니다. 즉, RFP 문서 하나에 사업 발주와 관련된 정보를 모두 포함하는 것입니다. 이렇게 RFP가 작성되면, 고객사 IT 사업 담당자는 사업 공고를 냅니다. 이때 아래와 같은 세 가지의 방법을 사용합니다.

첫 번째, 사업 참여 요청 메일 전달입니다. 사업에 참여할 만한 IT 개발 회사들을 사전에 확인하고, 해당 업체에 참여를 요청하는 공문이나 메일을 보내는 방식입니다. 이때 RFP를 첨부하여 전달합니다. 사업의 규모가 작아서 공식적인 공지를 통해서는 지원할 업체가 많지 않을 것으로 예상되거나, 도입하는 시스템의 전문성이 높아서 일반 SI 개발 회사보다는 해당 시스템에 대한 솔루션을 보유하거나 구축 경험이 많은 회사를 찾는 경우 많이 사용하는 방식입니다.

두 번째, 홈페이지 공지입니다. 고객사의 홈페이지에 공식적으로 시스템 발주 공지를 내는 방식입니다. 이때도 역시 발주 공지 내에 RFP를 첨부합니다. 가장 일반적인 방법 중 하나로, 구매나 시스템 도입에 대한 프로세스를 갖춘 회사에서 진행하는 방식입니다.

세 번째, 특정 구매 채널을 통한 발주입니다. 시스템을 구축하는 주체인 고객사가 아닌, 별도의 구매를 담당하는 회사를 통해서 발주하는 방식입니다. 대기업의 경우, 구매 업무를 담당하는 계열사가 있어서 해당 계열사의 공식 구매 사이트를 통해서 발주하거나, 공공의 경우에는 조달청이라는 기관에서 발주를 진행합니다.

이렇게 다양한 방식으로 발주하고 나면, 전문 IT 회사에서는 영업 및 사업 관리를 담당하는 부서나 담당자가 이러한 발주 정보를 확인하고, 내부적으로 해당 사업에 지원할지 여부를 결정하게 됩니다. 이 과정에서 이 사업을 우리 회사에서 수행할 수 있는지, 수행할 경우 어느 정도의 수익이 발생할지 등을 검토합니다. 이때 PM은 세 가지 업무를 지원합니다.

첫 번째, [개발 가능성 검토]입니다. 해당 사업이 우리 회사에서 구축 가능한 수준인지 영업 담당자가 판단하지 못할 경우, PM이 RFP를 보고 수행이 가능한 사업인지, 어려운 사업인지 의견을 줍니다.

두 번째, [예상 개발 공수 산정]입니다. RFP에 기재된 사업비로 프로그램을 구축했을 때 어느 정도의 수익이 발생할지를 계산해야 하는데, 이를 위해서는 구축에 어느 정도의 비용이 들지를 반드시 예상해야 합니다. 결국 이 비용은 어느 정도의 인력이 투입될지를 알아야 계산할 수 있습니다. 개발 전문가인 PM이 대략적인 예상 개발 공수를 산정해 주면, 해당 정보를 기준으로 영업 및 사업 관리 파트에서 사업의 진행 여부를 결정합니다.

세 번째, [리스크 검토]입니다. 개발이 가능하고 충분한 수익이 나온다고 판단되면 사업에 지원하게 됩니다. 하지만 사업이 정상적으로 진행되지 않을 경우, 앞서 판단한 모든 것이 의미가 없어집니다. 그래서 RFP 분석을 통해 사업을 진행하는 데 리스크가 되는 부분을 검토하고 최악의 상황을 고려하여, 최종 의사 결정을 내려야 합니다.

참고로 위의 세 가지 업무는 PM의 경험이나 경력에 따라 가능한 것도 있고 불가능한 것도 있습니다. 그래서 '무조건 이러한 업무를 해야 한다'라는 관점보다는 'PM의 역량 범위 내에서 가능한 한 위의 세 가지 업무를 지원하도록 노력한다'라는 관점으로 봐 주길 바랍니다.

● 제안 및 견적(RFQ)

여러분들, 다 모여 보세요.
공고 떴습니다.
제안 준비합시다.

네, 다 함께 힘내 보시죠!
(비용 분석, 견적, 제안서 작성,
제안 발표 준비)

수행사 사업 관리
(or 영업)

개발 리더

사업 지원

사업 PM

고객사에서 발주한 사업에 참여하기로 결정하고 나면, 그 다음은 고객사에 해당 사업 참여 의사를 밝히고 수행사로 선정되기 위한 준비 및 지원을 해야 합니다. 보통 고객사에서는 사업을 발주할 때 세 가지를 요청합니다.

첫 번째는 제안서 제출입니다. 고객사에서 작성한 RFP(제안 요청서)를 보고 해당 기능 요구 사항을 어떠한 전략으로, 어떠한 방법을 써서, 어떠한 일정과 인력으로 시스템을 구축할지 구체적인 내용을 제안서에 담아서 제출합니다.

두 번째는 견적 제출입니다. RFP를 보고 우리 회사는 이 시스템을 얼마의 금액에 구축할 것인지에 대한 가격 정보를 제출합니다.

세 번째는 제안 발표입니다. 사업 제안의 내용을 문서로만 내지 말고, 직접 발표를 통해서 설명하게 하는 것입니다.

이 단계에서는 위의 세 가지 업무가 필요하며, PM은 아래의 방법으로 지원 합니다.

첫 번째, [제안서 작성]입니다. 제안서는 기본적으로 영업, 사업 관리, PM, 사업 지원, 개발 리더 정도의 인력이 한꺼번에 모여서 작성합니다. 향후 제안서 작성에서 상세히 설명하겠지만 간단하게 R&R에 대해 설명하자면, 회사 개요 및 사업 이력 소개는 영업 및 사업 관리가 작성하고, 기능 구현과 직접적인 연관성이 떨어지는 보안, 품질 관리, 사업 관리, 방법론 등은 사업 관리 및 사업 지원이 작성하며, RFP상에 나온 기능 구현 부분은 PM 및 개발 리더가 작성하는 것이 일반적입니다. 각 회사마다 작성하는 R&R에는 다소 차이가 있음을 미리 말씀드립니다.

두 번째, [견적 제출]입니다. PM이 개발 리더와 함께 RFP를 보고 구축에 들어가는 인력을 계획하고 나면, 영업 및 사업 관리가 해당 내용을 기초로 비용을 분석하여 제출할 견적가를 결정합니다.

세 번째, [제안 발표]입니다. 제안 발표를 위해서 먼저 제안 발표 자료를 별도로 작성해야 합니다. 이 부분은 PM과 사업 관리 및 사업 지원 파트에서 작성한 제안서를 기준으로 주요 내용을 요약 정리해서 만듭니다. 그리고 최종 발표는 거의 대부분의 경우 PM이 직접 진행합니다. 앞서 이야기했듯이, 프로젝트에서 PM의 비중은 절대적으로 높습니다. 그래서 고객 혹은 평가 담당자는 PM이 제안 발표하는 모습과 질의를 통해서 프로젝트를 잘 수행할지 판단하며, 기술에 대한 평가 시 이 부분이 큰 영향을 미치게 됩니다.

위의 준비가 다 끝나면, 사업 관리 혹은 영업 담당자가 제안서, 제안 발표 자료, 견적서를 RFP에 나온 제출 방식으로 제출하고, 향후 제안 발표를 PM이 진행하며 지원이 완료됩니다.

● 낙찰(계약)

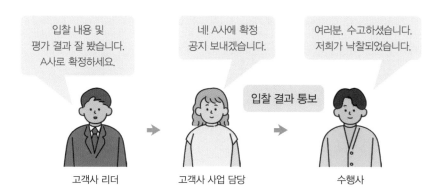

IT 개발 회사가 사업 지원을 위해서 제안서와 견적서를 제출하고, RFP에 게시된 일정에 따라 제안 발표를 마치면 고객사의 평가 담당자(상황에 따라 별도의 평가 담당자)는 지원한 기업들에 대한 평가를 진행합니다. 평가는 기술 점수(제안서+발표)와 가격 점수(견적가)를 기준으로 진행합니다. 평가가 완료되면 고객사에서는 합계 점수 1위인 기업을 우선 협상 대상자로 선정하고, 나머지 기업은 점수에 따른 순위 정보를 정리하여 평가 결과를 게시판에 공지하거나 별도의 메일로 통보합니다.

이때 우선 협상 대상자라는 표현을 썼습니다. 이는 평가 결과에서 1등을 하였을 경우 바로 수행사로 결정되고 계약을 하는 것이 아니라, 말 그대로 최우선 협상 대상으로 선정되었다는 뜻입니다. 이렇게 우선 협상 대상자로 선정된 기업과 고객사는 계약 전에 별도의 미팅을 통해서 최종적으로 협의를 합니다. 민간의 경우는 이 과정을 생략하기도 하고 중요하게 진행하기도 하며, 공공의 경우는 기술 협상이라는 공식적인 과정을 가집니다. 보통 이 과정에서는 아래의 세 가지를 검토하고 협의합니다.

첫 번째는 수행사가 RFP의 개발 요구 사항을 정확히 이해했는지 확인합니다. RFP라는 문서만으로 충분히 전달되지 않는 정보를 확인하고 검증합니다.

두 번째는 수행사가 제안서에 작성한 내용 중 확인이 필요한 내용을 점검합니다. 보통 제안을 할 때 경쟁에서 이기기 위해서 추가적인 기능이나 기술 지원을 제안하는 경우가 많습니다. 이렇게 추가된 내용은 이 과정에서 확인합니다.

세 번째는 추가 요구 사항의 제안 및 검토입니다. 고객사에서 RFP 작성 당시 놓친 주요 요구 사항에 대해서 요청하거나 조정합니다.

이렇게 협상을 거쳐 원만하게 협의가 완료되고 나면 계약이 진행됩니다. 협의가 원만하게 이루어지지 않는다면, 민간사업은 종종 2순위 업체로 우선 협상이 넘어가기도 합니다. 공공사업도 협의점을 찾기가 힘들다면 2순위로 넘어가는 경우가 드물게 있습니다. 이 과정에서 PM은 RFP의 요구 사항과 해당 요구 사항을 구현하는 제안 사항을 숙지하고, 미팅에서 의견을 주고받으며 고객사의 요구가 합리적인지, 실행 가능한 것인지 판단하고 의견을 조정합니다. 이때부터 PM이 본격적인 사업의 주도권을 가지고 진행을 하게 됩니다.

계약은 일반적으로 영업이나 사업 관리 담당자가 진행하지만, 회사의 규모가 작고 체계가 잡혀 있지 않다면 드물게 PM이 진행하는 경우도 있습니다. 하지만 일반적으로 이 단계에서 PM은 작성된 계약서를 검토하고, 이상 유무를 점검하는 수준의 업무를 지원합니다.

프로젝트 계획 및 시작 단계

프로젝트 계획 및 시작 단계는 수행사가 프로젝트를 수주하고 본격적인 프로젝트 시작하기 전에 준비하는 과정입니다. 이 과정은 모든 프로젝트에서 항상 반복되는 작업인데, 현장에서 이 과정을 체계적으로 관리하지 않아서 프로젝트 시작 단계에서 어려움을 겪기도 합니다. 사업이 본격적으로 시작되기 전에 준비해야 할 내용을 확실히 이해해 봅시다.

✦ 프로젝트 계획 및 시작 주요 업무

프로젝트 계획 및 시작 단계에는 크게 네 가지 업무가 있습니다. 각각의 업무에 대해 간단한 콘셉트를 숙지하고, 이후 상세한 내용을 설명하겠습니다.

팀 구성 **(자회사–외주)**	• 계약 이후 사전 계획된 투입 공수에 합한 팀 구성 • 자회사 인력, 외주 인력, 외부 협력사 등으로 구성
프로젝트 진행 **전반 계획**	• 현업 TFT 구성 점검(보통은 미리 구성) • 현업 TFT와 전반적인 프로젝트 진행 계획 수립
진행 일정 **구성**	• 현업 TFT와 협의된 계획을 기반으로 대략적인 일정 구성 • 상세 요구 사항 분석이 나오지 않았으므로 상세 일정은 분석 후 진행(WBS 초안 작성)
프로젝트 **본격 시작**	• 프로젝드 진행에 대한 전반적인 계획 수립 후 착수 계획 문서 작성 • 프로젝트 관계자들에게 착수 보고 진행

첫 번째는 [팀 구성(자회사-외주)] 업무입니다. 고객사와 계약이 완료되면 가장 먼저 해야 할 일입니다. 팀 구성은 제안 단계에서 미리 진행하고, 특별한 경우에는 제안서에 해당 사업에 투입될 인력의 프로필까지 다 작성해서 제출합니다. 하지만 제안 단계에서 우리 회사가 그 사업을 수주할지 확정이 되지도 않았는데 투입될 모든 인력을 미리 준비하기는 어렵습니다. 투입 인력을 구했다가 사업을 수주하지 못하면 문제가 되기 때문입니다. 그래서 PM 및 개발 리더 등 핵심 인력은 사전에 준비하지만, 그 외의 투입 인력은 사업 수주가 확정된 이후 구성하는 경우가 많습니다. 이때 투입 인력은 회사 내부 인력의 여유가 있다면 내부 인력부터, 내부 인력만으로 전체 인력 구성이 어려우면 외주 인력이나 외부 협력사를 통해 구성합니다.

두 번째는 [프로젝트 진행 전반 계획] 업무입니다. 본격적인 프로젝트 시작에 앞서 진행을 위한 준비를 합니다. 프로젝트를 수행할 장소, 보안 등의 수행 환경 구성, 의사 소통 방법 등을 검토하게 되는데, 이때 꼭 확인해야 하는 것이 고객사의 현업 TFT 구성 현황입니다. 고객사에서 성공적인 IT 프로젝트 진행을 위해서 사업을 진행할 내부 팀을 꾸리게 되는데, 이것을 현업 TFT라고 합니다. 프로젝트로 진행되는 대부분의 IT 개발은 고객의 요구 사항에 따라 진행되므로, 고객사의 성실하고 체계적인 지원 여부에 따라 사업의 성패가 좌우됩니다. 그래서 준비 단계에 꼭 현업 TFT가 잘 구성되었는지 점검해야 합니다.

세 번째는 [진행 일정 구성] 업무입니다. 본격적인 사업 수행을 위해서 진행 일정을 계획해야 합니다. 고객의 상세 개발 요구 사항을 분석하기 전이므로, 요구 사항 분석/설계, 디자인, 퍼블리싱, 개발, 테스트 등 주요 업무 단계를 기준으로 대략적인 일정을 계획하고 WBS 초안을 작성합니다.

네 번째는 [프로젝트 본격 시작] 업무입니다. 위의 세 단계 업무를 통해 정리된 내용을 기초로 착수 보고서를 작성합니다. 착수 보고서는 본 사업과 관련된 고객사의 모든 사람을 대상으로 이런 사업이 진행될 계획이며 이 자리에 참석한 각 담당자는 프로젝트 진행 중 이런 도움을 주어야 한다는 내용을 정리해서 보고하는 것입니다. 착수 보고가 진행되면 본격적인 프로젝트 수행에 들어갑니다.

이때, 민간사업에서는 종종, 공공사업에서는 필수로 사업 수행 계획서를 작성합니다. 본격적인 사업 진행 전, 사업 수행에 대한 상세한 계획을 작성해서 제출하는 것입니다.

지금부터 각 업무에 대해서 상세히 설명하겠습니다.

● 팀 구성(자회사-외주)

다들 너무 고생했어요! 덕분에 우리가 수주를 했네요. PM님. 팀 구성 빨리 진행합시다.

네, PL 및 백엔드는 내부 인력으로 구성하고 기획+디자인+퍼블리싱은 에이전시 외주, 앱은 프리랜서 두 분으로..

네, 프리쪽은 제가 알아볼 테니. PM님은 기존 거래사 중 에이전시를 확인해주세요.

수행사 사업 관리
(or 영업)

PM

수행사 사업 관리
(or 영업)

계약이 완료되면 가장 먼저 해야 할 것이 팀 구성입니다. 보통 제안서 작성 과정에서 프로젝트에 투입될 인력을 계획하고, 상황에 따라서는 투입될 인력을 사전에 확정합니다. 하지만 현장에서는 계약이 확정되지 않는 상태에서 해당 프로젝트에 투입될 수많은 인력을 대기 및 준비시키기가 쉽지 않습니다.

그래서 사업 진행을 위해 핵심 인력이라는 중요한 인력을 구분하여 해당 인력만 확정해 두고, 나머지 인력은 상황에 따라서 변경합니다. 이때 핵심 인력은 PM, 개발 리더, 기획 리더 정도가 됩니다. 고객사에서도 RFP를 만들 때 일반적으로 핵심 인력을 구분하여 제안하게 하고, 다른 투입 인력은 변경되더라도 핵심 인력은 변경 불가능하다는 조항을 넣습니다.

이 과정에서 자사의 인력만으로 프로젝트에 투입될 인력을 다 구하지 못해서 외부 협력 업체의 인력 혹은 외주 인력(프리랜서)을 구해서 인력 구성을 하기도 합니다. 이때 영업과 사업 관리 파트에서 인력을 찾고, PM은 후보로 나온 인력을 인터뷰 및 검증하여 최종 확정하는 일을 지원합니다. 하지만 경험이 많은 PM은 직접 인력을 찾는 업무까지 지원하기도 합니다.

● 프로젝트 진행 전반 계획

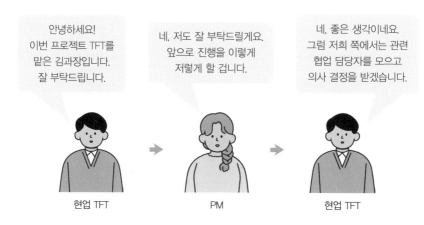

이렇게 투입될 인력 구성이 완료되면, 그 다음은 프로젝트를 진행하기 위한 전반적인 계획을 고객사와 협의하고 정리합니다. 보통 세 가지를 확인 및 협의합니다.

첫 번째는 고객사의 [현업 TFT 구성 확인]입니다. IT 프로젝트는 고객사의 요청에 따라 시스템을 만들기 때문에, 프로젝트 진행 시 고객사의 지원이 매우 중요합니다. 이때 고객사에서 자사 인력 중 일부를 프로젝트 진행 지원의 전담 인력으로 만들어서 팀을 구성하는데, 이것을 프로젝트 TFT 혹은 현업 TFT라고 합니다. 이 과정에서 PM은 고객사의 현업 TFT가 본 사업을 수행하는 데 적합하게 구성되었는지 확인하고, 필요한 멤버가 빠졌거나 구성이 잘못되었을 경우 구성에 대한 가이드를 제시하여, 본격적인 사업 진행 전 고객사에서 원활하게 사업을 지원할 수 있도록 합니다.

두 번째는 [프로젝트 진행과 관련된 환경 협의]입니다. 이 과정에서는 프로젝트를 진행할 장소, 보안, 업무 프로세스 등을 협의합니다. 이 과정은 PM이 주도해야 합니다. 일반적으로 고객사 담당자는 IT 프로젝트를 진행하는 방법을 잘 모르기 때문에, PM이 협의해야 할 내용을 정리해서 진행 시 어떤 방법이 좋다는 가이드를 주면 좋습니다. 단, 보안과 같이 고객사에서 확정해야 하는 부분은 내용을 확실히 듣고, 내부 팀원들과 공유해서 사전 준비해야 합니다.

세 번째는 [전반적인 진행 일정 및 기능 사항 검토]입니다. 이 부분은 프로젝트를 시작한 후에 진행해도 되지만, 본격적인 프로젝트 시작 전에 주요 기능을 검토하고 해당 개발을 위한 대략적인 일정을 정리함으로써 이후 진행에 대한 준비를 해 두면 좋습니다.

● 진행 일정 구성

진행 전반에 대한 협의 및 계획이 정리되면, 대략적인 일정을 계획하고 해당 일정을 고객에게 사전 공유하여 확인을 받는 것이 좋습니다. 아직 본격적인 분석 설계가 끝난 것은 아니므로 상세한 일정을 작성하는 것이 아니라, 분석/설계, 디자인, 퍼블리싱, 개발, 테스트, 안정화 등의 수준으로 일정을 정리합니다.

이 과정을 거치는 이유는 프로젝트 시작 전에 계획된 인력이 투입되는 시점을 한 번 더 점검할 수 있기 때문입니다. 예를 들면, PM이 제안 단계에서 분석/설계를 A라는 일정으로 잡았는데, A시점에 고객사의 일정으로 인해 분석/설계가 불가능해서 한 달 뒤인 B라는 시점에 일이 진행되는 경우도 있습니다. 이때는 대략적인 일정만 계획하므로, 사전에 이를 점검하여 인력 투입을 조정할 수 있습니다.

PM은 이 과정을 모두 주도적으로 진행합니다. 그리고 고객에게 "어떻게 하면 좋겠냐?"라는 식의 질의보다는 "이렇게 계획하고 이런 확인이 필요합니다."라는 구체적인 질의와 확인이 필요합니다.

● 프로젝트 본격 시작

이렇게 대략적인 진행 일정까지 정리되고 나면, 본격적으로 프로젝트를 진행하게 됩니다. 본격적으로 프로젝트를 시작할 때 가장 먼저 진행되는 것이 착수 보고입니다.

착수 보고는 프로젝트와 관련된 고객사의 모든 담당자를 모아서 진행합니다. 진행될 사업(IT 프로젝트)의 개요(도입 배경, 목표, 개선 방향)를 설명하고, 구체적인 진행 방법과 함께 진행 일정, 그리고 착수 보고에 참석한 각 멤버가 본 사업 중 어떤 시점에 어떤 업무를 지원해야 하는지를 보고합니다.

보통은 제안 발표 자료로 작성되며, 착수 보고 시점에 따라서 내용이 조금씩 달라집니다. 그리고 착수 보고를 준비하는 과정에 회사에 따라서는 사업 수행 계획서를 요청하기도 합니다. PM은 착수 보고 자료 작성과 사업 수행 계획서 작성을 주도해서 진행합니다. 모든 것을 PM이 다 하는 경우도 있고, 프로젝트의 규모에 따라 PM이 가이드를 하고 사업지원팀에서 작성을 지원하기도 합니다. 이렇게 착수 보고까지 완료되면 본격적인 프로젝트가 시작됩니다.

2.4 기획/설계 단계

기획/설계 단계는 프로젝트가 본격적으로 시작되면 제일 먼저 진행되는 과정입니다. 이 과정에서 구축할 시스템의 기능에 대한 요구 사항을 고객으로부터 듣고 분석하여, 최종적으로 시스템 개발을 위한 설계 자료를 만듭니다.

✦ 기획/설계 주요 업무

IT 프로젝트 준비가 완료되면 본격적으로 프로젝트가 시작되는데, 그 첫 번째 단계가 기획/설계입니다. 이 단계도 크게 네 가지 업무가 진행됩니다.

요구 사항 분석	• 실제 서비스 사용자를 대상으로 개발 요구 사항 청취 • 확인된 요구 사항에 대한 분석 및 정리
개발 기능 정의	• 정리된 요구 사항 기반의 기능 정의 • 정의된 기능 기반으로 전체 개발 일정 상세 계획 (WBS 상세 작성)
프로세스 정리	• 정리된 기능에 대해 업무 프로세스 상세 정의 • 상세 정리된 프로세스 기반의 IA(Information Architecture) 작성
상세 화면 기획/설계	• 정의된 기능에 대한 화면으로 분해 정의 • 정의된 화면별 상세 계획

첫 번째는 [요구 사항 분석] 업무입니다. 고객사에서 발주한 시스템을 만들기 위해서는 먼저 고객이 원하는 기능 요구 사항을 듣고 분석하는 과정이 필요합니다. 이것을 요구 사항 분석이라고 합니다. 이 과정은 고객과의 미팅을 통해서 본 사업에서 만들고자 하는 시스템의 기능 사항을 질의하고, 고객이 요구하는 사항을 정리하는 방식으로 진행합니다. 요구 사항을 정리한 후에 그 내용을 분석하여 요구 사항 정의서, 요구 사항 분석서 등의 산출물을 만듭니다.

두 번째는 [개발 기능 정의] 업무입니다. 요구 사항 분석을 하고 나면, 고객이 만들고자 하는 시스템의 구체적인 기능을 정리할 수 있습니다. 기능 정리 후에는 이것을 실제 만들 시스템의 구조(보통은 메뉴 구조)로 정리할 수 있으며, IA(Information Architecture)라는 문서로 시스템의 구조를 정의합니다. 이 시점에는 개발할 시스템의 구체적인 기능 사항이 정리되었으므로, 사업 초반에 대략적으로 정리한 WBS를 상세 기능 단위로 세분화하는 작업을 진행합니다.

세 번째는 [프로세스 정리] 업무입니다. 개발해야 할 기능 정리 및 구조화 작업이 끝나면, 그 다음은 실제 개발할 상세 화면을 설계해야 합니다. 이때 간단한 기능은 바로 화면으로 설계가 가능하지만, 복잡한 업무 프로세스가 많다면 화면 설계만으로 내용을 다 정리하기가 어렵습니다. 이러한 복잡한 업무의 흐름을 정리하기 위해서 프로세스 흐름도를 만듭니다.

네 번째는 [상세 화면 기획/설계] 업무입니다. 만들어야 할 시스템의 구조와 업무 흐름이 정리되면, 실제 개발할 시스템의 상세 화면을 설계합니다. 이때 개발할 화면을 설계하는 문서를 스토리보드(StoryBoard, SB)라고 부릅니다. 프로젝트에 따라서 화면 설계서, 화면 정의서, UI 설계서, UI 정의서, UI/UX 기획서 등 다양한 이름으로 부르기도 합니다.

각 업무에 대해서 상세히 알아보겠습니다.

● 요구 사항 분석

프로젝트가 본격적으로 시작되고 가장 우선으로 해야 할 일은 RFP로만 확인했던 요구 사항을 상세하게 분석하는 업무입니다. 무엇을 만들어야 할지를 확실히 알아야 그 다음 개발을 제대로 할 수 있기 때문입니다. 요구 사항을 분석하기 위해서는 아래의 프로세스로 일을 진행합니다.

먼저, 이해관계자 그룹을 확인합니다. 여기서 이해관계자란 개발과 관련된 사람을 뜻합니다. 예를 들어, 고객사의 관계자는 개발 사업을 주도하는 사람, 개발된 시스템을 이용하여 업무를 하는 사람, 현재 업무를 전략적으로 개선하기 위한 사람 등으로 구분됩니다. 보통 시스템 개발을 하려면 개발 사업을 주도하는 사람을 통해 사업의 목표와 기본적인 기능 사항을 파악합니다. 그리고 업무를 하는 사람을 통해서 상세한 시스템의 기능 사항, 처리 방법, 항목 구성 등의 정보를 파악하고, 전략적인 개선을 하는 사람을 통해서는 AS-IS(현재)의 문제점을 듣고, TO-BE(향후) 개선되어야 할 방향을 파악합니다. 이처럼 시스템 구축과 관련된 고객사의 사람들, 즉 이해관계자를 목적에 따라서 그룹화해야 합니다.

그다음으로, 이해관계자별로 인터뷰를 진행합니다. 계획된 요구 사항 분석 기간에 이해관계자별로 인터뷰 스케줄을 잡고, 계획에 따라서 인터뷰를 진행합니다. 이때는 고객의 요구 사항이 무엇인지 청취하고 확인된 내용을 규칙에 맞게 기록합니다. 이러한 요구 사항을 기록한 문서를 요구 사항 정의서라고 합니다. 하나 알아 둘 것은, SI나 웹에이전시 프로젝트는 처음부터 끝까지 요구 사항을 듣고 만들지만, 솔루션 프로젝트는 고객사에 먼저 수행사의 솔루션 기능을 설명하고 충분히 이해시킨다는 것입니다. 그리고 솔루션 기능을 그대로 쓸 수 있는 것은 그대로 사용하고 고객이 원하는 것과 차이가 있는 것을 정리하는데, 이 차이를 GAP이라고 부릅니다. 솔루션의 경우 요구 사항 정의서 대신 GAP을 정의한 GAP 정의서를 작성합니다.

마지막으로 요구 사항을 분석합니다. 요구 사항 정의서를 기준으로 "고객의 요구 사항이 논리적으로 문제가 없는가? 실제 시스템을 개발할 때 어떤 식으로 해야 하는가?"를 상세하게 분석하게 되는데 이것을 요구 사항 분석 업무라고 하고, 이때 만들어진 산출물을 요구 사항 분석서라고 합니다. 솔루션의 경우는 GAP 분석서라고 합니다. 참고로 프로젝트의 성격 혹은 회사에 따라서 요구 사항 정의서와 분석서를 하나의 개념으로 보고 작업하는 곳도 많으니 참고 바랍니다.

요구 사항 분석서에는 고객의 요구 사항이 무엇인지, 이 요구 사항을 분석한 결과를 토대로 어떻게 시스템의 기능을 만들 것인지, 이와 관련된 부서, 담당자, 합의 결과, 이슈, 협의 일자 등 다양한 정보를 정리합니다. 프로젝트 혹은 회사의 성향에 따라서 엑셀이나 파워포인트 같은 문서로 작업하기도 하고, 정보 공유가 가능한 협업 프로그램을 통해서 작업하기도 합니다.

요구 사항 분석이 완료되면 해당 내용을 기준으로 기획/설계가 가능하지만, 그 전에 반드시 해야 할 것이 있습니다. 바로 고객과 확인 절차를 가지고 증적을 남기는 일입니다. 개발을 진행하다 보면 최초 고객이 요구한 것과 다르게 프로그램이 만들어지는 경우가 있습니다. 이런 일이 일정 지연의 원인이 되는데, 이러한 잘못을 사전에 최소화하고 혹시 이러한 일이 발생할 경우 원인을 명확하게 하기 위해서 꼭 확인 결과에 대한 증적을 남겨야 합니다.

일반적으로 요구 사항 분석 업무는 기획자가 진행합니다. 이때 PM은 분석 미팅에 함께 참석해서 이슈가 되는 부분을 정리 및 협의하고, 각 과정에서 나온 결과물을 고객에게 설명하고 협의하여 증적을 남기는 업무를 진행합니다.

● 개발 기능 정의

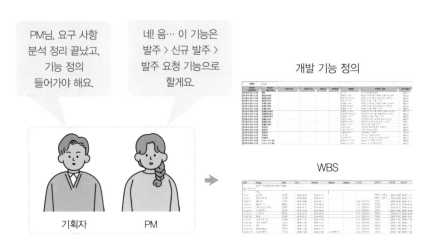

요구 사항 분석이 완료되면, 분석된 결과를 기준으로 개발해야 할 프로그램의 기능을 정의합니다. 메뉴 정의 정도로 생각하면 됩니다. 보통 대분류, 중분류, 소분류의 3단계로 기능을 분류하여 메뉴 구조를 만들고 개발할 기능을 정리합니다. 이 부분은 상황에 따라서 메뉴 구조도 형태가 될 수도 있고, 상세 기능 리스트 형태가 될 수도 있습니다.

이렇게 개발 기능이 메뉴 수준으로 정리가 되면, 그 다음은 사업 초반에 대략적으로 잡았던 WBS의 기획, 디자인, 퍼블리싱, 개발 일정을 기능 단위로 세부화합니다. 이때 상세화할 단위를 대분류로 할지, 중분류로 할지, 소분류로 할지는 PM의 관리 성향에 맞춰서 조정하면 됩니다. 보통은 중분류 단위로 많이 정리합니다.

이 과정에서 기획자는 프로그램의 기능 정의를 합니다. PM은 기획자가 정의한 기능 문서를 검토하고, WBS를 실제 개발이 진행될 정확한 일정으로 정리합니다.

● 프로세스 정리

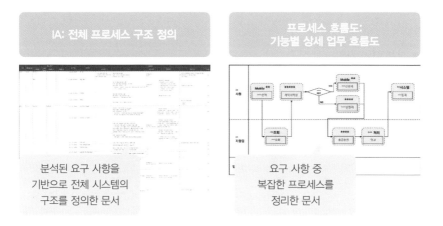

기능 사항이 정리되면, 실제로 프로그램이 동작될 상세한 프로세스를 정리합니다. 이때 두 가지 작업을 합니다.

첫 번째는 [IA(Information Architecture, 정보구조도) 작성]입니다. 정의된 기능을 IA를 통해서 실제 프로그램의 메뉴 구조로 만들고, 각 메뉴와 각 화면에서 동작하는 기능을 정의하며, 화면 간의 정보가 흐르는 연결 관계를 정리합니다.

두 번째는 [프로세스 흐름도 작성]입니다. 기능을 정의하다 보면 간단한 명세만으로 정리하기 어려운 복잡한 프로세스가 있습니다. 이때 복잡한 프로세스를 상세하게 정리하여 향후 개발자가 해당 문서를 보고 작업할 수 있도록 하는데, 이 문서를 프로세스 흐름도라고 합니다. 프로세스 흐름도는 프로젝트의 성격에 따라서 문서의 형식과 내용에 차이가 나며, 플로우 차트, 프로세스 정의서, 업무 흐름 정의서 등 다양한 용어로 사용됩니다.

복잡한 시스템 개발 시, 프로세스의 흐름을 정리하는 일은 생각보다 어렵습니다. 기존의 업무를 그대로 재현해서 개발하기보다는, 프로젝트를 진행하면서 더 좋은 방향으로 개선하는 일이 많기 때문입니다. 이 과정에서 고객과 논의하여 프로세스 개선에 따라 손해를 보는 측과 득을 보는 측의 의견 충돌을 정리해야 하는데, 이러한 의견 정리 및 협의를 주도하는 것이 PM이며, 기획자는 PM이 정리한 결과물을 문서로 정확하게 그리는 일을 합니다.

● 상세 화면 기획

화면설계서(스토리보드)

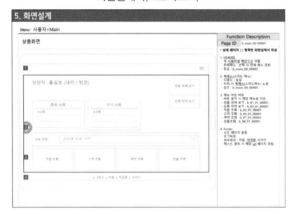

프로그램의 기능 정의와 상세한 프로세스 정리가 끝나면, 기능 정의 결과에 따라 실제 개발할 화면을 모두 상세하게 그리는 작업을 해야 합니다. 이 작업을 상세 화면 기획이라고 하고, 그 결과물로 스토리보드(Story Board, SB)를 작성합니다. 스토리보드는 세 가지 요소를 포함하여 작성합니다.

첫 번째는 화면의 메뉴 정보입니다. 작성될 설계 화면이 시스템 메뉴 구조상 어떤 메뉴인지 작성하며, 보통 문서의 상단에 해당 정보를 정리합니다.

두 번째는 화면의 설계도입니다. 실제 개발할 화면을 그리는 것인데, 앞의 그림에서 가운데 영역이 설계도입니다. 보통 이런 설계도를 선(와이어)으로 구조(프레임)를 그린다고 해서 와이어프레임이라고 합니다.

세 번째는 화면의 기능 내용입니다. 화면 설계도에 입력 창, 버튼 등 다양한 기능 요소가 배치되는데, 이 기능 요소들이 동작하는 결과를 설명해야 합니다. 와이어프레임에서 기능이 있는 부분에 번호를 붙이고, 스토리보드의 우측에 해당 번호에 따른 동작 정보를 명세합니다.

이 과정은 기본적으로 기획자가 진행합니다. 이때 기획자는 설계될 시스템 기능의 분량에 따라 자신이 작업할 수 있는 일정을 확보해야 하는데, PM은 기획자와 협의를 통해 작업 일정을 충분히 배분합니다. 그리고 기획자가 설계 중 모호하거나 의사 결정이 필요한 부분에 대해서 문의 시 이를 정리합니다. 이러한 과정을 통해서 고객의 요구 사항에 대한 설계가 완료됩니다.

2.5 디자인 및 퍼블리싱 단계

디자인 및 퍼블리싱 단계는 프로그램의 설계가 완료되고 나서 본격적인 개발이 진행되기 전의 과정으로, 설계된 시스템을 미적으로 예쁘게 만드는 디자인 작업과 그 결과물을 개발자가 개발하기 용이하도록 만드는 퍼블리싱 작업이 있습니다. 디자인 및 퍼블리싱 단계의 업무와 진행 중 주의해야 할 사항을 알아보겠습니다.

✦ 디자인 주요 업무

기획/설계가 완료되면 본격적인 개발 전에 시스템을 예쁘게 그리는 디자인 작업이 필요합니다. 이 단계도 크게 네 가지 업무가 진행됩니다.

디자인 콘셉트 확인	• 디자인을 위한 기본 콘셉트 확인 • 각 회사의 CI 혹은 주요 의사 결정자의 디자인 콘셉트 확인
디자인 시안 작업	• 확인된 디자인 콘셉트를 기반으로 주요 화면 시안 작업 (로그인, 메인 등) • 3개 정도의 다른 콘셉트로 디자인 시안 작성
시안 확정 및 디벨롭	• 디자인 시안 확인 및 확정 • 확정된 디자인 시안을 정교하게 디벨롭
전체 화면 디자인	• 디자인 시안에 따른 상세 가이드 확정 및 가이드 문서 작성 • 디자인 가이드에 따른 기획 문서 화면별 디자인 작업 수행

첫 번째는 [디자인 콘셉트 확인] 업무입니다. 이 작업은 디자이너가 본격적인 디자인을 하기 전에 앞으로 만들 시스템이 어떠한 콘셉트의 디자인이 되기를 원하는지 고객에게 확인하는 과정입니다. 시스템을 디자인할 때 어떠한 콘셉트를 원하는지 고객에게 묻고, 고객이 원하는 콘셉트를 디자이너에게 전달하면 디자이너는 그 콘셉트를 기초로 디자인 작업을 합니다.

두 번째는 [디자인 시안 작업] 업무입니다. 고객에게 전달받은 콘셉트로 디자이너가 바로 디자인을 진행할 경우, 추후에 고객이 이 디자인을 마음에 들어 하지 않는 상황이 발생할 수 있습니다. 이를 방지하기 위해, 현장에서는 콘셉트를 고려한 디자인 샘플을 2~3개 정도 만들고, 고객이 그중 마음에 드는 디자인을 선택하면 해당 디자인 샘플을 기반으로 전체 화면의 디자인을 진행합니다. 이때 디자인 샘플을 디자인 시안이라고 합니다. 참고로 디자인 시안은 설계된 모든 화면을 만드는 것이 아니라 보통 3~5개 정도 설계된 화면 중 대표적인 화면을 만듭니다.

세 번째는 [시안 확정 및 디벨롭(Develop)] 업무입니다. 디자인 시안이 만들어지면, 고객은 그중 가장 좋은 시안을 확정합니다. 모든 시안이 고객의 마음에 들지 않을 경우 시안을 처음부터 다시 만드는 경우도 있지만, 대부분은 2~3개의 시안 중 하나를 선택합니다. 이때 고객의 의견을 반영하여 디자인 시안을 발전시키는 작업을 하는데, 이를 디자인 디벨롭이라고 합니다.

네 번째는 [전체 화면 디자인] 업무입니다. 이렇게 시안이 확정되고 디벨롭 과정을 거쳐 고객이 만족할 만한 수준이 되면, 이제 스토리보드에 설계된 모든 화면의 디자인 작업을 진행합니다.

각 업무에 대해서 상세히 알아보겠습니다.

● 디자인 콘셉트 확인

디자인 작업을 위해서 가장 먼저 하는 업무는 고객이 원하는 디자인 콘셉트를 확인하는 것입니다. 시스템이 어떠한 스타일로 만들어지기를 원하는지 고객으로부터 듣는 과정입니다. 보통 기획/설계가 완료되는 시점에 기획자가 고객 담당자 중 디자인 관련 의사 결정자와의 미팅을 통해 확인하고, 그 정보를 디자이너에게 전달합니다. 상황에 따라서는 기획자와 디자이너가 함께 고객과 미팅을 하며 확인하는 경우도 있습니다.

PM은 이 과정에서 고객과 기획자, 디자이너가 원활하게 소통할 수 있도록 관리하는 역할을 합니다. 기획자와 디자이너가 노련해서 잘하는 경우에는 전문가에게 맡기고 관리만 하고, 기획자와 디자이너의 경험이 부족한 경우에는 미팅을 주도하기도 합니다.

이때 중요한 것은 고객은 디자인 전문가가 아니라는 것입니다. 고객사에서 사업을 준비하고 개발을 진행할 때는 디자인에 대해 깊게 고민하지 않습니다. 그래서 콘셉트에 대한 질의를 했을 때, "저희 CI를 고려해서 깔끔하게 만들어 주세요."와 같이 상당히 모호하고 정확하지 않은 답변을 주는 경우가 많습니다. PM은 이 과정에서 고객이 더 정확하고 상세한 콘셉트 정보를 줄 수 있도록 유도해야 합니다.

● 디자인 시안 작업

이 스토리보드 화면을
레드 계열로 블링블링하게

디자이너

디자인 시안 A

디자인 시안 B

　　고객으로부터 디자인 콘셉트를 전달받은 디자이너는 해당 콘셉트를 기준으로 디자인 샘플을 만듭니다. 콘셉트를 듣고 디자이너가 임의로 전체 설계 화면의 디자인을 진행할 경우, 추후 고객이 디자인이 마음에 들지 않아 처음부터 다시 작업을 시작하는 어려움을 겪을 수도 있기 때문입니다. 그래서 본격적인 디자인 작업을 하기 전에 샘플 디자인을 몇 개 만들어서 고객에게 보여 주고, 고객이 원하는 샘플을 고르면 그 샘플을 기준으로 전체 스토리보드를 디자인합니다. 이때 디자인 샘플을 디자인 시안이라고 합니다. 디자인 시안은 세 가지를 고려하여 진행하면 좋습니다.

　　첫 번째, 최소 2개 이상의 시안(보통은 3개)을 만들어서 준비합니다. 고객은 보통 자신이 뭔가 선택할 수 있기를 원합니다. 그래서 고객이 말한 콘셉트를 유지하되, 느낌이 다른 시안을 2개 이상 만들어서 선택할 수 있도록 하는 것이 좋습니다. 3개 정도를 만들어서 보여 주면 대부분의 경우 그중 한 개를 선택합니다.

　　두 번째, 하나의 디자인 시안당 5개 정도의 화면을 만듭니다. 디자인 시안을 만들 때 전체 화면을 만들기에는 공수가 많이 들어갑니다. 그래서 보통 시안당 대표적인 화면(로그인, 메인, 목록, 상세, 통계 등) 5개 정도를 준비하여, 샘플만으로도 전체적인 화면 디자인을 예상할 수 있도록 합니다.

세 번째, 디자인 시안을 소개하는 자료를 별도로 작성합니다. 디자인 시안 이미지를 보면서 결정하는 것이 기본이지만, 고객은 디자인 전문가가 아니기 때문에 디자인만 보고 의사 결정을 하지 못하는 경우가 많고, 고객사 담당자가 다른 업무 담당자 혹은 위의 결재 라인으로부터 디자인 시안에 대한 확정 의견을 취합하는 경우도 많습니다. 이때 단순히 디자인 이미지만 보내는 것이 아니라 디자인이 만들어진 콘셉트, 스타일, 트렌드, 레퍼런스 정보 등을 정리한 문서를 함께 만들어서 고객에게 제공하면 보다 원활한 의사 결정 과정을 가질 수 있습니다.

● 디자인 확정 및 디벨롭(Develop)

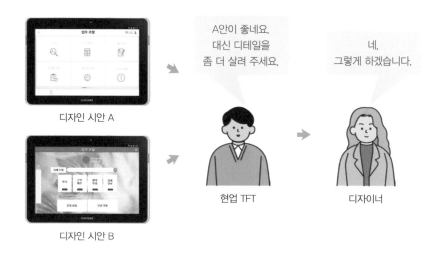

디자인 시안 A

디자인 시안 B

A안이 좋네요. 대신 디테일을 좀 더 살려 주세요.

네, 그렇게 하겠습니다.

현업 TFT

디자이너

디자인 시안 작업이 완료되면, 고객에게 시안을 전달한 후 결정을 요청합니다. 상황에 따라서 이메일로 확인 요청을 하는 경우도 있지만, 가능하다면 시안 작업을 한 디자이너 혹은 선임 디자이너가 고객사에 방문해서 사전에 만든 디자인 시안 소개 자료와 함께 상세하게 설명합니다.

이렇게 설명을 들은 고객사 담당자는 내부의 의사 결정 채널(관련자)에게 디자인 시안 정보를 전달한 후 확정합니다. 시안 중 한 개를 선택하게 되는데, 작업된 디자인 시안들이 고객의 마음에 들지 않을 경우 다시 시안 작업을 하는 경우도 드물게 발생합니다.

여기서 PM이 해야 할 중요한 일이 있습니다. 디자인 시안 확정은 보통 1~2주 정도로 일정을 잡는데, 고객사의 결재 라인이 복잡하거나 의사 결정이 오락가락하면서 계획된 일자를 넘어가는 경우가 있습니다. 고객은 조금 늦어져도 괜찮을 거라고 생각하는데, 실제로 프로젝트 진행 단계 중 이 단계에서 지연이 발생하면 그 다음 단계인 디자인 상세 화면 작업, 퍼블리싱, 개발이 모두 연쇄적으로 지연됩니다. 따라서 PM은 디자인 관련 작업이 시작되기 전, 그리고 진행되는 중에 시안 확정의 중요성을 고객에게 알리고, 가능한 한 계획된 일정 내에 의사 결정이 이루어지도록 해야 합니다.

이러한 과정을 거쳐 디자인 시안이 확정되면, 확정된 시안을 기준으로 디자인 디벨롭 과정을 거칩니다. 시안이 확정된 후 시안을 좀 더 디테일하게 확인하고 고객이 요청하는 부분을 보완하는 작업입니다.

PM은 이 과정에서 최대한 많은 부분을 고객에게 질의해서 보완해야 할 사항들을 사전에 받아야 합니다. 그 이유는 대부분의 고객이 이 과정을 자세히 검토하지 않고 있다가 디자인이 완료된 시점에 보완 요청을 하기 때문입니다. 그런 상황이 발생하면 상당히 많은 작업 소모가 들어갑니다. 그래서 PM은 고객에게 보완 요청을 미리 받고 보완을 진행한 후, 검토가 끝나면 반드시 결과를 고객에게 공유하는 메일을 보내야 합니다.

● 전체 화면 디자인 작업

디자인 시안 확정 및 디벨롭까지 완료되면, 기획자가 설계한 스토리보드에 있는 전체 화면의 디자인을 진행합니다. 디자이너는 디자인 가이드라는 문서를 만들어 디자인 작업을 위한 표준을 정의합니다. 이렇게 정의된 표준에 따라서 2~3명의 디자이너가 가능한 한 빠르게 전체 화면 디자인 작업을 진행합니다. 이 과정에서 PM은 디자이너가 일정에 맞춰 작업을 진행하는지 진척 관리를 하고, 디자인 작업 중간에 화면에 대해 문의가 들어오면 답변해 줍니다.

✦ 퍼블리싱 주요 업무

디자인이 완료되면 개발자는 디자인 파일과 스토리보드를 바탕으로 본격적인 개발을 시작합니다. 이때 디자이너가 만든 화면은 이미지입니다. 따라서 개발을 위해서는 디자이너가 만든 디자인 화면을 버튼을 누르거나, 입력창에 입력을 할 수 있는 형태로 바꾸는 작업이 필요합니다. 앱의 경우 개발자가 직접 이 작업을 하지만, 웹 개발의 경우 퍼블리셔라는 직무를 하는 사람이 퍼블리싱을 진행합니다. 상황이나 회사에 따라서는 웹 개발자가 직접 진행하기도 합니다. 퍼블리싱을 할 때는 다음의 네 가지를 주의해야 합니다.

일정에 따른 퍼블리싱 관리	• 디자인 문서 수령 후 일정에 따른 퍼블리싱 작업 시작 • 기본 가이드 작성 후 상세 화면 퍼블리싱 작업
사용자 측 우선 작업	• 개발 일정에 따른 퍼블리싱 진행 • 일반적으로 사용자(B2B 고객, B2C 고객) 측 화면 퍼블리싱 먼저
관리자 측 다음 작업	• 개발 일정에 따른 퍼블리싱 진행 • 일반적으로 관리자 측 화면 퍼블리싱 나중
퍼블리싱 보완 지원	• 개발자에게 퍼블리싱 결과물 전달 • 개발자의 요청에 따른 퍼블리싱 조정 및 보완 진행

첫 번째는 [일정에 따른 퍼블리싱 관리]입니다. 퍼블리싱은 디자인과 개발 단계 사이에 있습니다. 앞 단계의 기획/설계, 디자인이 일정대로 진행되더라도 퍼블리싱이 늦어지면 전체 개발 일정에 지연을 가져올 수 있기 때문에 일정을 잘 관리해야 합니다.

두 번째는 [사용자 측 우선 작업]입니다. 개발은 다양한 시스템 구조를 갖지만, 대부분 사용자가 직접 이용하는 화면과 그 화면을 관리하기 위한 관리자 화면으로 구성되어 있습니다. 이때 사용자 화면은 예쁘고 복잡하게 디자인해서 사용자가 더 만족감을 가지고 사용할 수 있도록 하고, 관리자 화면은 관리의 편의를 위해서 디자인보다는 기능 중심으로 만듭니다. 그래서 퍼블리싱 작업은 사용자 측의 화면을 만드는 데에 더 많은 시간이 들어갑니다. 그리고 관리자 측은 오픈 후 보완해 나가도 큰 문제가 되지 않지만 사용자 측은 최초 설계한 기능이 오픈 전에 다 만들어져야 합니다. 그래서 항상 작업의 우선순위를 사용자 쪽에 두는 것이 좋습니다.

세 번째는 [관리자 측 다음 작업]입니다. 앞서 설명한 바와 같이 관리자 측의 화면은 퍼블리싱 작업의 우선순위에서 뒤에 두고 작업하는 것이 좋습니다. 그리고 관리자 측 화면은 그 구성의 다양성이나 복잡성이 낮아서, 퍼블리싱이 늦어지거나 병목이 발생할 경우 개발자가 직접 작업하는 경우도 많습니다.

네 번째는 [퍼블리싱 보완 지원]입니다. 퍼블리싱이 완료된 화면은 개발자에게 전달되어 개발이 진행됩니다. 이때 개발 중 퍼블리싱에서 보완해야 할 사항들이 나오면 개발자는 다시 퍼블리셔에게 화면 보완 요청을 하며, 퍼블리셔는 보완 작업을 해야 합니다.

2.6 개발 단계

프로젝트의 핵심인 개발은 프로젝트에 있어 가장 중요한 과정이지만, PM 입장에서는 설계한 대로 개발 일정이 잘 지켜지도록 관리하는 일이 대부분입니다. 개발이 시작된 단계에서 사전에 준비해야 할 사항과 개발 진행 중 일정을 지연시키는 이슈를 해결하는 방법을 알아보겠습니다.

✦ 개발 주요 업무

기획/설계, 디자인, 퍼블리싱까지 완료되면 개발자는 해당 자료를 기준으로 본격적인 개발을 시작합니다. 이때 개발 과정은 프로그램을 개발하는 과정 외에도 두 가지의 주요 업무가 있습니다.

(사전) 서버-네트워크 환경 구성	• 기획, 디자인 등 개발 사전 단계에서 서버 네트워크 환경 정의 • 구성에 따른 장비 수급(기존 장비, 신규 발주 등) 및 환경 구성
(사전) 개발 환경 구성	• 개발을 위한 프레임워크에 대해 고객(IT부서)과 협의 • 협의된 구조에 따른 개발 환경 구성(서버, DB, 개인 등)
프론트엔드 개발 (웹/앱) 백엔드 개발 (서버)	• 기획 문서 기반의 개발 진행 • 개발 작업은 프론트엔드/백엔드 병행 • 일반적으로 효율적인 작업을 위해 백엔드 개발부터 시작 • 기획 확인 → 개발 → 완료 → 검증의 반복

첫 번째는 [서버-네트워크 환경 구성]입니다. 개발은 단순히 프로그램을 개발하는 과정을 넘어 개발된 프로그램이 동작할 서버 및 네트워크 구성 준비까지 포함합니다. 본격적인 개발은 기획/설계, 디자인, 퍼블리싱 등의 과정 이후에 진행됩니다. 그래서 개발을 할 수 있는 상황을 기다리는 동안 개발될 프로그램이 동작할 서버와 네트워크 환경 구성을 미리 준비해 둬야 합니다.

두 번째는 [개발 환경 구성]입니다. 서버-네트워크 환경 구성이 끝나면, 어떠한 방식으로 개발을 할 것인지 협의해야 합니다. 예를 들면, 모바일 앱을 개발할 때 네이티브 방식으로 할지, 하이브리드 방식으로 할지, 모바일 웹 방식으로 할지 결정하고, 그중 하나의 방식이 선택되면 그 방식을 개발할 때 어떤 언어와 프레임워크로 진행할지를 결정해야 합니다. 여기까지 끝나면 협의된 방식대로 개발할 수 있는 실제 환경을 구성해야 합니다. 이것을 개발 환경 구성이라고 합니다.

세 번째는 [개발 작업]입니다. 서버-네트워크 및 개발 환경 구성이 끝나고 기획/설계, 디자인, 퍼블리싱 작업이 완료되어 산출물이 전달되면, 본격적인 개발이 진행됩니다.

● 서버-네트워크 환경 구성(사전)

본격적인 개발이 진행되기 전에 대부분의 프로젝트에서 사전에 확인해야 할 사항이 있습니다. 바로 프로그램 개발, 설치, 운영을 위한 서버 및 네트워크 환경 구성입니다. 서버 및 네트워크 환경 구성은 프로젝트를 계약하는 조건에 따라 다르며 대표적으로 세 가지 경우가 있습니다.

첫 번째는 RFP 내에 서버-네트워크 장비 구입 및 설치를 포함하는 경우입니다. 이 경우 RFP에 도입해야 할 H/W(장비)의 모델과 스펙이 명시되어 있습니다. 영업 및 사업 관리 담당자가 장비를 구입하면, PM은 고객사의 환경을 파악해서 구입된 장비가 설치되는 과정을 관리합니다. RFP에 H/W에 대한 내용이 없는 경우, 개발 리더와 상의해서 시스템이 정상적인 서비스를 하기 위해서 어떤 H/W를 준비해야 하는지 정리하고, 프로젝트 초반에 고객사 IT 담당자와 구성에 대한 협의를 가지기도 합니다.

두 번째는 고객사에서 사전에 계획 및 준비하고 수행사는 해당 구성에 맞춰 작업하는 경우입니다. 이 경우 수행사에서 H/W 준비와 관련하여 별도로 해야 할 일은 없습니다. 고객사에서 준비한 H/W의 현황을 확인하고, 개발 리더와 해당 H/W 구성으로 서비스를 정상적으로 운영할 수 있는지 검토하고, 고객사 담당자와 협의하면 됩니다.

세 번째는 고객사와 수행사가 프로젝트 시작 후 상호 협의를 통해서 진행하는 경우입니다. 이 경우 고객사와 협의 시 개발 리더가 함께 참석해서 우선적으로 고객사에서 생각하는 H/W 구성에 대한 의견을 듣고, 해당 의견에 대해 수행사와 의견을 주고받으면서 협의를 합니다. 이때 회사의 규모가 크고 체계화되어 있는 경우, 별도의 TA(Technical Architect) 혹은 담당자를 두고 H/W 구성 설계부터 OS, WAS 등의 설치까지 전문으로 진행합니다.

이 작업에서 중요한 것은 최대한 빠르게 진행해야 한다는 것입니다. 개발, 테스트 및 운영 서버를 준비할 때, 각 과정마다 H/W 구성을 확정하는 시간, 확정된 H/W를 구매하는 시간, 구매한 H/W를 설치하고 H/W 위에 OS, WAS, DB 및 각종 프로그램을 설치하는 시간, 네트워크 환경을 구성하는 시간 등 생각보다 많은 시간이 들어갑니다. 이 대부분의 시간은 업체나 고객사의 IT, 네트워크, 보안 등의 지원을 받아야 진행이 가능합니다. 특히 H/W 구매는 H/W 시장 상황에 따라 몇 개월을 대기해야 하는 경우도 있습니다.

따라서 PM은 사업이 시작되고 요구 사항 분석이 시작되는 시점에 고객사에서 언급하지 않아도 먼저 H/W 구성에 대한 협의를 요청하고, 가능한 한 빨리 의사 결정이 진행되게 노력해야 합니다. 또한 H/W 구매나 설치 중 발생하는 이슈 등을 지속적으로 모니터링하면서 확인하고, 고객에게 빠르게 이슈를 공유하여 해결해야 합니다. 고객사에 IT 관련 전문가가 부재한 상태로 프로젝트가 진행되는 경우에는 수행사 PM이 개발 리더나 TA 담당자와 협의를 통해 사전에 H/W 구성을 정리하여 고객에게 가이드하고 리딩하는 방식으로 진행합니다.

이 단계에서 H/W 스펙에 대한 의견을 고객에게 전달하는 것 또한 매우 중요합니다. 수행사가 아무리 프로그램을 잘 만들어도 H/W 스펙이 부족하면 향후 성능 면에서 이슈가 발생할 수밖에 없습니다. PM은 현재 협의된 H/W 스펙으로 운영되어도 충분히 안정적인지 확인하고, 리스크가 보일 때는 반드시 예상되는 리스크를 고객에게 전달하여 고객이 미리 인지하도록 해야 합니다. 그리고 이 과정에서의 협의 내용은 반드시 고객에게 이메일로 보내서 확인 및 증적을 남겨야 합니다.

● 개발 환경 구성(사전)

서버 및 네트워크를 구성할 때 혹은 구성이 끝난 후에는 개발 환경 구성을 해야 합니다. 개발 환경 구성은 개발될 시스템이 S/W적으로 어떤 구조와 환경을

가지고, 어떤 프레임워크를 이용해서 개발할지 정의하는 것입니다. 이에 대해 정의가 되고 나면, 시스템 아키텍처 구성도를 통해 결과를 정리합니다.

개발 환경 구성을 협의할 때 몇 가지 고려해야 할 사항들이 있습니다.

첫 번째는 사용자 이용 채널(방식) 결정입니다. 구축될 시스템을 어떠한 채널을 통해서 사용할 것인지 결정해야 합니다. 예를 들면 PC 웹으로 이용할지, 모바일 웹도 사용할지, 앱으로도 사용할지, 상황에 따라서는 웨어러블 장비를 이용할지 등에 대한 부분입니다. 사용자의 이용 채널에 따라서 H/W의 구성 및 개발 환경 구성이 완전히 달라지기 때문에 최우선으로 고려해야 합니다.

두 번째는 사용자 이용 네트워크 환경입니다. 구축될 시스템을 어떠한 네트워크 환경에서 사용할 것인지 결정해야 합니다. 사내 업무 시스템 개발의 경우라면, 외부 인터넷은 사용하지 않고 내부망(내부 인터넷)에서만 접근 가능하게 할지, 외부에서도 자유롭게 이용 가능하게 할지, 외부에서 이용할 때 VPN과 같은 보안 시스템을 통해서 이용하게 할지 등에 대한 부분입니다. 사용자가 접근할 네트워크 환경에 따라 H/W 및 개발 환경 구성 또한 달라지기 때문입니다.

세 번째는 도입되는 제2의 솔루션이나 S/W 혹은 시스템 확인입니다. 최근 IT의 발달로 하나의 시스템을 구축하더라도 그 안에 다양한 제2의 솔루션이나 S/W 혹은 시스템이 함께 들어가는 경우가 많습니다. 예를 들어 전자 계약 시스템을 만들 경우, 전자 계약 업무를 처리하는 전체 프로그램은 수행사가 개발하지만, 계약을 위해서 외부 기관으로부터 정보를 연계 받는 경우 외부 연계 솔루션 도입이 필요하기도 하고, 받은 정보로 최종 전자 계약 문서를 적용할 때는 e-Form이라는 전용 솔루션을 이용하기도 합니다. 이때 전자 계약에 대한 공적인 인증이 필요하다면, 계약서를 저장하기 전에 외부 인증 기관의 연계를 통해 인증 정보를 받고 저장해야 합니다. 이런 식의 개발이 진행될 경우 연계 솔루션, e-Form 솔루션, 외부 인증 기관 서비스 연결 등 제2의 솔루션을 설치하거나 네트워크 환경 구성 등이 달라지는 상황이 발생합니다.

PM은 사업 초기에 위와 같이 구축될 전체 시스템의 내용을 파악 및 정리하고, 이를 고려해서 개발 리더와 함께 개발 환경을 정리해야 하며, 그 결과물로 S/W 시스템 아키텍치를 만들어야 합니다. 그리고 이때 사용자의 편의성, 개발 자원의 효율성, 개발 일정 및 고객사의 향후 운영 인력 상황까지 고려해야 합니다.

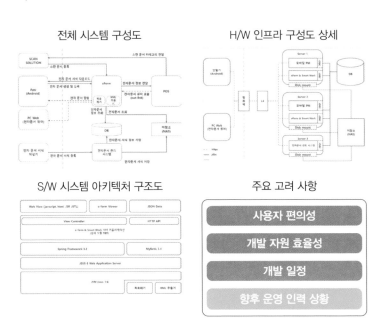

이때 회사의 규모가 크거나 조직이 잘 갖춰졌다면 개발 리더 대신 별도의 AA (Application Architect)라는 담당자 혹은 조직이 이 업무를 진행합니다. 프로젝트가 큰 경우 AA 조직에서 개발할 S/W의 공통 모듈(공통으로 사용되는 기능) 및 개발 표준의 가이드 작업까지 진행하기도 합니다.

● 개발

이렇게 개발에 대한 환경 구성과 기획, 디자인, 퍼블리싱 작업까지 완료되면 본격적인 개발에 들어갑니다. PM은 이때부터 개발이 일정에 맞춰 잘 진행되도록 관리해야 합니다. 이때 해야 할 것이 몇 가지 있습니다.

첫 번째는 이슈 및 리스크 사항 제거입니다. 개발이 시작되면 PM이 할 수 있는 것이 많지 않습니다. 조직된 각 파트의 개발자가 일을 잘해 주는 것이 가장 중요하기 때문입니다. 이때 PM이 해야 할 주요 업무는 개발을 방해하는 요소가 없는지 수시로 확인하고 이것을 이슈 및 리스크로 관리하면서 해결하는 것입니다. 개발자의 의자가 불편한 것과 같은 사소한 부분부터, 의사 결정이 정확하지 않아서 지연되는 부분, 외부 업체나 기관에서 먼저 개발해 줘야 하는 일정이 늦어져 정체되는 부분, 방화벽 등 네트워크 환경이 막혀서 테스트가 불가능한 상황 해결 등 최대한 섬세하고 빠르게 이슈를 파악하고 해결하는 것이 핵심입니다.

두 번째는 개발 진척 관리입니다. 보통 진척 상황은 WBS나 간트 차트를 통해서 파악합니다. 프로젝트 규모나 상황에 따라 짧게는 일 단위, 길게는 주 단위로 개발 사항을 확인하고, 진척이 지연되는 부분을 찾아서 속도를 맞추거나, 지연을 막을 수 없을 경우 고객과의 협의를 통해 대안을 찾는 등의 진행을 해야 합니다. 이때 중요한 일 중 하나가 개발의 우선 순위 정리입니다. 개발을 진행하다 보면 퍼블리싱 작업이 지연되어 프론트엔드 개발이 불가하거나, 선행 프로세스 기능 개발이 지연되어 후행 프로세스 개발도 함께 지연되는 문제가 발생합니다. 이러한 문제를 파악하여, 먼저 할 수 있는 일을 하게 하는 등의 조치를 해야 합니다.

　세 번째는 인력 관리입니다. 기획-개발, 개발-개발, PM-개발, 고객-개발 등 다양한 사람들이 서로 소통을 하는데, 이럴 때 일이 바쁘고 힘들어지면 관계 적인 문제나 다툼이 생겨서 인력이 이탈하는 경우가 발생합니다. PM은 프로젝트에 참여한 개개인의 상황을 잘 파악하여 인력이 이탈되지 않도록 케어해야 합니다.

테스트 및 오픈 안정화 단계

테스트 및 오픈 안정화 단계는 개발된 시스템을 점검하고 최종 오픈 및 안정화하는 과정입니다. 테스트 및 오픈 안정화의 개념은 누구나 잘 알고 있지만, 진행하는 상세 업무를 정확히 모르는 경우가 많습니다. 테스트 및 오픈 안정화 업무에 대해 명확히 이해하고 일을 할 수 있도록 준비하는 것이 본 절의 목적입니다.

✦ 테스트 주요 업무

개발이 완료되면 테스트를 시작합니다. 테스트는 개발된 프로그램이 정상적으로 동작하는지 확인 및 보완하는 과정을 말하며, 네 개의 과정을 거칩니다.

테스트 케이스 작성	• 테스트를 위한 상세 케이스 작성 • 어느 화면에 어떤 기능을 테스트해야 하는지 엑셀로 정리
테스트 시나리오 작성	• 테스트 케이스 기반으로 실제 테스트 시나리오 작성 • 단위 테스트는 간단한 기능 검증, 통합 테스트는 전체 프로세스 수행 검증
단위 테스트	• 개발 기능에 대한 검증 테스트 • 테스트 후 오류 수정 및 보완 작업 수행
통합 테스트	• 전체 서비스 프로세스에 대한 통합 테스트 후 오류 수정 및 보완 • 최대한 실제 운영 환경에 맞춰 실데이터, 실사용자 환경으로 진행

첫 번째는 [테스트 케이스 작성] 업무입니다. 테스트 케이스는 말 그대로 테스트를 위한 케이스(사례)를 정리하는 것입니다. 테스트를 잘하기 위해서 꼭 점검해야 하는 사례를 정리하는 것인데, 개발 현장에서 이 테스트 케이스를 만드는 걸 어려워하는 분들이 많아서 이후 자세히 설명하겠습니다.

두 번째는 [테스트 시나리오 작성] 업무입니다. 테스트 케이스가 작성되면, 테스트를 위한 시나리오를 만듭니다. 시나리오라는 표현이 어려울 수 있는데, 간단히 정리하면 "이 기능을 테스트하려면 어떻게 해야 하며, 그 결과가 어떻게 나와야 이상이 없다"라는 정보를 정리하고, 실제 테스트할 때 누가 언제 그 시나리오에 대해서 테스트를 했고, 테스트 결과는 어땠으며, 이후 수정 및 보완이 되었는지를 확인할 수 있는 문서를 만드는 것입니다. 테스트 시나리오는 보통 단위 테스트 시나리오, 통합 테스트 시나리오가 있습니다.

세 번째는 [단위 테스트 및 보완] 업무입니다. 단위 테스트 시나리오가 만들어지면 시나리오에 따라 테스트를 하고, 테스트 도중 발견된 오류를 수정합니다. 이때 단위 테스트는 단위 기능을 점검하는 것인데, 간단하게 말하면 프로그램 화면의 기능이 정상적으로 동작하는지 테스트하는 것입니다.

네 번째는 [통합 테스트 및 보완] 업무입니다. 단위 테스트가 끝나면 통합 테스트를 진행합니다. 통합 테스트는 말 그대로 전체 기능에 대한 테스트를 진행하는 것인데, 현장에서 단위 테스트와 통합 테스트의 차이를 잘 모르고 진행하는 경우가 많아서 이 차이에 대해서는 이후 상세히 설명하겠습니다.

● 테스트 케이스 작성

테스트 케이스는 앞서 얘기한 바와 같이 테스트를 하기 위한 케이스(사례)를 정리하는 것입니다. 이때 실제 IT 현장에서 테스트 케이스와 테스트 시나리오의 구분이 모호한 경우가 많습니다. 회사마다 사람마다 이해하고 작업하는 방식이 다르고 자료마다 각기 다르게 설명하는 경우가 많은데, 실제로 작업을 하려면 이 개념과 작성 방법을 정확하게 이해해야 합니다. 도서에 정리된 내용은 상황에 따라 이견이 있을 수 있음을 미리 말씀드립니다.

테스트 케이스는 테스트를 할 대상, 즉 What입니다. 그리고 테스트 시나리오는 테스트를 할 대상에 대해서 어떤 방법으로 테스트를 하고 관리할지에 대한 방법, 즉 How입니다. 간단한 예를 들어 보겠습니다. 사용자가 사전 예약, 결제, 진료 및 투약 결과를 확인하는 병원 앱을 만들고자 합니다. 이 중 사전 예약에서는 환자가 앱을 통해서 예약하는 작업, 예약을 취소하는 작업, 예약 취소 이력을 보는 작업, 취소했던 예약을 다시 살리는 작업 등을 할 수 있습니다. 이 앱을 사용하는 환자가 할 수 있는 작업, 즉 점검해야 하는 작업(What)을 목록화 한 것이 테스트 케이스입니다. 말 그대로 테스트를 할 케이스를 정리하는 것입니다. 이렇게 케이스가 정리되면, 케이스별로 테스트하기 위해 아래와 같은 방법(How)이 필요합니다.

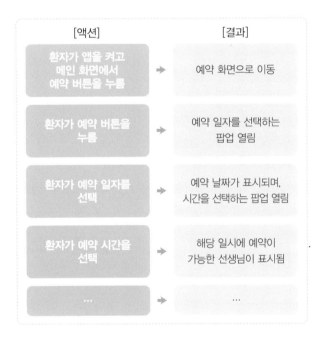

위와 같이 하나의 테스트 케이스를 만들고 실제로 테스트할 수 있는 상세한 시나리오를 쓰는 것을 테스트 시나리오라고 합니다. 기본적으로 테스트 케이스와 시나리오는 완전 별개의 문서로 작성하며, 테스트 케이스가 다 정리되면 테

스트 케이스별 테스트 시나리오를 작성해야 합니다.

하지만 실제 현장에서 대규모 프로젝트 혹은 체계가 잘 잡힌 프로젝트를 제외하고 대부분의 경우에는 이렇게 구분하여 정리하고 테스트하는 것이 쉽지 않습니다. 그래서 아래와 같은 간단한 방식으로 업무 처리합니다.

첫 번째는 전체 기능을 메뉴 단위로 정리하는 방식입니다. 전체 메뉴가 동작하는 기능을 테스트 케이스로 작성합니다. 메뉴를 대분류, 중분류, 소분류, 화면 단위까지 나누어, 최종 화면을 기준으로 해당 화면이 동작하는 내용 혹은 목적을 테스트 케이스로 합니다. 보통 가장 많이 사용되는 방식입니다.

두 번째는 시스템을 업무 단위로 정리하는 방식입니다. 회원 가입, 로그인, 회원 정보 수정, 탈퇴 등 기능 단위로 구분해서 케이스를 만드는 방식입니다.

세 번째는 개발의 규모가 작을 경우, 개별 화면 하나하나를 테스트 케이스로 만들기도 합니다. 첫 번째 방법은 기능의 흐름을 따라서 작성한다면, 세 번째 방법은 그런 흐름을 고려하지 않고 단순히 화면의 독립적인 기능 중심으로 정리한다는 점에서 차이가 있습니다.

테스트 케이스는 앞서 설명한 것처럼 현장에서 상당히 명확하지 않은 의미로 사용되는 경우가 많으므로 프로젝트의 규모나 상황에 따라서 위의 세 가지 방법 중 한 가지를 적절히 이용하면 됩니다. 구체적인 테스트 케이스 작성 방법은 이후 설명하겠습니다.

이 과정에서 PM은 고객에게 테스트 케이스를 정리하는 방법에 대해서 설명하고 협의를 진행하여 향후 고객이 테스트 진행 시 케이스 선정 기준 등을 오해하지 않도록 합니다.

● 테스트 시나리오 작성

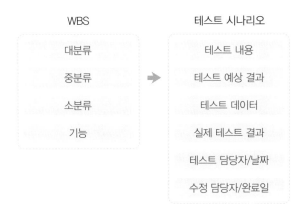

테스트 케이스가 완료되면 그 다음은 테스트 시나리오를 작성합니다. 앞서 얘기한 바와 같이 케이스가 What이라면, 시나리오는 How입니다. 테스트 케이스를 기초로 하되 작성되는 내용은 더 상세해야 합니다.

테스트 시나리오는 테스트 케이스에 따라서 실제 어떤 식으로 테스트를 할지, 그 결과 어떤 동작이 진행되어야 할지 예상 결과를 정리합니다. 그리고 테스트할 때 어떤 데이터(입력 값, 조건)를 넣을지 가이드하고, 그렇게 테스트한 결과가 정상인지 오류인지 정리합니다. 그 다음, 누가 언제 이 테스트를 했는지 담당자와 시점을 기록합니다. 오류로 판명된 건에 대해서는 테스트 시나리오 문서를 이용해서 수정 담당자를 지정하고 오류가 수정되는 날짜까지 작성해야 합니다.

테스트 시나리오는 단위 테스트 시나리오와 통합 테스트 시나리오 두 가지로 작성됩니다. 단위 테스트 시나리오는 테스트 케이스를 기준으로 각각 단위 기능 중심의 점검이 가능하도록 만든 시나리오이고, 통합 테스트 시나리오는 테스트 케이스를 기준으로 프로그램의 전체 흐름을 테스트할 수 있도록 만든 시나리오입니다. 단위 테스트 시나리오와 통합 테스트 시나리오를 작성하는 상세 방법은 이후 설명하겠습니다.

테스트 시나리오는 조직이 잘 갖춰지면 테스트를 전담하는 QA 조직이 진행하는 경우도 있지만, 중소 규모의 프로젝트에서는 개발자 및 업무 지원 담당자가 하는 경우가 많습니다. PM은 각 담당자가 정리한 테스트 시나리오를 검토하여 그 내용이나 퀄리티가 테스트를 진행하는 데 문제가 없는지, 작성된 시나리오의 일관성이 떨어지지 않는지 관리해야 합니다.

● 단위 테스트

단위 테스트 시나리오가 완성되면, 고객과 방법을 협의하여 단위 테스트를 진행합니다. 이때 방법은 테스트 기간과 테스트 대상을 말합니다.

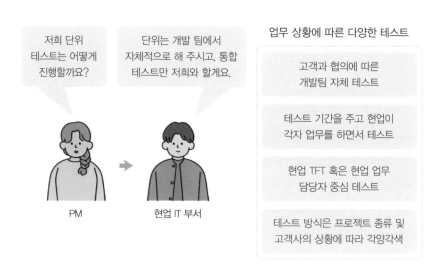

저희 단위 테스트는 어떻게 진행할까요?

단위는 개발 팀에서 자체적으로 해 주시고, 통합 테스트만 저희와 할게요.

PM

현업 IT 부서

업무 상황에 따른 다양한 테스트

고객과 협의에 따른 개발팀 자체 테스트

테스트 기간을 주고 현업이 각자 업무를 하면서 테스트

현업 TFT 혹은 현업 업무 담당자 중심 테스트

테스트 방식은 프로젝트 종류 및 고객사의 상황에 따라 각양각색

단위 테스트는 수행사가 직접 진행하는 경우가 많습니다. 개발을 한 수행사가 테스트 일정을 정해 기능 테스트를 진행하고, 여기서 발생한 오류를 확인하고 수정합니다. 이때 고객이 원하면 최종 사용자가 아닌 현업 TFT 멤버가 테스트를 하는 경우도 있습니다. 테스트는 어떤 방식으로 할지 정해져 있지 않으며, 프로젝트의 상황과 환경에 따라 유연하게 대응해야 합니다.

참고로 단위 테스트 단계에서 실제 사용자인 현업 담당자 혹은 실무 담당자가 테스트를 하지 않는 이유는 단위 테스트 단계에는 단순한 기능의 오류가 많이 발생하기 때문입니다. 프로젝트에 관여하지 않는 사용자들은 자신에게 테스트가 넘어오면 대부분의 기능이 정상 동작하고 특별한 이상만을 점검할 것을 예상합니다. 하지만 단위 테스트 단계에서 테스트를 요청하면 시스템의 오류가 많아서 테스트가 불가하다고 포기하는 경우가 많습니다.

PM은 이 단계에서 고객과 단위 테스트 방법을 조정하며, 확인된 오류에 빠르게 대응할 수 있도록 개발자 배분 및 점검 업무에 집중해야 합니다.

● 통합 테스트

단위 테스트가 완료되면, 그 다음은 통합 테스트를 수행합니다. 통합 테스트는 단위 기능에 대한 점검이 완료되어 기본적인 기능에 오류가 거의 없는 상태에서 진행하는 것이 기본입니다. 만약 통합 테스트 시 단위 기능에 대한 오류가 많이 남아 있다면 PM은 통합 테스트 일정을 적절히 조정해야 하며, 이 단계에서 심하게 지연될 경우 이슈-리스크로 관리하여 고객과 최종 오픈 일정을 다시 점검해야 합니다.

단위 테스트가 개별 기능에 대한 테스트라면, 통합 테스트는 전체적인 서비스 프로세스를 점검하는 테스트입니다. 그래서 통합 테스트를 진행할 때는 운영 환경을 최대한 맞추고, 테스트에서 사용하거나 입력하는 정보도 가능한 한 실제 환경에 맞게 진행합니다.

통합 테스트는 실제 사용자가 될 고객이 직접 테스트를 하도록 해야 합니다. 두 가지 이유가 있는데, 첫 번째는 책임의 문제입니다. 오픈을 앞두고 수행사가 최종 점검을 할 경우, 오픈 후 문제가 발생했을 때 점검에 대한 책임을 나누기가 어렵기 때문입니다. 두 번째는 실제 사용자기 테스트를 해야만 발견되는 오류가 존재하기 때문입니다. 그래서 반드시 실제 사용자가 될 고객이 테스트를 하고, 여기서 발견된 오류를 수정해야 합니다.

통합 테스트 단계에서 사용자는 오류뿐만 아니라 보완 또는 추가 요청을 항상 함께 이야기합니다. 그래서 PM은 통합 테스트 시 반드시 고객에게 오류와 보완 및 추가 요청의 개념을 구분하여 설명해야 하고, 테스트 시나리오에 오류와 보완 및 추가 요청을 구분해서 표시해야 합니다. 테스트 이후에는 명백한 오류를 최대한 빠르게 수정하고, 보완 및 추가 요청 사항은 고객사의 현업 TFT 멤버와의 검토를 통해 오픈 전 보완할 내용인지, 안정화 단계에서 보완할 내용인지, 사업 범위를 벗어난 건으로 제외시켜야 할지를 정리합니다.

✦ 오픈 안정화 주요 업무

테스트까지 완료되면 시스템을 사용자가 이용할 수 있도록 열어 주는 작업을 해야 합니다. 이를 오픈이라 합니다. 그리고 이렇게 시스템이 오픈되면 일정 기간 동안 이상 없이 사용되는지, 추가로 보완해야 할 사항은 없는지 확인하고 안정적으로 시스템이 사용되도록 지원을 하는데, 이것을 안정화라고 합니다. 이 과정에서 진행해야 할 일을 네 가지로 구분해서 설명하겠습니다.

사전 교육	• 매뉴얼 작성 및 배포 • 각 매뉴얼에 대한 실제 사용자 교육
오픈 준비	• 실제 오픈을 위한 오픈 시나리오 준비 • 데이터 전환 계획, 배포 계획(웹/앱), 이행 계획 등
오픈	• 오픈 직전 완료 보고 혹은 안정화 이후 완료 보고 • 서비스 운영 오픈
안정화	• 서비스 오픈 후 안정화될 때까지 안정화 지원 • 안정화 기간 동안 오류 수정 및 기능 보완 수행

첫 번째는 [사전 교육] 업무입니다. 시스템을 오픈하기 전에 사용자가 새롭게 구축된 시스템을 사용할 수 있도록 매뉴얼을 만들고, 사전에 교육하는 업무입니다. 보통 기업의 업무 시스템을 만드는 경우, 사용자가 해당 회사의 직원으로 확정되어 있기 때문에 상세한 매뉴얼을 만들고 대면/비대면 교육을 진행합니다. 하지만 일반 웹사이트와 같은 B2C 사이트의 경우, 어떤 사람이 시스템을 사용할지 알 수가 없기 때문에 직접 교육은 불가능하고, 사이트 방문자가 쉽게 기능을 확인할 수 있는 매뉴얼이나 소개 팝업을 띄우는 작업을 하기도 합니다.

두 번째는 [오픈 준비] 업무입니다. 교육이 끝나고 나면 시스템 오픈을 위한 본격적인 준비를 해야 합니다. 신규 시스템 오픈의 경우에는 시스템을 설치 및 배포하는 작업을 하고, 앱의 경우에는 앱스토어에 사전 등록을 합니다. 기존에 운영하던 시스템을 리뉴얼하는 경우에는 기존 시스템의 데이터를 새로운 시스템으로 전환하는 작업을 합니다.

세 번째는 [오픈] 업무입니다. 오픈 준비가 완료되면 최종으로 시스템을 오픈합니다. 보통 오픈 전후 시점으로 프로젝트가 최종 완료되었음을 보고하는 완료 보고가 진행됩니다.

네 번째는 [안정화] 업무입니다. 시스템 오픈 후 많은 사용자가 시스템을 사용하면 테스트 단계에서 발견되지 않은 오류나 기능적으로 보완해야 할 부분 등이 확인됩니다. 이때 발생한 오류를 수정하고 부족한 기능을 보완하는 작업을 집중적으로 진행하여 시스템이 오픈된 후에도 안정적으로 운영되도록 지원합니다.

IT 프로젝트
단계별 수행
업무

이번 파트에서는 IT 프로젝트를 진행하면서

PM으로서 해야 할 일을 단계별로 구분하고

그 일을 수행하는 상세한 방법에 대해서 설명합니다.

이번 파트를 통해 PM으로서

수행할 실무 지식을 습득하는 데 집중해 주길 바랍니다.

3.1 단계별 수행 업무 개요

IT 프로젝트의 단계별 상세 업무를 설명하기에 앞서, 단계별로 해야 할 업무가 무엇인지 간략하게 설명합니다. 이전 파트를 통해 IT 프로젝트 흐름을 이해했다면, 이번 절을 통해서는 각 단계에서 PM으로서 수행해야 할 일이 무엇인지 알아봅니다.

✦ **IT 프로젝트 전 과정**

이전 파트에서 IT 프로젝트를 크게 8개의 단계로 나누어 설명하였고, 각 단계에서 PM의 역할에 대해서 간략하게 정리하였습니다. 이번 파트는 단계별로 PM이 실제 수행해야 할 업무를 정의하고, 해당 업무를 수행하는 방법을 상세히 설명합니다. 본격적으로 개별 업무에 대해서 설명하기 전에 전체 흐름을 따라 진행되는 업무를 간략하게 알아봄으로써, 개별 업무에 대한 설명을 들을 때 현재 듣고 있는 설명이 전체 중 어느 부분인지 흐름을 파악할 수 있습니다.

이후 진행될 절에서 상세한 설명이 진행되고 이전 파트의 내용과 다소 중복되기도 하므로, 이번 절은 가볍게 전체 흐름을 이해하는 관점으로 봐 주길 바랍니다.

● 프로젝트 제안 및 수주

앞서 프로젝트 제안 및 수주 단계의 네 가지 업무에 대해서 설명했습니다. 이 과정에서는 세 가지 작업을 해야 합니다.

첫 번째는 [RFP(제안 요청서) 분석]입니다. PM은 개발 사업 전문가로서 영업과 사업 관리에서 발견한 사업의 RFP를 분석하여 이 사업이 우리 회사가 수행가능한 사업인지 판단하고, 사업을 진행할 경우 투입될 대략적인 인력 구성 및투입 공수 산정, 진행 관련된 리스크나 이슈 등을 분석해서 해당 사업 지원 여부를 결정하는 데 필요한 정보를 제공해야 합니다.

두 번째는 [제안서 및 제안 발표 자료 작성]입니다. 회사에서 지원을 확정한사업에 대해서 RFP 단계에서 분석한 요구 사항을 기초로 제안서와 제안 발표자료를 작성하고, 최종적으로 제안 발표까지 진행합니다.

세 번째는 [견적서 작성]입니다. 해당 사업을 지원할 때 발생하는 비용과 투입 인력 공수 및 그 외의 비용을 산정하고, 견적서 작성을 지원합니다. 이때 회사에 수익 분석 및 견적서 작업을 할 전문 인력이 없을 경우 해당 작업까지 진행하는 경우도 있습니다.

● 프로젝트 계획 및 시작

프로젝트를 수주한 이후 진행되는 작업입니다. 이 과정에서 세 가지 작업을 진행합니다.

첫 번째는 [팀 빌딩 계획 및 인력 소싱]입니다. 이때는 사업을 수주한 상태이므로, 투입 인력 계획에 따라 실제 투입할 인력으로 팀을 구성합니다. 자사 인력이라면 투입을 확정하고, 자사 인력만으로는 부족할 경우 외부 업체 혹은 외주 인력을 소싱하는 작업까지 지원합니다.

두 번째는 [초기 일정 계획]입니다. 프로젝트가 시작되면 고객과 대략적인 진행 일정을 정리해야 합니다. 이때 고객과의 협의를 위해 간단하게 일정을 정리하고 WBS 초안을 작성합니다.

세 번째는 [착수 보고 작성]입니다. 착수 보고는 팀이 준비되고 대략적인 일정이 정리되면 사업과 관련된 모든 사람을 모아서 프로젝트가 시작되었음을 보고하는 것으로, PM은 이러한 착수 보고서 준비 및 착수 보고 발표를 합니다.

● 기획/설계

착수 보고 이후 프로젝트가 본격적으로 시작되면 가장 먼저 기획 및 설계를 하는데, 이 과정에서는 다섯 가지 작업을 진행합니다.

첫 번째는 [이해관계자 그룹 정의]입니다. 개발에 대한 고객의 요구 사항을 분석하기 전에, 고객사의 누구에게 어떤 요구 사항을 받아야 하는지, 어떤 사람이 의사 결정을 하는지, 누구에게 질의를 해야 하는지 등 요구 사항 분석을 위한 이해관계가 있는 사람들을 정의하고 협의 요청을 합니다.

두 번째는 [요구 사항 분석 업무 리딩]입니다. 기본적으로 요구 사항 분석은 기획사가 진행하되 PM은 가능하다면 분석 과정에 침석해서 요구 사항 중 이슈가 있거나 의사 결정이 필요한 부분을 정리합니다.

세 번째는 [WBS 상세 작성]입니다. 요구 사항 분석을 통해서 개발할 기능이 정리되면, 전체 개발 일정을 상세하게 정리하여 WBS를 업데이트합니다.

네 번째는 [IA 작성]입니다. 기본적으로 IA는 기획자가 작성하는 문서입니다. 이때 기획자는 개발의 구조도 설계해야 하는데, PM에게 설계에 대한 검토를 받거나 진행 중 문의 사항을 정리합니다. 별도의 기획자가 없거나 기획자의 경력이 부족한 경우에는 PM이 IA를 작성하는 경우도 있습니다.

다섯 번째는 [스토리보드 작성 관리]입니다. 스토리보드도 기획자가 작업하는 문서입니다. 기획자는 고객사의 요구 사항에 따라 화면을 기획하는데, 이때 기획자가 직접 판단하기 어려운 설계 요소가 많습니다. PM은 사업을 책임지는 사람으로서 기획자의 판단을 지원하고 중요한 의사 결정은 직접 기획자에게 내려서 기획자의 업무를 지원해야 합니다.

● 디자인

기획/설계가 끝나면 디자인 작업을 진행합니다. 이 과정에서 PM이 직접적으로 작업에 관여하는 일은 많지 않지만, 고객과 콘셉트를 확인하고 시안을 확정하며, 전체 작업 일정에 문제가 생기지 않게 조율해야 합니다. 고객의 의사 결정이 늦어지지 않도록 재촉하고, 의사 결정이 번복되는 경우에는 무조건 받아들이기보다는 적당한 선에서 끊거나 번복을 수용하되 이에 따른 일정 조정 등의 협의점을 찾는 역할을 해야 합니다.

대부분의 PM이 디자인 관리 과정을 잘 모르거나 필요한 시점에 관리를 제대로 하지 못하고, 전체적인 프로젝트 일정을 지연시키는 경우가 많으므로, 이 부분은 디자인 작업을 관리하는 노하우 중심으로 설명하겠습니다.

● 퍼블리싱

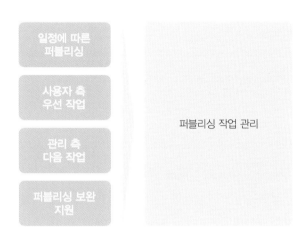

디자인 작업이 끝나거나 진행되는 도중에 퍼블리싱이 진행됩니다. 이 과정은 디자이너가 준 이미지를 바탕으로 퍼블리셔가 퍼블리싱 작업을 한다는 간단한 로직을 가지고 있기 때문에, PM은 직접적으로 작업에 관여하지 않습니다. 이때 PM이 할 일은 두 가지입니다.

첫 번째는 디자인 작업 일정과 개발 일정을 잘 조정해서, 디자인 작업 중 결과물이 나오는 대로 바로 퍼블리셔에게 전달되고 퍼블리셔가 작업한 결과물이 개발자에게 바로 전달되어 최종 개발자가 끊김 없이 개발을 할 수 있도록 관리하는 것입니다.

두 번째는 퍼블리싱 초반에 퍼블리셔가 할 작업에 대한 가이드를 주는 것입니다. 작업 가이드는 보통 PM과 개발 리더, 퍼블리셔가 미팅을 해서 정리합니다. 이때 협의되는 내용은 브라우저를 어디까지 호환할 것인지, 반응형 등의 작업을 할 것인지, 디자인 결과물은 무엇으로 받고 퍼블리싱 툴은 어떤 것을 사용할 것인지, 웹 호환성 및 취약점은 어디까지 할 것인지 등입니다.

● 개발

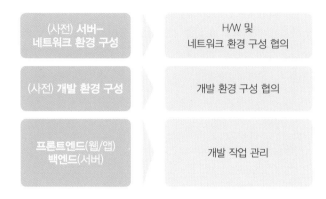

개발을 위해서는 세 가지 작업을 진행해야 합니다.

첫 번째는 [H/W 및 네트워크 환경 구성 협의]입니다. 해당 구성으로 시스템이 안정적으로 운영될 수 있도록 하는 것이 최우선이며, 개발 일정에 영향을 주지 않도록 최대한 빠르게 협의하고 준비하는 것이 관건입니다.

두 번째는 [개발 환경 구성 협의]입니다. 이 부분은 최종적으로 고객이 사용할 시스템의 환경을 빠르게 확인하고 사용자가 편리하게 시스템을 이용할 수 있도록 구성하는 것이 중요합니다.

세 번째는 [개발 작업 관리]입니다. 개발 일정이 계획대로 잘 진행되도록 진척 관리를 하고 진척에 방해가 되는 요소를 잘 정리해야 하며, 프로젝트 진행 중 구성 인력의 이탈이나 충돌이 최소화되도록 관리하는 것이 중요합니다.

● 테스트

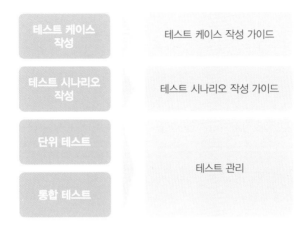

테스트 단계에서는 세 가지 작업을 진행해야 합니다.

첫 번째는 [테스트 케이스 작성 가이드]입니다. 테스트 케이스는 PM이 직접 작성하지 않지만, 해당 업무를 맡은 개발자나 별도의 담당자가 프로젝트의 상황과 고객 협의 사항에 맞게 테스트 케이스를 잘 작성하도록 가이드 및 관리해야 합니다.

두 번째는 [단위/통합 테스트 시나리오 작성 가이드]입니다. 이 부분도 테스트 케이스와 동일하게 PM이 직접 작성하지 않지만, 잘 작성되도록 가이드 및 관리를 해야 합니다.

세 번째는 [테스트 관리]입니다. 테스트 단계에서는 테스트 진행 방식에 대해서 고객과 사전 협의를 하고, 테스트 진행 시 오해나 혼선이 없도록 하는 것이 우선입니다. 그리고 이 단계에서 중요한 것은 테스트 자체가 아니라 테스트를 통해 오류 및 보완 사항을 확인하고 빠르고 정확하게 대응하는 것입니다. PM은 이런 대응 작업이 잘 되도록 인력을 배치하고 환경을 조성해야 합니다.

● 오픈 안정화

테스트 결과에 대한 보완이 잘 되면, 최종 오픈을 합니다. 이 과정에서 PM은 세 가지 업무를 진행해야 합니다.

첫 번째는 [교육 관리]입니다. 사용자가 시스템을 잘 쓸 수 있도록 교육하는 것으로, PM은 사전에 교육 자료의 품질이 높게 만들어지도록 관리하며, 교육을 진행하는 방식, 일정, 대상 등을 협의하고 계획에 따라 본인 혹은 각 담당자가 교육을 진행합니다. 교육은 보통 사용자 교육, 운영자 교육, 시스템 관리 교육 정도가 있으며, 시스템 관리 교육은 인수인계와 함께 진행되는 경우가 많습니다.

두 번째는 [오픈 관리]입니다. 시스템을 오픈하는 과정은 오픈하는 시스템의 상황에 따라 달라집니다. 가장 간단한 것은 신규 시스템 오픈입니다. 이 경우는 새롭게 만든 시스템이 정상적으로 동작하도록 서버 설치, 네트워크 환경 조성 등의 준비를 합니다. 하지만 기존에 사용 중인 시스템을 새롭게 개발하여 오픈하는 경우에는 기존 시스템의 데이터를 전환하여 새로운 시스템에서 사용할 수 있도록 해야 합니다. 보통 이를 전환 오픈이라고 하며, 이 경우 오픈을 위해 준비해야 할 많은 사항을 PM이 계획하고 관리해야 합니다.

세 번째는 [검수 확인서 작성]입니다. 프로젝트가 완료되면, 고객이 시스템을 최종 점검해서 이상 없이 잘 만들어졌음을 확인하고 도장을 찍는 검수 과정을 가집니다. 프로젝트에서 PM이 하는 모든 업무는 이 검수 확인을 마지막으로 공식적으로 종료됩니다. PM은 이를 위해서 검수 확인서를 작성하고 최종 검수를 받는 과정을 진행합니다.

이번 절에서는 IT 프로젝트 단계별로 수행해야 할 업무를 간략하게 설명했습니다. 상세한 작업 방법에 대해서는 이후 절에서 설명합니다. 이번 절에서 가장 중요한 것은 IT 프로젝트 진행 단계별로 PM이 해야 할 업무를 이해하는 것입니다. PM은 세부 업무 역량도 중요하지만, 항상 전체 업무의 흐름을 이해하고 대응하는 것이 중요합니다.

3.2 제안 요청서 분석 방법

PM에게 있어 프로젝트를 수주하는 것이 가장 중요한데, 이를 위해서는 제안 요청서를 잘 분석해야 합니다. 또한, PM이 이 과정을 얼만큼 탁월하게 지원하느냐가 PM의 중요한 경쟁력이 됩니다. 사업 초반의 제안 요청서를 분석하는 업무가 얼마나 중요한지 이해하고 그 수행 방법을 확실하게 배워 봅니다.

✦ 제안 요청서 구성

제안 요청서(RFP)는 IT 프로젝트와 관련된 문서 중 가장 중요한 문서로, 사업 수주 전과 수주 이후로 그 중요성이 달라집니다. 사업을 수주하기 전에는 수주를 위해 준비하는 모든 과정의 기준, 가이드, 목표가 됩니다. 그래서 제안서를 작성하고 지원하는 과정에 제안 요청서를 상세하게 참고합니다. 수주 이후에는 수행할 기능 요구 사항의 기준이 됩니다. 이슈가 발생했을 때 최우선으로 보는 것이 제안 요청서와 이것을 보고 만든 제안서입니다.

제안 요청서를 분석하기 위해서는 당연히 제안 요청서가 어떻게 구성되는지 알아야 합니다. 제안 요청서는 앞서 설명했듯이 고객이 시스템을 도입하기 위한 사업을 발주할 때 만드는 문서입니다. 따라서 사업에 지원하는 개발 업체들이 이 사업이 어떤 사업인지를 잘 알 수 있도록 작성되어야 합니다. 문서 초반부에는 기초적인 사업에 대한 안내, 관련된 진행 현황, 사업을 추진하고자 하는 목표나 방향 등이 기술되고, 문서 중반부에는 실제 개발할 목표 시스템의 예상 구성도 및 세부 기능 요구 사항을 상세하게 정리합니다. 문서의 후반부에는 제안서를 작성할 때 필요한 작성 가이드, 즉 제안서의 목차, 파트별로 필요한 세부 지침 등이 포함됩니다. 그리고 마지막에는 사업에 지원하는 방법, 사업의 평가 기준 및 진행 방식, 기타 필요 및 제약 사항이 정리됩니다.

제안 요청서의 대략적인 구성이 이해되었으면, 실제 제안 요청서 샘플을 보면서 확실하게 이해해 보도록 하겠습니다. 공공사업의 제안 요청서와 민간사업의 제안 요청서 샘플을 순서대로 살펴봅시다.

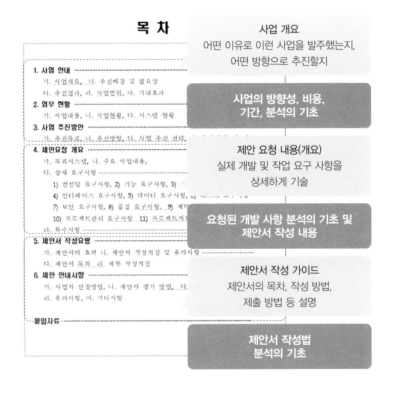

위의 그림은 공공사업의 제안 요청서 샘플입니다. 대부분의 공공사업은 위와 유사한 목차를 갖습니다.

1. 사업 안내
- 사업 개요: 이 사업이 어떤 사업인지 한두 줄 정도로 간략하게 정리
- 추진 배경 및 필요성: 사업을 추진하게 된 배경과 어떠한 이유로 시스템을 구축하고자 하는지 설명

- 추진 경과: 사업을 계획하고 진행하는 과정에 대한 설명
- 사업 범위: 큰 범주에서 개발할 기능을 구분하여 설명. 참고로 이 범위를 기준으로 제안 요청 부분에 상세한 요구 사항을 명세함
- 기대 효과: 시스템을 도입한 후 목표하는 기대 효과를 정리

2. 업무 현황

- 사업 내용: 본 사업에 대한 보다 구체적인 설명. 보통 사업 범위를 구체적으로 명세
- 사업 현황: 본 사업과 관련된 현황 정보를 정리. 시스템과 관련된 업무가 어떤 식으로 진행되고 있었으며, 개선을 위해서 무엇이 필요한지를 설명
- 시스템 현황: 본 사업과 관련된 시스템의 현황 정보를 정리. 보통 레거시 시스템의 현황 및 구축될 시스템과의 연관성 혹은 연계가 되어야 하는 시스템 정보를 표시

3. 사업 추진 방안

- 추진 목표: 본 사업을 추진하려는 목표를 상세히 명세. 이 목표에 초점을 맞춰 시스템을 구축해야 한다는 의미
- 추진 방향: 구축할 시스템의 방향성. 보통 개선의 핵심을 설명(ex. 속도 및 성능 개선, 사용자 편의성, 시스템의 안정화 등)
- 사업 추진 전략: 사업 추진을 위한 전략을 명세
- 추진 체계: 사업을 진행할 조직 구성 체계에 대한 명세

4. 제안 요청 개요

- 목표 시스템: 사업을 통해서 구축하려는 시스템의 목표 구성도. 보통 시스템의 핵심 기능 혹은 대분류 수준의 기능을 구조화시켜서 정리하고, 외부 연계 서비스가 있는 경우 연계 서비스 구성까지 포함하여 작성
- 상세 요구 사항: 개발할 시스템의 상세 요구 사항을 정리. RFP에서 가장 핵심이 되는 부분이며, 공공의 경우 지원 업체와 별도의 사전 미팅을 할 기회가 적으므로 개발할 모든 사항을 가능한 한 구체적으로 정리. 향후 이 요구 사항이 프로젝트 진행 시 개발의 요구 사항 및 작업 범위를 확인하는 기

준이 되며, 최종 단계에 정상적인 프로젝트를 수행했는지 확인하는 기준이 됨(컨설팅, 기능, 성능, 보안, 품질, 프로젝트 관리 등으로 구분)

5. 제안서 작성 요령

- 제안서의 효력: 제안서 제출 이후 변경 불가하며, 제안서의 내용이 계약 조건의 일부라는 효력에 대해 간단하게 명세
- 제안서 작성 지침 및 유의 사항: 제안서 작성을 위한 지침과 작성 시 유의해야 할 사항을 정리
- 제안서 목차: 제출할 제안서의 목차 가이드. 반드시 지켜야 할 사항으로 주의 깊게 보고 실제 제안서 작성 시 해당 내용에 맞춰 작업해야 함
- 세부 작성 지침: 목차별 상세 가이드 및 반드시 들어가야 할 내용 등의 작성 지침

6. 제안 안내 사항

- 사업자 선정 방법: 제안 평가를 통해서 사업자를 선정하는 과정, 입찰 방법, 자격 조건 명세
- 제안서 평가 방법: 제안서를 평가하는 방법에 대한 구체적인 가이드. 해당 내용을 숙지하여 제안서 준비, 제출, 발표 전략을 세워야 함. 보통 기술 점수와 가격 점수의 비율을 표시하며, 특수한 경우 전략적인 평가 방법 기준이 명세되기도 함
- 기술성 평가 기준: 제안서 및 제안 발표 평가 시, 각 목차 및 내용의 기술 점수를 평가하는 기준에 대한 가이드. 좋은 평가를 받기 위해서 잘 분석해야 함
- 유의 사항 및 기타 사항: 앞에 정리된 내용 외에 유의해야 하거나 전달해야 하는 내용

다음은 민간사업의 제안 요청서 샘플입니다.

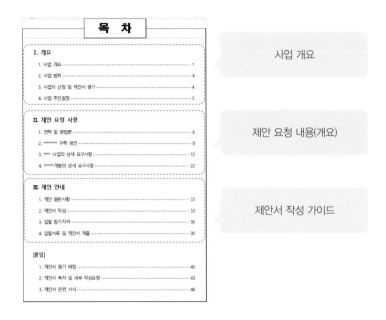

사업 개요

제안 요청 내용(개요)

제안서 작성 가이드

　민간의 제안 요청서는 공공의 제안 요청서와 비교했을 때 순서에는 다소 차이가 있지만, 대부분 동일한 내용을 포함하고 있습니다. 공공 제안서에서 상세하게 설명하였으므로, 민간 부분은 세부 설명을 생략하겠습니다.

　민간사업과 공공사업은 평가 방법과 제안 요청서 내용에 차이가 있습니다. 민간사업은 대부분의 경우 제안 요청서를 작성하고 사업을 발주하는 주체와 최종 평가하는 주체가 동일한 사람 혹은 조직입니다. 하지만 공공사업에서 제안 요청서를 작성하고 사업을 발주하는 쪽은 실제 시스템을 구축할 기관이지만, 평가를 하는 주체는 공정성을 위해서 조달청에서 선정한 별도의 평가단입니다.

　민간과 공공의 제안서 기본 틀은 유사하지만, 민간은 평가를 하면서 질의를 하기도 하고, 사전 미팅을 통해서 개발할 기능을 전달하거나 진행에 대한 상호 점검을 합니다. 즉, 제안 요청서에 기능을 다소 덜 상세하게 적어도 이런 미팅을 통해서 구두로 전달하거나 협의할 수 있습니다. 하지만 공공사업의 경우는 사업 발주 후, 수행사가 선정될 때까지 아무런 소통을 할 수 없습니다. 그래서 제안 요청서에 개발 혹은 진행해야 할 업무에 대한 요구 사항을 정말 상세하게 작성합니다. 그리고 이렇게 작성된 요구 사항은 사업이 끝날 때까지 함부로 변경할 수 없습니다.

✦ 제안 요청서 분석 순서

제안 요청서의 구성에 대해 알아봤으니, 지금부터 분석 방법을 설명하겠습니다. 제안 요청서를 최초로 분석하는 단계에는 제안을 진행하기 위한 관점이 아니라, 공고된 사업의 지원 유무를 결정하기 위한 관점에서 분석해야 합니다. 이때 제안 요청서를 세 가지로 구분해서 검토하면 좋습니다.

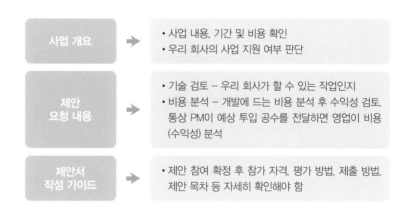

첫 번째는 [사업 개요] 분석입니다. 사업의 개요를 통해서 사업의 내용, 기간 및 비용을 확인하여 해당 개발 사업을 수행했을 때 회사에 이득이 될지, 해당 기간 동안 작업을 수행할 인력이 충분한지 등을 분석합니다.

두 번째는 [제안 요청 내용] 분석입니다. 상세한 개발 요구 사항을 분석하여 우리 회사의 기술력으로 진행할 수 있는 사업인지, 할 수 있더라도 전략적 수행이 가능한지 등을 확인하고 비용을 분석합니다. 이때 아주 정확한 분석까지는 어렵기 때문에, 발주사에서 제안한 금액의 범위가 어떻게 되는지 확인하고, 수행에 들어갈 대략적인 비용을 분석하여 최종적으로 어느 정도의 수익성을 갖는 사업인지 판단합니다. 이때 PM이 해야 할 핵심 업무는 예상되는 개발 공수의 산정입니다.

세 번째는 위의 두 과정을 통해 참여할 가치가 없다고 판단되면 확인할 필요가 없고, 진행하려는 판단이 들 경우에는 제안 요청서의 나머지 사항을 상세히 확인해야 합니다. 여기서 가장 중요하게 볼 것은 자격입니다. 혹시라도 우리 회사가 자격에 제약이 있다면, 다른 분석은 의미가 없기 때문입니다. 우선적으로 자격을 확인하고, 그 다음은 평가 방법 및 제출 방법을 상세히 확인하여 실수가 없도록 해야 합니다.

지금부터 각 부분의 상세한 분석 방법에 대해서 설명합니다.

● 사업 개요 분석

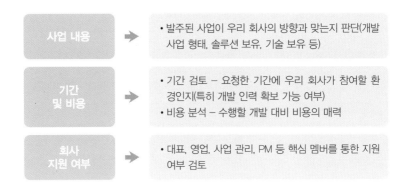

먼저 사업 개요 분석입니다. 이 부분은 세 가지를 기준으로 분석합니다.

첫 번째는 [사업 내용] 분석입니다. 발주된 사업이 우리 회사가 갖는 방향성과 맞는지, 우리 회사의 강점을 살려서 진행할 수 있는 사업인지의 관점으로 분석합니다. 예를 들면, 우리 회사가 구매 솔루션을 가지고 있고 다양한 구매 시스템을 구축한 경험이 있다면, 구매와 관련된 시스템 구축 사업의 경우 회사의 강점도 살릴 수 있고, 프로젝트 수행 이후 유사 사업의 레퍼런스도 강화할 수 있는 전략적 이점이 있습니다. 하지만 전혀 관련이 없는 의료 시스템 구축일 경우, 개발의 강점이 없어 진행하면서 어려움이 있을 수 있고, 구축을 해도 전반적인 회사의 방향과 맞지 않아서 큰 이점이 없을 수도 있습니다. 이러한 판단을 이 단계에서 최우선으로 해야 합니다.

두 번째는 [기간 및 비용] 분석입니다. 사업의 방향과 전략에서 적합하더라도 발주된 사업 기간 동안 수행 인력이 준비되지 못하면 의미가 없습니다. 따라서 해당 관점으로 기간을 살펴보고 제안 요청서의 사업비를 확인한 후, 수행해야 할 일 대비 합리적인 금액인지를 대략적으로 검토합니다.

세 번째는 [회사 지원 여부] 결정입니다. 사업의 개요를 분석한 후, 회사 내 의사 결정자를 모아서 제안을 위한 본격적인 준비를 할 것인지 포기할 것인지를 선택하는 회의를 진행합니다. 의사 결정자는 회사마다 상이한데, 대표이사의 단독 결정으로 진행되는 경우도 있고, 대표이사, 영업, 사업 관리, PM이 모여서 검토하는 경우도 있습니다. 회사에 따라서는 사업 개요뿐만 아니라 제안 요청 내용까지 상세하게 분석한 후 의사 결정하는 경우도 있습니다.

● 제안 요청 내용 분석

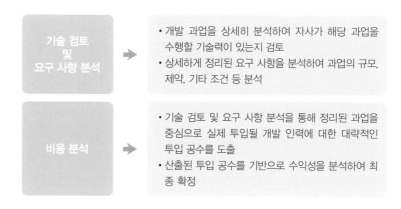

사업 개요 검토를 통해서 상세한 분석을 진행하기로 결정했다면, 제안 요청서의 상세 개발 요구 사항을 분석하여 최종 진행에 대한 의사 결정을 내립니다. 이때 두 가지 사항을 기준으로 검토합니다.

첫 번째는 [기술 검토 및 요구 사항 분석]입니다. 개발 요구 사항을 상세하게 분석하여, 우리 회사가 개발하는 데 기술적 역량이 충분한지 살펴봅니다. 그리고 요구 사항 중에서 이슈가 될 만한 어려운 개발 요구 사항 혹은 개발 인력이 과하게 투입될 만한 요구 사항이 있는지 등을 자세히 검토합니다. 제약 사항도 검토하여 사업 수행 중 어려움이 있을 것으로 보이는 것들도 찾아냅니다. 이러한 분석을 통해 이 사업이 우리의 기술력을 살려서 어렵지 않게 수행할 수 있는 사업인지를 판단하는 것이 핵심입니다. PM은 개발 리더와 함께 분석에 대한 의견을 제공해야 하며, 대부분의 경우 이때 전달되는 PM의 의견이 의사 결정에 중요한 비중을 차지하게 됩니다.

두 번째는 [비용 분석]입니다. 앞서 발주사에서 제안한 금액을 검토하긴 했지만, 손익 계산을 한 것은 아닙니다. 큰 금액으로 사업이 발주되었어도 소모되는 비용이 더 크면 손해가 되고, 적은 금액으로 사업이 발주되었어도 투입되는 비용이 많이 적으면 수익이 나는 것입니다. 사업 비용이 제안 요청서에 나와 있으므로, 지출될 금액을 계산하면 수익 분석을 할 수 있습니다. PM은 이때 지출될 금액을 계산하는 데 지원합니다. IT 사업 대부분의 지출은 개발을 수행할 인력의 인건비로, PM은 사업 수행을 위한 투입 인력 계획 및 공수를 산정해야 합니다. 이렇게 PM이 개발 공수를 산정하면, 영업 혹은 사업 관리에서 인건비 외의 부대 비용(장소비, 관리비, H/W 및 S/W 도입비 등)을 바탕으로 수익률을 계산하여 최종 의사 결정을 합니다.

보통 이때 투입 인력 계획 및 개발 공수를 산정하는 데에 비용 산정을 위한 수식이나 방법론을 찾습니다. 실제로 Function Point, FP라고 부르는 산정 방식이 있지만, 제 경험에 비추어 보았을 때 이러한 방법론에 따라 비용을 산정할 경우 말도 안되는 비용이 나오는 경우가 많습니다. 예를 들면, FP 계산 시 외부입력(EI), 외부출력(EO), 외부조회(EQ), 내부논리파일(ILF), 외부연계파일(EIF) 등으로 만들어질 화면이나 기능을 구분하고 각 분류에 따른 가중치를 적용하여 자동으로 비용 계산을 하는데, 현실에서는 같은 외부 입력으로 분류되는 화면이라도 개발이 적게 들어가는 화면과 많이 들어가는 화면 등 개발 공수의 갭이 있습니다. 즉, 이러한 수식으로는 이 갭을 표현할 수 없습니다. 실제로 제 주변에서도 FP로 투입 비용을 산정하기보다는 산정된 비용에 맞춰 FP를 작성하여 비용 계산의 합리성을 증명하는 자료로 쓰는 경우가 많습니다. 현실에서의 이러한 투입 공수 산정은 PM 혹은 개발 리더의 경험치와 역량에 달려 있습니다.

그럼에도 여러분에게 조금이라도 더 구체적인 개발 공수 산정 가이드를 제공하기 위해, 제가 주로 사용하는 프로세스를 설명하겠습니다.

먼저 투입 인력의 종류를 분류합니다. 예를 들면, 사용자용 앱을 하이브리드 형태(네이티브 50%, 웹50%)로 개발할 경우, 화면을 기획할 기획자, 디자인할 디자이너, 웹 부분을 퍼블리싱할 퍼블리셔, 프론트엔드 개발자, 백엔드 개발자, 사업 지원 인력이 필요함을 확인한 후 분류합니다.

다음으로는 분류별 투입 공수(M/M)를 정리합니다. 첫 번째 분류를 기준으로 "대략적으로 이 정도 화면을 기획할 때 기획자 1명이 메인으로 3개월, 보조 기획자 2명이 2개월 정도 일해야 하고, 디자인은 2명이서 3개월, 개발은 몇 명이서…"라는 식으로 정리를 합니다. 이때 PM 경험상 투입 공수가 확실하게 예상되면 PM이 정리하고, 확실하지 않은 부분은 실제 해당 작업을 할 담당자와 함께 제안 요청서를 보면서 정리합니다.

마지막으로 투입 공수 상세 내역을 정리합니다. 앞의 과정에서 확인된 예상 투입 공수를 프로젝트 일정에 맞춰서 배치하고, 이 결과를 표로 정리하여 최종 예상 투입 공수를 확인하는 것입니다. 다음은 제가 자주 쓰는 샘플을 예시로 정리했습니다.

이렇게 투입 인력 상세 내역을 정리해서 영업 및 사업 관리에 전달하면 예상되는 수익률을 분석할 수 있고, 여기까지 검토를 통해서 사업 지원 여부를 최종 결정하게 됩니다.

투입 인력 상세 내역								
구분	업무범위	구분	M	M+1	M+2	M+3	M+4	계
PMO	• 프로젝트 관리(기술 지원)	특급						0.00
		고급	0.50	0.50	0.50	0.50	0.50	2.50
		중급						0.00
		초급						0.00
기획/PM	• 프로젝트 관리(총괄) • 업무분석/서비스기획 • 화면 UI 기획	고급	0.50	0.50	0.50	0.50	0.50	2.50
		중급						0.00
		초급						0.00
디자인	• UI 디자인 - 웹 디자인	고급						0.00
		중급		1.00	1.00			2.00
		초급						0.00
	• UI 디자인 - 모바일 웹 디자인	고급						0.00
		중급						0.00
		초급		1.00	1.00			2.00
퍼블리싱	• 퍼블리싱 - 웹 퍼블리싱	고급						0.00
		중급		1.00	1.00			2.00
		초급						0.00
	• 퍼블리싱 - 모바일 퍼블리싱	고급						0.00
		중급		1.00	1.00			2.00
		초급						0.00
개발	• 관리자 Web 개발 - 내부 기간계 연계 - 관리자 Web 개발	고급						0.00
		중급				1.00	1.00	4.00
		초급						0.00
	• 모바일 Web 개발 - 사용자 모바일 Web 개발	고급						0.00
		중급		1.00	1.00	1.00		3.00
		초급						0.00
총 계		특급						0.00
		고급	1.00	1.00	1.00	1.00	1.00	5.00
		중급	0.00	5.00	5.00	2.00	1.00	13.00
		초급	0.00	1.00	1.00	0.00	0.00	2.00
		합계	1.00	7.00	7.00	3.00	2.00	20.00

영업 담당자는 여기서 산정된
투입 공수를 보고 비용을 분석

● 제안서 작성 가이드 분석

참가 자격	→	• 우리 회사의 자격 조건 점검 • 가장 우선으로 봐야 하는 항목
평가 방법	→	• 보통은 기술(*%)+가격(*%) • 기술력 높으면 가격 높게 평가
제안서 목차	→	• 제안서 목차에 대한 가이드 여부 점검, 있을 경우 반드시 준수
세부 작성 지침	→	• 세부 작성 지침 꼼꼼히 체크 • 주의 사항 놓치지 않도록 주의
발표 및 제출 방법	→	• 제출 일정, 방법 확인 • 발표 방법 확인

사업을 지원하기로 확정하고 나면, 마지막으로 제안서 작성 가이드를 분석해야 합니다. 아래의 순서로 분석을 합니다.

첫 번째, [참가 자격] 확인입니다. 중요한 것은 우리 회사가 본 사업에 지원할 때 제약이 되는 조건이 있는지 확인하는 것입니다. 제대로 확인하지 않으면 모든 제안 과정을 준비하고도 마지막에 자격이 되지 않아서 포기해야 할 수도 있습니다.

두 번째, [평가 방법] 확인입니다. 본격적인 제안을 준비하기 전에 평가 기준을 확인하고, 전략을 세워야 합니다. 예를 들어, 우리 회사가 기술 부분에 강점이 있다면 많은 수익을 내도록 가격을 높게 투찰(견적 금액을 제출)하거나, 기술 부분에 예상 경쟁사 대비 약점이 있다면 다소 이득이 줄더라도 가격을 낮게 잡아서 경쟁하는 등의 판단을 여기서 할 수 있습니다.

세 번째, [제안서 목차 및 세부 작성 지침] 확인입니다. 본격적인 제안서 작성에 들어가기 전에 이 항목을 반드시 숙지하고, 가이드에 맞춰서 작업합니다.

네 번째, [발표 및 제출 방법] 확인입니다. 아무리 준비를 잘해도 정해진 일정과 방법을 준수하지 못하면 제출이 무효화되므로, 주의 깊게 확인해야 합니다.

3.3 제안서 및 제안 발표 자료 작성 방법

제안 요청서를 분석하여 해당 사업에 지원하기로 결정했다면, 그 다음으로 준비하는 것이 제안서와 발표 자료입니다. PM은 이 과정을 전반적으로 주도하여 진행하거나, 핵심 내용을 작성하는 중요한 업무를 해야 합니다. 이번 절에서 제안서와 제안 발표 자료를 작성하는 실무 기술을 익혀 보겠습니다.

✦ 제안서란?

제안서는 고객이 제안 요청서를 통해 발주한 사업에 참가하기 위해 만드는 문서로, 반드시 사업을 수주할 수 있도록 만들어야 합니다. 그래서 제안서는 "만들었다!"가 아니라 "잘 만들었다!"가 중요합니다.

실무 현장에서는 마치 보고서를 작성하듯이 제안서를 작성하는 경우가 있습니다. 어떤 전략을 담기보다는, 제출 기준에 문제가 없도록 숙제처럼 만들어서 제출하는 것입니다. 하지만 이는 잘못 작성하는 것입니다. 평가자는 이렇게 작성된 제안서에서 제안한 회사의 특장점을 전혀 찾을 수가 없습니다. 남들이 하는 것처럼 문제없이 진행하겠다는 것으로 판단되어, 좋은 평가 점수를 받을 수가 없습니다. 따라서 제안서를 작성할 때는 반드시 고객의 입장에서 생각하는 습관을 가져야 합니다. 제안서 작성을 위해서 RFP를 분석할 때, "이런 내용을 왜 적었을까? 고객에게 어떤 문제가 있고 무엇을 가장 중요하게 해결하고 싶은 걸까?"라는 식의 접근이 필요합니다. 이러한 관점에서 고객이 중요하게 여기는 부분을 파악하여, 제안서에 반드시 다음의 세 가지 내용을 담아야 합니다.

첫 번째는 우리가 정말 좋은 것을 제공할 수 있음을 표현하는 것입니다. 다시 말하면 우리 회사가 가지고 있는 장점을 이번 사업에 어떤 방법으로 적용해서, 고객사가 원하는 것을 경쟁사보다 더 우수하게 제공하겠다는 것을 표현해야 합니다. 때로는 이것이 좋은 솔루션 제공을 통한 구축의 안정화가 될 수도 있고, 특정 부분의 전문성을 가지고 성능과 효율을 최고로 만들어 낸다는 어필이 될 수도 있으며, 회사의 전문 인력을 파격적으로 투입해서 더 많은 일을 하겠다는 의지가 될 수도 있습니다.

두 번째는 경쟁력 있는 가격 제출입니다. 모든 제안 평가에는 가격 점수가 들어갑니다. 고객 입장에서는 당연히 같은 기술 조건이라면, 더 저렴한 곳에 높은 평가 점수를 주도록 되어 있습니다. 하지만 이것은 단순하게 낮은 금액을 제안하는 단가 경쟁의 의미는 아닙니다. 참고로 보통의 제안 요청서에는 투찰할 수 있는 금액의 하한선을 정해 줍니다. 지나친 가격 경쟁으로 인해서 저가에 입찰이 될 경우, 사업에 실패할 가능성도 있고 구축할 시스템의 품질이 낮아질 수도 있기 때문입니다. 가격 제출 시에는 예상되는 경쟁사의 가격 전략과 자사의 기술 경쟁력을 고려해서, 경쟁에서 이기면서도 가장 높은 금액을 받을 수 있는 가격을 제출하는 것이 중요합니다.

세 번째는 우리가 프로젝트를 진행할 때 문제없이 수행할 수 있다는 확신입니다. 기술력을 가지고 시스템을 만드는 것과 전체 프로젝트가 문제없이 진행되도록 관리하는 것은 전혀 다른 이야기입니다. 보통 이 부분에서는 회사의 프로젝트 관리 방법론, 지원 조직 구조, 이슈/리스크 발생 시 대응 역량 등을 많이 표현합니다.

✦ RFP 분석

이제부터 본격적인 제안서 작성 방법을 알아보겠습니다. 가장 먼저 진행되는 것은 RFP 분석입니다. 이때는 사업 지원 여부를 분석할 때와는 다른 관점의 접근이 필요합니다. 이전에는 우리가 이 사업을 수주할 만한 가치가 있는지 중심의 분석이었다면, 제안서 작성 시에는 고객이 가장 중요하게 여기는 포인트가 무엇인지, 그리고 그 포인트가 담긴 상세 요구 사항이 무엇인지를 찾아내는 것이 중요합니다. 이렇게 찾은 중요 포인트 및 그와 관련된 상세 요구 사항을 별도의 리스트로 정리하고, 제안서 기술 부분에 이것을 수행할 방법에 대해서 다른 경쟁 업체와 차별화되도록 작성해야 합니다. 그리고 RFP상에 기능, 제안 조건, 회사 기준 등 제안을 위해서 필수적으로 체크해야 할 조건을 확인하여 해당 사항에 맞춰 작업하고, 제안서 작성 외에 다른 조건이 보인다면 해당 조건은 업무를 통해서 처리해야 합니다. 마지막으로 제안서 작성 규모를 확인해야 합니다. 보통은 RFP에 가이드가 있으며, 이 기준에 맞춰서 작업하면 됩니다. 하지만 가이드가 명확하지 않을 경우에는 고객사에 직접 문의하거나 상황에 따라서 적절히 조정해야 합니다.

✦ 제안서 작성 방식

IT 현장에는 다양한 규모와 분류의 개발 사업이 있고, 그에 따라 제안서 작성 방식도 천차만별입니다. 그래서 앞서 RFP 분석 시 작성 기준을 잘 확인해야 한다고 했습니다. 아래에는 현장에서 실제로 작성하는 일반적인 사례를 정리했습니다.

첫 번째는 PPT 발표 자료 형태의 제안서만 작성하는 경우입니다. 보통 웹에 이전시 사업이나 규모가 작은 개발 시 많이 진행되는 방식입니다. 제안서와 발표 자료를 별도로 두지 않고, 20~30분 내외의 시간 내에 발표할 수 있을 정도의 자료를 만들어 제출해 해당 자료를 그대로 발표하는 방식입니다.

두 번째는 PPT 제안서 및 PPT 제안 발표 자료를 작성하는 경우입니다. 공식적인 제안서는 규격에 맞춰서 만들고, 해당 제안서 중 중요한 장표들만 요약 편집해서 발표 자료로 만드는 방식입니다. 중소 규모의 개발 프로젝트에서 많이 사용하는 방식입니다.

세 번째는 문서 형태의 제안서를 만들고, 별도의 PPT 발표 자료를 만들어서 제안서와 발표를 분리하는 방식입니다. 보통 제안서는 A4와 같은 세로 형태 문서를 100장 내외로 작성하여 상세한 제안 내용을 확인할 수 있도록 하고, 별도의 PPT로 작성된 발표 자료로 발표를 진행합니다. 가장 많이 진행되는 형태이며, 공공사업의 경우 보통 이 방식으로 진행됩니다.

네 번째는 대형 프로젝트 방식입니다. 이 경우 특정한 기준이 있는 것은 아니고, 발주되는 사업의 규모, 사업의 성격, 진행 과정, 발주사의 형태별로 RFP에 해당 사업에 맞는 디테일한 기준을 제시합니다.

✦ 제안서 기본 목차

1. 회사 소개
일반 현황, 조직 구성, 주요 사업, 주요 실적

2. 제안 개요
배경 및 목적, 범위, 기본 전략, 기대 효과

3. 기술 부분
RFP 기능 구현 방안

4. 사업 관리 방안
프로젝트 관리 방안, 추진 일정, 비용, 조직, 산출물, 품질 보증안 등

5. 지원 부문
교육 및 기술 이전 계획, 유지 보수, 보안, CS 방안 등

제안서 목차는 최우선으로 RFP에 안내한 대로 작성해야 합니다. 그리고 특별한 이슈가 있지 않다면 해당 목차를 반드시 지켜야 합니다. RFP에 따라 목차의 차이는 있을 수 있지만, 요구하는 내용과 순서는 유사하므로 일반적인 기준의 목차를 설명하겠습니다.

● 회사 소개

제안서 작성 시 가장 먼저 작성하는 것은 회사의 소개입니다. 이 회사가 사업을 수주할 만한 기본적인 기준, 조건, 역량을 가지고 있는지 판단하는 부분입니다. 참고로 이 항목은 한 번 작성해 두면 90% 이상 다른 사업의 제안서에도 활용할 수 있습니다. 회사 소개는 보통 네 개의 카테고리로 구분하여 작성합니다.

1) 회사 개요

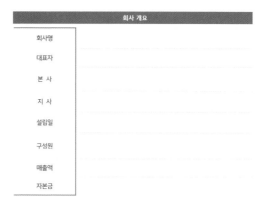

보통 작성하는 항목은 회사명, 대표자명, 회사 주소, 설립일, 구성원 수, 자본금, 직전 회기 매출액 등입니다. 그 외에 고객사에서 기업신용등급, 최근 3개년 매출 정보 등 필요한 정보를 추가로 요청하는 경우도 많이 있으며, 실제 정보를 작성하면 됩니다. 평가자는 이 장표에서 최근 매출 정보를 가장 중요하게 여깁니다.

회사 개요 부분에서는 제안 요청서에서 요청한 별도의 회사 정보가 있는지 꼼꼼히 체크해서 해당 내용을 빠뜨리지 않는 것이 중요합니다.

2) 조직 및 인원 현황

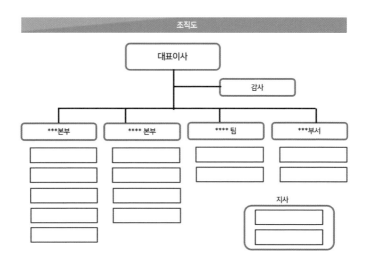

회사 조직 및 현황은 위의 그림과 같이 조직도를 작성합니다. 평가자는 회사의 조직 구조와 인원수를 보고 시스템을 구축할 만한 조직인지 판단합니다. 이때 조직에 대한 설명은 지원하는 사업에 맞춰서 작성하는 것이 좋습니다. 예를 들면, 많은 개발보다는 오류가 적은 품질 관리에 중점을 둔 사업이라면, "A개발에 특화되었으며, 품질 관리를 위해 A팀을 분야별로 만들어 최선의 관리를 다합니다."와 같이 작성합니다. 조직도는 회사의 조직을 그대로 작성하는 것이 기본이지만, 사업에서 중요하게 여기는 부분에 대응을 잘할 수 있음을 강조하는 것이 좋습니다. 예를 들어 수행할 사업이 고객사의 전국 지점에 시스템을 구축하고 AS에 대응하는 사업이라면, 위의 그림과 같이 조직상에 지사를 표시하고 해당 지사를 통해서 관리 대응이 잘된다는 것을 어필할 수 있습니다.

3) 주요 사업 내용

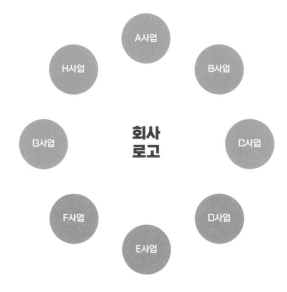

IT 분야는 다양하기 때문에 개발 회사라고 해서 다 같은 분야, 같은 도메인의 업무를 하는 것은 아닙니다. 그래서 평가자는 회사의 주요 사업 내용을 보고, 본 사업과 유사성이 얼마나 있는지 혹은 본 사업을 잘 수행할 수 있는지를 판단합니다.

주요 사업 내용은 회사가 진행하는 다양한 사업 분야에 대해서 설명합니다. 위의 예시는 회사에서 다양한 사업을 하는 경우의 샘플 화면입니다. 회사의 사업 분야가 다양하다면 위와 같은 스타일로 작성하고, 회사가 특정 분야에 집중한다면 여러 개의 사업이 아닌 하나의 사업이 잘 보이도록 작성해야 합니다.

IT 회사는 일반적으로 웹에이전시 사업, SI 사업, 솔루션 사업을 기준으로 몇 개를 같이 하는 경우가 있습니다. 그럴 경우 위의 그림처럼 상세 분야는 별도로 구분하되, 사업 분류에 따라 색깔을 다르게 하는 등 구분을 하면 좋습니다. 여기서 우리 회사의 주요 사업 분야가 고객사에서 진행하려는 사업과 유사성이 높음을 표현하는 것이 중요합니다.

4) 주요 사업 실적

순번	사업명	사업기간	계약금액(만원)	발주처	비고
1					
2					
3					
4					
5					
6					
7					
8					
9					

주요 사업 실적은 최근 몇 년간 회사에서 수행한 사업의 실적을 소개하는 부분입니다. 보통 사업명(실제 사업명), 사업 기간, 계약 금액, 발주처와 같은 항목을 표시합니다. 회사의 조직이나 사업 내용은 얼마든지 사업 제안 내용에 맞춰서 꾸밀 수 있지만, 사업 실적은 회사가 수행한 사업을 기준으로 사업명까지 정확하게 작성해야 하므로, 임의로 말을 만들어 내거나 수정할 수 없습니다. 그래서 평가자는 이 레퍼런스를 가장 높은 비중을 가지고 보며, 유사 사업 경험이 많고 높은 기술력을 가지고 있다면 본 사업을 수행할 수 있겠다고 판단합니다.

참고로 저는 프로젝트를 진행하면 고객사의 다양한 업무 담당자와 친분을 유지하며 많은 정보를 획득하는 편입니다. 이때 고객사가 수행사를 결정하는 주요한 요소가 무엇인지를 평가 담당자에게 물어봤을 때, 대부분의 담당자가 사업 실적을 본다고 이야기합니다. 그 이유는 본 사업과 유사한 사업을 수행한 실적이 충분한 경우, 안정적으로 사업을 수행할 것이라는 점에서 안정감이 들고, 사업 진행 중 문제가 발생했을 때 회사에서 수행사를 선택한 평가 기준이나 책임을 재검토하게 되는데, 이때 수행사가 유사 사업을 성공적으로 수행한 사례가 많으면 선정을 잘못했다는 책임을 묻지 않기 때문입니다.

이 대화를 통해서 제가 얻은 것은 제안을 하는 사람과 평가를 하는 사람의 입장이 상당히 다르다는 것입니다. 제안을 하는 사람은 수행을 잘하는 방법에 집중하지만, 평가를 하는 사람은 향후 문제가 생겼을 때 책임 소재까지 생각합니다. 그래서 아무리 제안서가 잘 작성되고 좋은 발표를 하더라도 수행사가 유사 사업에 대한 경험이 없거나 회사 자체의 업력이 적은 경우에는 쉽게 좋은 점수를 받지 못합니다.

이러한 이유로 주요 사업 실적 작성 시, 시간 순으로 작성하는 것보다는 유사한 레퍼런스 혹은 유사하다고 인식될 수 있는 사업 중심의 이력을 작성하는 것이 좋습니다.

● 제안 개요

IT 사업은 상당히 다양한 형태로 진행되는데, 진행되는 형태에 따라서 제안 개요의 작성이 많이 달라집니다. 즉, 작성하는 것은 동일한데 작성의 내용과 비중에 차이가 있다는 얘기입니다. 아래와 같이 세 가지 경우가 있습니다.

민간사업은 대부분 사업을 발주한 담당자 혹은 발주한 회사의 직원이 평가를 합니다. 즉, 평가자가 사업에 대해서 잘 알고 있다는 뜻입니다. 평가자가 RFP를 작성하며 배경, 목적, 구축 범위, 기대 효과를 잘 숙지하고 있습니다. 이러한 경우에는 사업 개요를 자세히 쓸 필요가 없습니다. 제안서를 볼 평가자 입장에서는 이미 잘 알고 있는 내용이기 때문입니다. 내용을 작성하되, 수행사에서 분석하고 판단한 내용 중심으로 간략하고 깔끔하게 쓰는 것이 좋습니다.

공공사업은 사업을 발주한 주관사(공공 기관)와 평가자가 다릅니다. 이때 평가자는 조달청에서 모집한 평가자로, 제안 발표 당일 일정 시간 동안 제안서와 발표 자료를 보고 사업을 파악하여 제안된 내용을 평가합니다. 이때는 평가자가 이 사업에 대해 잘 모르는 상태에서 짧은 시간 내에 내용을 파악해야 하기 때문에, 제안서 및 발표 자료에 사업의 개요를 상세하고 친절하게 적어야 합니다. 그래야 평가자가 사업을 이해함과 동시에 제안사가 사업을 잘 파악하고 있다는 인식을 가질 수 있습니다.

세 번째는 발주 없는 제안 사업입니다. 지금까지 모든 사업이 고객사에서 RFP를 작성하고 발주하는 것에서 시작한다고 설명했습니다. 하지만 고객사가 아직 특정 시스템을 도입할 생각이 없는 상태에서, 좋은 솔루션을 가지고 있는 IT 회사가 고객사에 방문하여 영업을 통해 새로운 솔루션(시스템)을 판매하는 경우도 있습니다. 이런 경우에는 고객이 도입될 시스템이 무엇인지, 이 시스템을 왜 도입해야 하는지, 도입했을 시 이점이 무엇인지 전혀 인식을 못하는 상태이기 때문에, 사업 개요가 매우 중요합니다. 제안서와 발표 자료를 토대로 팔고자 하는 시스템의 도입 배경과 목적, 제공 기능, 기대 효과를 설명해야 하기 때문에, 상세하게 작성해야 합니다.

이처럼 제안 개요 부분은 사업이 발주되고 수주되는 상황에 따라 작성하는 항목은 유사하지만 문서의 중요도나 비중이 완전히 달라질 수 있음을 다시 한 번 강조합니다.

1) 제안 배경 및 목적

제안 배경 및 목적에는 제안 배경, AS-IS 현황, TO-BE 개선 방향을 작성합니다.

제안 배경은 사업을 발주하게 된 배경으로, 보통 시대적 흐름이나 트렌드가 나오는 경우가 많습니다. "이러한 업무의 트렌드가 확산되고 있습니다."와 같이 개선될 시스템과 관련된 트렌드를 명시합니다. 그 외에도 고객사가 가지고 있는 방향성이나 개선 포인트도 배경에 작성합니다.

AS-IS 현황은 사업의 배경을 기초로 현재 관련된 업무 현황 혹은 시스템 현황을 설명하고, 현재 있는 문제점을 찾아내서 정리합니다. 그리고 해당 문제점을 해결하기 위한 방안이 필요함을 작성합니다.

TO-BE 개선 방향은 현재의 문제점을 해결하기 위해서 시스템의 도입이나 신규 구축이 필요함을 작성합니다. 여기서는 상세한 기능 사항까지 쓸 필요는 없고, 개선을 위해 도입 혹은 구축되는 시스템의 콘셉트를 간략하고 명확하게 기재합니다.

2) 제안 서비스 또는 범위

제안 서비스는 앞서 제안 개요에서 정리한 개선 포인트를 실제로 어떻게 구현할지에 대한 설명입니다. 보통은 아래의 순서로 작성합니다.

먼저 신규 구축/도입될 시스템을 소개합니다. 향후 기술 부분에서 상세한 구축 전략이 나오기 때문에, 여기서는 제안 혹은 구축할 서비스를 쉽게 이해할 수 있도록 간단하게 설명합니다. 많은 글보다는 서비스를 직관적으로 이해할 수 있는 이미지와 핵심 키워드를 이용해서 작성하는 경우가 많습니다.

다음으로 주요 서비스를 작성합니다. 서비스를 소개한 이후에 실제 그 시스템에서 제공하는 주요 기능을 설명합니다. 이때 단순히 기능에 대한 설명만 하는 것이 아니라, 해당 기능을 통해서 개선되는 사항을 기능별로 간단하게 혹은 키워드를 통해서 설명합니다. 그래서 이를 본 사람들이 바로 이해할 수 있도록 합니다.

3) 기대 효과

서비스에 대한 소개가 끝나면 그 다음은 기대 효과를 작성합니다. 서비스 도입을 통해 기대되는 효과에 대한 부분입니다. 이때 많은 분들이 혼동하는 부분이 있습니다. 바로 개선 사항과 기대 효과의 차이입니다.

개선 사항은 시스템을 도입하면 실제로 개선되는 내용입니다. 기대 효과는 이렇게 개선된 내용을 통해서 기대할 수 있는 효과입니다. 간단한 예를 들어 보겠습니다. 어떤 회사에서 전자 문서 시스템을 도입하고자 합니다. 이 시스템은 기존에 종이로 처리하던 많은 업무를 전자 문서로 처리합니다. 이때의 개선 사항은 '전자 문서 시스템을 도입함으로써 기존에 종이로 하던 업무가 많이 줄어든다. 즉, Paperless 업무 환경이 구성된다'입니다. 기대 효과는 'Paperless 업무 환경이 구성되기 때문에, 종이를 구매하는 비용이 절감되고 크게는 환경 보호 효과까지 기대할 수 있다'입니다.

이런 기대 효과를 표현하는 방법에는 두 가지가 있습니다.

방법 1		방법 2
개선 사항	기대 효과	신규 시스템 장점 1줄 요약
A	효과 1	효과 1 효과 2
B	효과 2	효과 3 효과 4
C	효과 3	
D	효과 4	

방법 1은 개선 사항을 나타내고 해당 개선 사항별로 기대되는 효과를 설명합니다. 개선 사항과 기대 효과가 명확하게 매칭되는 경우 많이 쓰는 방법입니다. 이때 기대 효과에는 핵심 키워드를 쓰는 것이 좋습니다. 앞의 예를 기준으로 보면 '비용이 절감되고 환경보호가 됩니다'라는 것보다 '비용 절감 및 환경 보호'라는 형태로 씁니다.

방법 2는 신규 구축 및 도입되는 시스템의 개선 사항과 장점을 한 줄로 요약하고, 이에 따른 기대 효과를 작성합니다. 주요 기능별로 개선 사항을 표현하기 어렵고, 시스템 자체에 대한 기대 효과를 표현할 때 쓰는 방법입니다.

4) 추진 전략

기대 효과까지 작성했다면 그 다음은 이 시스템을 어떤 전략으로 구축할 것인지에 관한 설명입니다. 여기서 중요한 것은 단순히 "문제 없이 잘하겠습니다."라고 작성하는 것이 아니라, "우리 회사는 이런 강점이 있어서, 이런 부분을 이렇게 잘 구축할 수 있습니다."라는 식으로 구체적으로 작성하는 것입니다. 회사의 강점을 살려 경쟁사보나 너 잘 할 수 있음을 표현해야 합니다.

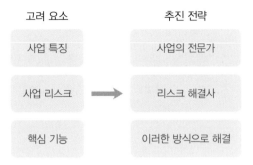

추진 전략은 진행하는 사업이나 회사마다 다양하게 작성할 수 있습니다. 그 중에서 제가 자주 쓰는 샘플을 공유합니다. 사업 추진을 위한 고려 요소와 이 요소를 해결하거나 발전시킬 수 있는 추진 전략을 작성하는 것입니다. 보통 고려 요소와 추진 전략을 매칭해서 작성하는데 아래와 같습니다.

사업 특징은 이 사업이 어떠한 특징을 가지고 있고, 구축할 때 이러한 전문성과 기술을 필요로 한다는 정보를 고려 요소에 작성합니다. 그리고 추진 전략에는 우리 회사가 이런 배경과 레퍼런스, 기술력을 가지고 있는 전문가임을 나타냅니다. 이를 위해서 사업 특징에 우리 회사의 강점을 잘 표현할 수 있는 내용을 작성합니다.

사업 리스크는 이 사업을 추진할 때 발생할 수 있는 리스크와 해결 방법을 제시하되, 우리 회사의 강점을 통해서 리스크를 해결할 수 있음을 표현하는 것입니다. 고객에게 리스크를 납득시킴으로써 고객사에서 예상하지 못했던 리스크까지 고려할 수 있는 이 분야의 전문가라는 신뢰를 얻을 수 있습니다.

핵심 기능은 구축할 몇 가지 핵심 기능을 정리한 후, 해당 기능을 어떠한 전략을 써서 잘 해결할지에 대한 정리입니다.

이 장표의 목적은 고객에게 우리 회사가 이 사업 분야의 전문가이며, 이미 이 사업에 대해 확실히 파악했고, 발생할 문제를 잘 고려해서 성공적인 사업 수행이 가능함을 설득시키는 것입니다. 장표의 목적을 확실히 인지하고 이를 고려하여 작성해야 합니다.

● 기술 부분

그 다음으로 기술 부분에 실제로 시스템을 어떻게 구축할지를 구체적으로 설명합니다. 아래와 같은 사항들을 포함합니다.

1) 프로젝트 추진 방법론

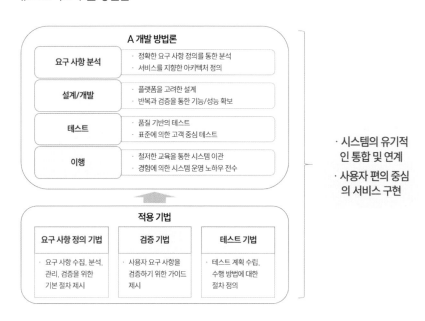

프로젝트 추진 방법론은 프로젝트를 성공적으로 진행하기 위해 적용하는 진행 관리 방법을 정리한 것입니다. 작업의 절차, 절차별 작업 방법, 제공하는 산출물, 개발을 관리하는 방법, 개발 시 적용하는 기술, 이 과정에서 사용하는 프로그램(관리 프로그램 등)을 설명합니다. 일반적으로는 두 가지 방식 중 하나로 작성합니다.

첫 번째는 일반적인 소프트웨어 개발 방법론을 가져와서 적용하는 방식입니다. 예를 들면 정보공학 방법론, 객체지향 방법론, CBD 방법론, 애자일 방법론과 같은 방법론을 프로젝트에 적용합니다.

두 번째는 회사 자체의 방법론을 만들고 해당 방법론을 적용하는 방식입니다. 이때 회사에서 임의의 방법론을 만들기보다는, 앞서 설명한 소프트웨어 개발 방법론 중 하나를 가져와서 회사에 맞게 변형하여 적용하는 방식입니다.

이 부분은 고객사 담당자에 따라서 중요도가 달라집니다. 실질적이고 구체적인 것에 집중하는 사람은 추진 방법론보다 실제 구축 방안을 중요하게 보고, 원칙과 규정에 집중하는 사람은 추진 방법론을 중요하게 봅니다.

규모가 큰 프로젝트는 필수로 작성하는데, 그 외의 경우에는 제외하는 편입니다. 개발 방법론도 중요하지만 실제 프로젝트는 PM의 역량과 경험에 따라 진행되기 때문입니다. 실제로 산출물 정도만 해당 방식에 맞춰 작성하며, 프로젝트를 발주하고 수행한 경험이 있는 경우라면 고객도 해당 방법론을 크게 중요하게 여기는 경우가 많지 않습니다.

단, 프로젝트가 클수록 방법론의 중요도도 높아집니다. 프로젝트의 전체 인원이 PM이 관리할 수 있는 범위를 벗어나는 경우, PM 아래에 많은 PL을 두고 프로젝트를 진행합니다. 이때 PM이 모든 것을 통제할 수 없기 때문에 공통의 규칙을 정하고 해당 규칙에 따라서 일관성 있게 진행해야 하는데, 이때 필요한 것이 방법론입니다.

추진 방법론을 작성할 때는 꼭 특장점을 설명하여 평가자가 이 부분에서 차별성을 느낄 수 있게 해야 합니다. 진행 프로세스 역시 PM이 관심 있게 보고 작성해야 합니다. 이 프로세스 장표로 향후 고객에게 진행 프로세스 및 각 단계의 업무를 설명하는 경우가 있기 때문입니다. 대표적으로 착수 보고 시 프로세스 장표를 통해 진행 절차와 각 단계에서 고객사 담당자가 지원해 줄 내용을 설명할 수 있습니다. 이 부분은 기존에 만들어 둔 공통 양식을 사용하는 경우가 많은데, PM은 반드시 이를 검토하여 이번에 진행할 프로젝트에 적용했을 때 문제가 될 부분은 빼고, 프로젝트 특성상 추가해야 할 내용은 추가해야 합니다. 그리고 마지막으로 각 단계에서 발생하는 활동 및 산출물을 정리합니다.

2) 시스템 구성도

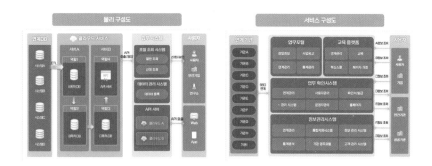

시스템 구성도는 전체 시스템의 큰 그림을 평가자에게 보여 줌으로써 평가자가 이후 설명할 상세 개발 방안의 큰 구조를 편하게 검토할 수 있도록 하는 것이 목적입니다. 프로젝트의 성격과 상황에 따라서 시스템 구성도의 작성 방식은 달라집니다. 주로 쓰는 몇 가지 방식을 아래에 소개하겠습니다.

첫 번째, 시스템 물리 구성도입니다. 시스템의 실제 물리적인 H/W 및 네트워크 구성을 작성하며, 기술적인 시스템 구축이나 IoT와 같이 다양한 장비가 함께 구축될 때 많이 사용하는 방식입니다. 이때 H/W 및 네트워크 구성만 그리는 것이 아니라 구성도 위에 간단하게 서비스 내용을 추가하는 방식이 많이 사용됩니다.

두 번째, S/W의 논리 구성도입니다. 개발될 S/W 프로그램 기능과 프레임워크를 그리는 방식입니다. 보통 SI 프로젝트에서 기능 중심의 서비스를 개발할 때 많이 사용하는 방식입니다.

세 번째, 서비스 구성도입니다. 실제 구축되는 H/W, 네트워크, S/W 구성을 그리는 것이 아니라 고객 입장에서 받게 될 서비스를 보여 주는 구성도입니다. 이때 잘못된 정보가 표현되지 않도록 실제 구축될 S/W와 H/W 구성을 기준으로 서비스 구성도를 그려야 합니다. 평가자가 IT에 대해서 잘 모르거나, B2C 시스템과 같이 철저하게 고객 서비스 관점에서 시스템이 구축될 때 사용하는 방식입니다.

이와 같이 시스템 구성도를 작성할 때는 고객이 전체적인 모습을 파악한 후 기술 부분의 설명을 들을 수 있도록 한다는 목적과 구축할 시스템의 성향에 맞춰 쉽게 이해시키겠다는 목적으로 작성해야 합니다.

3) 시스템 구축 방안

시스템 구축 방안은 제안서 작성에서 가장 중요한 부분입니다. 이 항목을 설득력 있고 확실하게 설명한다면 그 외의 다른 부분에서도 평가 점수가 좋아지는 것이 일반적입니다. 이는 평가자가 항목별로 구체적인 점수를 주는 것이 아니라, 전체 설명을 들은 후 종합적으로 가장 잘할 것으로 보이는 업체를 선정하고 이에 따라 배점을 하는 경우가 많기 때문입니다.

시스템 구축 방안에는 실제 시스템을 구축할 때 어떤 방식으로 진행할지를 상세하게 작성하며, 이때 사업의 종류에 따라 아래와 같은 내용을 고려해야 합니다.

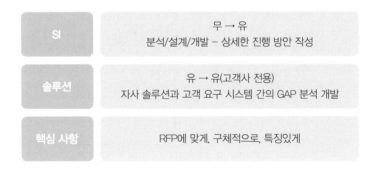

첫 번째, SI 사업은 아무것도 없는(무) 상태에서 고객의 요구 사항을 기초로 새로운 시스템(유)을 만드는 방식입니다. 그래서 구축 방안을 작성할 때는 고객이 요구하는 것이 무엇인지 확실하게 이해하고 그 목적에 맞춰 구체적으로 어떻게 구축할지를 설명해야 합니다.

두 번째, 솔루션 사업은 이미 IT 회사가 보유하고 있는 시스템을 고객에게 적용할 때 솔루션과 고객의 요구 사항 간의 GAP을 분석해서 개발하는 방식입니다. 이 경우 구축 방안을 작성할 때는 고객이 요구한 사항과 우리 회사가 가지고 있는 솔루션의 기능이 적합한 부분과 부적합한 부분, 즉 GAP을 명확히 분석해야 합니다. 적합한 부분의 구축 방안은 솔루션 적용 시 갖게 되는 이점, 즉시 적용 가능한 점을 강조하고, 부적합한 부분은 그것을 어떤 식으로 잘 대처할지에 대해서 작성해야 합니다.

위의 두 가지 경우 모두 동일하게 적용되는 핵심 사항으로는, 고객이 제일 중요하게 생각하는 것이 무엇인지 핵심을 파악하고, 이를 중심으로 구체적으로 작성하되 가능한 한 모든 부분에 자사의 강점이 나타나도록 작성해야 합니다.

중고차 관리자 시스템을 구축할 때 구축할 기능을 작성하는 장표를 예로 들어 보겠습니다. RFP에 [관리자가 편하게 사용할 수 있는 중고차 관리를 위한 관리자 시스템 개발]이라는 요구 사항이 있고 이에 대한 구축 방안을 작성해야 합니다. 먼저 나쁜 예시입니다.

RFP를 분석해서 필요한 기능을 추출했고, 이렇게 만들겠다고 작성한 것입니다. 고객의 단순한 요구 사항을 상세 분석해서 필요한 기능을 세분화했습니다. 여기까지는 잘하였습니다. 하지만 이런 기능을 개발하겠다는 형태로 마무리되었습니다. 그러면 평가자는 "아! 이런 기능을 개발하겠다는 거구나!"에서 평가가 끝납니다.

아래는 제가 추천하는 좋은 예시입니다.

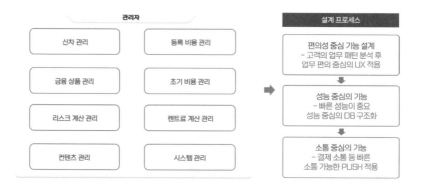

관리자 시스템 구축을 위한 기능 분석까지는 동일합니다. 여기에 고객 요구 사항의 핵심인 [관리자가 편하게 사용할 수 있는]이라는 키워드를 고려해서 개발할 관리자 시스템 기능을 [편의성 중심의 기능], [성능 중심의 기능], [소통 중심의 기능]으로 나누었습니다. 각각의 기능을 개발할 때 편의성 중심의 기능은 업무 패턴을 분석하여 이를 고려한 UX를 적용할 것이고, 성능 중심의 기능은 향후 데이터가 많이 쌓여도 처리가 늦어지지 않도록 성능을 고려한 DB 구조화를 할 것이며, 소통 중심의 기능은 결제처럼 소통이 필요한 부분에서 성능이 좋은 PUSH 기능을 적용할 것임을 표현한 것입니다.

이 두 가지의 차이가 이해되나요? 여러분이 평가자 입장이라면 어떤 장표와 설명에 더 설득될까요? 대부분 이러한 기술 장표는 개발자가 작성하는 경우가 많습니다. 개발자는 정직합니다. 필요한 기능을 열심히 성실하게 정리합니다. 하지만 이렇게 정리한 것만으로는 차별화가 없어 좋은 평가를 받을 수 없습니다. 따라서 PM은 항상 차별화, 강점 부각을 염두에 두고 작업해야 합니다.

4) 전략 계획 수립 방안

구축 방안이 RFP의 기능 개발에 대한 요구 사항을 정리한 것이라면, 전략 계획 수립 방안은 비기능 요소에 대한 정리라고 볼 수 있습니다. 프로젝트 진행 중 개발 외에 진행되는 테스트, 오픈, 안정화 및 추가적인 제안을 정리하는 부분입니다. 이 부분은 차별성보다는 안정감을 주는 형태로 작성합니다. 기능 부분이 수행 사업에 특화된 내용이라면, 이 부분은 모든 프로젝트에 적용되고 검증된, 표준화되고 안정화된 방법을 고객에게 설명합니다. 그래서 보통 기존에 작성된 자료를 활용하여 수행 사업에 맞게 조정합니다. 해당 내용은 아래의 자료 예제를 참고해 주길 바랍니다.

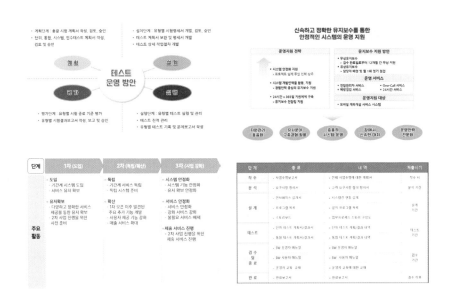

● 사업 관리

사업 관리 부분은 프로젝트를 사업적으로 어떻게 관리할지를 정리하는 곳입니다. RFP에 있는 순서대로 작성하고, 가이드가 없는 경우에는 PM이 논리적으로 설명하기 쉬운 순서로 작성하면 됩니다. 보통은 네 가지 내용을 기본으로 하고, 필요 시 추가합니다.

1) 수행 조직

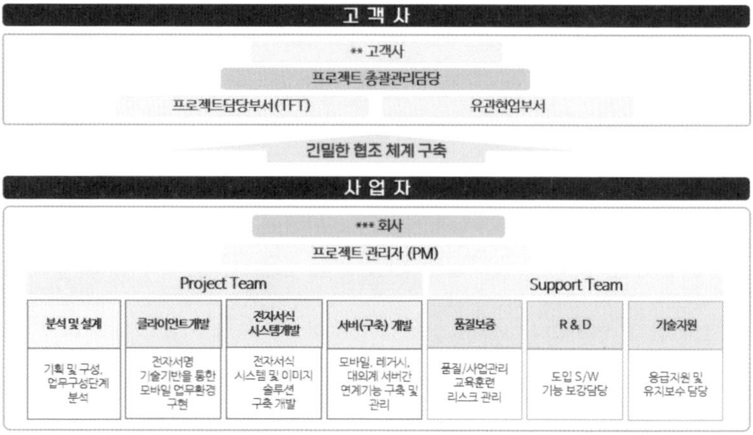

수행 조직에는 프로젝트를 수행할 조직과 각 업무 담당자의 역할을 정리합니다. 수행 조직의 첫 장은 일반적으로 수행 조직도를 작성합니다. 전체 조직을 한눈에 볼 수 있도록 위의 그림과 같은 조직도 형태로 만듭니다. 이때 수행사 중심의 조직도만 그리는 경우도 있고, RFP에 사업을 지원할 고객사의 조직도가 표현되어 있으면 수행사의 조직도까지 작성하여 업무 연계를 하겠다는 표현을 하기도 합니다. 수행 조직은 보통 전체 프로젝트를 총괄하는 PM, 요구 사항을 분석하고 기획하고 설계하는 기획/설계 조직, 프로젝트 성격에 맞춰 구성한 개발 조직, H/W 및 네트워크 담당 조직, 사업 지원 혹은 관리 조직, 기술 지원 조직, 유지 보수 대응 조직으로 구성됩니다. 구성은 프로젝트나 회사의 상황에 맞게 조정합니다.

조 직	역 할	
프로젝트 담당부서	• 사업수행 관련 중요 사안(수행범위, 일정변경,주요 이슈 등)에 대한 의사결정	
프로젝트 관리자	• 프로젝트 추진활동 계획 조정 및 감독, 프로젝트 일정 조정 및 통제 • 프로젝트 관련 자원 및 예산관리(자원의 회득 및 배분) • 협력업체 및 투입인력 관리, 참여사간 역할 조정 및 통제 • 프로젝트 위험 식별 및 관리, 프로젝트 진척 보고	
프로젝트 수행팀	**분석 및 설계** • 프로젝트 기획 및 구성, 업무구성단계 분석 등 **클라이언트 개발** • 전자서명 기술기반을 통한 모바일 업무환경 구현 등 **전자서식시스템개발** • 전자서식 시스템 및 이미지 솔루션 구축 개발 **서버(구축) 개발** • 모바일, 레거시, 대외계 서버간 연계기능 구축 및 관리 등	• 서버 구축 및 내부 서버연계 구현(상주) • 모바일 관련 전자서식 개발지원 (상주) • 외부 연동 관련 모바일 클라이언트 구축 (상주)
품질보중팀	• 품질관리/사업관리 활동을 검토/점검 • 품질 보중을 위한 교육 및 활동, 표준화, 공정률, Risk/Issue 관리	
R&D	• 도입 S/W 기능 보강 • 도입 S/W 추가 기능 개발	
기술지원팀	• 성능 테스트 및 이행 및 Fall-Back 테스트지원 • 통합 개발표준안 및 개발가이드 작성 • 시스템 운영 지원 및 장애 발생시 조치 및 해결	

수행 조직도가 작성되면 그 다음에는 조직도상의 조직이 어떻게 구성되고 어떤 일을 할지에 대한 상세한 정보를 작성합니다.

업 무	성 명	등 급	역 할	진행단계					계
				M	M+1	M+2	M+3	M+4	
PMO	최 선 신	고 급	PM	1.0	1.0	1.0	1.0	1.0	5.0
		소 계		1.0	1.0	1.0	1.0	1.0	5.0
기획/디자인		고 급	기 획	1.0	1.0	-	-	-	2.0
		초 급	디자인	-	1.0	1.0	-	-	2.0
		중 급	퍼블리싱	-	1.0	1.0	1.0	-	3.0
		소 계		1.0	3.0	2.0	1.0	-	7.0
전자문서 관리시스템		중 급	PMO/QA	0.5	0.5	0.5	0.5	-	2.0
		고 급	서버	1.0	1.0	1.0	1.0	1.0	5.0
		중 급	서버		1.0	1.0	1.0	-	3.0
		초 급	서식디자인		1.0	0.5	0.5	-	2.0
		초 급	서식개발		1.0	1.0	1.0	-	3.0
		소 계		1.5	4.5	4.0	4.0	1.0	15.0
지점 단말기앱		중 급	클라이언트	-	1.0	1.0	1.0	-	3.0
		중 급	서버	-	1.0	1.0	1.0	-	3.0
		소 계		-	2.0	2.0	2.0	-	6.0
총 계		특 급		-	-	-	-	-	4.0
		고 급		3.0	3.0	2.0	2.0	2.0	1.0
		중 급		0.5	4.5	4.5	4.5	-	17.0
		초 급		-	3.0	2.5	1.5	-	1.0
		누 계		3.5	10.5	9.0	8.0	2.0	33.0

그 다음은 실제 프로젝트에 해당 조직의 멤버들이 투입되는 일정 및 업무량에 대한 투입 공수 자료를 작성합니다. 참고로 이 부분은 RFP의 요청 사항 혹은 회사의 상황에 따라서 생략하기도 합니다.

2) 추진 일정 계획

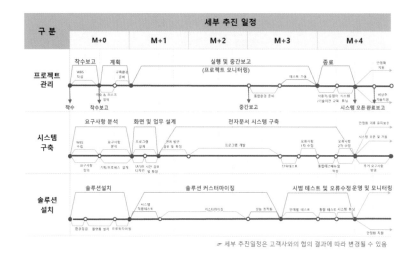

> ☞ 세부 추진일정은 고객사와의 협의 결과에 따라 변경될 수 있음

추진 조직을 작성한 후에는 실제 진행될 일정 계획을 작성합니다. 작성 프로세스는 아래와 같습니다.

먼저 RFP에 나온 프로젝트 진행 기간과 진행할 업무의 종류를 구분합니다. 진행 기간은 [M+숫자]로 표현합니다. 예를 들어 진행 기간이 5개월일 경우, [M+0] 혹은 [M]부터 시작해서 [M+4]까지 표현할 수 있습니다. 진행할 업무의 종류는 프로젝트 관리, 시스템 구축(개발), 솔루션 도입(시스템 구축 시 도입되는 솔루션이 있는 경우), 컨설팅(컨설팅 사업이 함께 진행되는 경우) 등으로 구분할 수 있습니다.

그다음은 업무의 분류에 따라 수행 작업을 리스트업합니다. 프로젝트 관리라면 주요 보고(착수 보고, 중간 보고, 종료 보고), 진행 일정 계획, 진행 관리, 종료 등으로 구분하고, 개발의 경우에는 요구 사항 분석, 설계, 개발, 테스트, 오픈, 안정화 정도로 구분합니다.

마지막으로 첫 번째와 두 번째 내용을 연결하여 위의 화면을 만듭니다.

이렇게 일정 계획을 할 때는 일반적으로 마일스톤(프로젝트 진행 중 중요한 이정표)을 표시하며, 주요 보고, 테스트, 오픈, 감리 등이 이에 해당합니다.

	Step I	Activity	Task
		요구사항 정의	비즈니스 프로세스 모델링
			요구사항 도출
		업무 분석	요구사항 분석
			시스템 인터페이스 분석
	분석	화면 분석	화면표준 정의
			메뉴구조 정의
		데이터 분석	자료사전 정의
		아키텍처 분석	아키텍처 분석
		+ 비기능 요건	안정성 보장 및 성능별 요구사항
			보안 및 기타 기술적 요구사항

프로젝트의 규모가 작고 요구 사항이 간단하면 일정 계획표만 작성하지만, 규모가 크고 요구 사항이 상세하다면 각각의 업무 단계에 대해 상세하게 정리하는 장표를 추가하기도 합니다. 보통은 각 단계의 업무명과 해당 단계에서 진행하는 핵심 업무를 기재합니다.

3) 업무 보고 계획

업무 보고에서는 매주 고객과 프로젝트의 진척 사항을 공유합니다. 이 보고를 통해 필요한 의사 결정을 할 수 있기 때문에 업무 보고는 프로젝트 관리에 있어서 매우 중요합니다. 업무 보고 계획은 이러한 의사소통을 위한 계획을 정리한 것으로, 실제 진행할 업무 기준으로 작성해야 합니다. 업무 보고는 일반적으로 일회성 보고(착수 보고, 중간 보고, 종료 보고), 정규 보고(주간 보고, 월간 보고), 수시 보고(회의) 세 가지로 구분됩니다. 각 보고에 대한 내용은 이후에 별도의 절에서 상세히 설명하겠습니다.

업무 보고 계획은 아래의 첫 번째 그림과 같이 전체 내용이 포함된 계획 장표를 작성한 후, 두 번째 그림과 같이 상세한 내용을 추가로 작성합니다. 상세 내용에는 보고의 종류와 내용, 시기 그리고 필요에 따라서 대상(참석할 사람)까지 추가합니다.

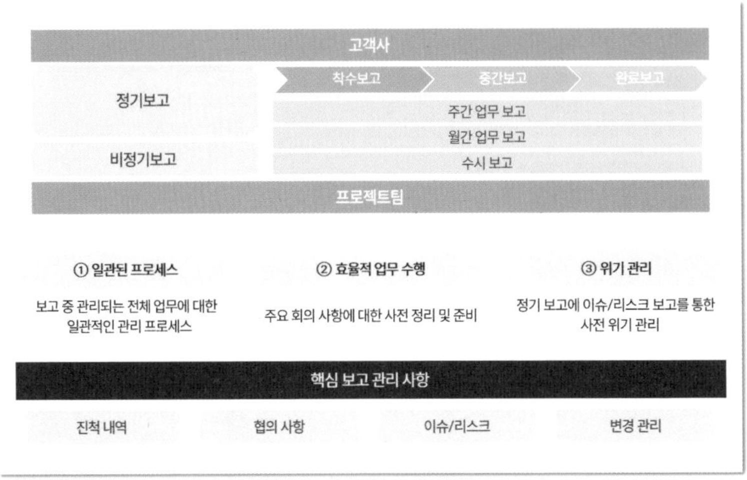

구분	종류	내용	보고시기
주요보고	· 착수보고	· 전체 사업수행에 대한 계획서 · 최초 개발 업무 범위 정의 및 진행 계획에 대한 중점 보고	착수 시
	· 중간보고	· 사업 진행 현황에 대한 보고 · 주요 사업 진행 방향 점검 · 진행 리뷰 및 주요 변경 사항에 대한 확인	프로젝트 중간시점
	· 완료보고	· 사업 완료 내역에 대한 보고 · 사업 완료 후 안정화 및 관리 방안	검수 이후
정기보고	· 월간보고	· 월 단위 정기 보고서 · 진행 상태 및 주요 이슈 사항 해결에 대한 결과 보고 · 예상되는 위기 사항에 대한 리더들의 의사 결정 관련 보고	매월
	· 주간보고	· 주 단위 정기 보고서 · 주간 진행된 업무 내역에 대한 보고 · 상세 레벨의 개발 계획, 의사결정, 진척 보고 등 실무 보고	매주
비정기	· 수시보고	· 특정 이슈 및 문제 해결을 위한 수시보고 · 프로젝트 착수 시점, 프로젝트 진행을 위한 빈번한 보고 · 이슈 및 위기 사항 사전 발견 후 해결을 위한 보고 · 진행 중 점검되는 품질 향상을 위한 보고	발생시

4) 품질 보증 방안

  품질 보증 방안은 전체적인 사업의 품질을 보증할 구체적인 방안을 정리합니다. 이 부분은 대개 기존에 작성한 자료를 활용하고, PM은 해당 자료에서 이슈가 될 만한 내용이 있는지 검토하는 형태로 진행합니다.

5) 참여 인력 이력

성 명	홍길동	소 속	****	직 책	부 장
연 령	만 ** 세	자격증	-	해당분야근무경력	22년
본 프로젝트 참여임무			PM		

1. 본 프로젝트 기간별 참여율

단 계	기 간	참여율	비 고
전체	'**.04 ~ '**.08	100%	-

2. 학력

출신교	전 공	졸업연도	비 고
***대학교	** 학과	'**.02	

3. 경력

프로젝트명	프로젝트 개요	참여기간	담당업무	발주처	비 고
*** 시스템 구축	*** 시스템 개발 프로젝트	'**.11 ~ '**.02	PM	** 고객사	
*** 시스템 구축	*** 시스템 개발 프로젝트	'**.04 ~ '**.08	PM	** 고객사	
*** 시스템 구축	*** 시스템 개발 프로젝트	'**.06 ~ '**.10	PL	** 고객사	
*** 시스템 구축	*** 시스템 개발 프로젝트	'**.08 ~ '**.12	PM	** 고객사	
*** 시스템 구축	*** 시스템 개발 프로젝트	'**.12 ~ '**.02	PL	** 고객사	

고객사에서 사업을 철저하게 관리하기 위해, 참여할 인력 전원의 상세 이력을 기재하라고 RFP에 안내하는 경우가 종종 있습니다. 앞의 내용은 참여 인력 이력 상세를 작성한 샘플이니 참고하기 바랍니다.

이전에 얘기한 바와 같이 사업 수주 전에 모든 인력을 다 확정할 수는 없습니다. 전체 참여 인력의 이력을 요청받을 경우, 제안서에 PM과 주요 담당자(핵심 인력)의 인력을 구분하여 주요 담당자는 수주 확정 후 변경이 없도록 하고, 나머지 인력은 상황에 따라서 변경될 수 있음을 제안서에 기재합니다.

● 지원 부문
지원 부문은 프로젝트 이후 단계의 업무 지원에 대해 작성하는 경우가 많으며, 일반적으로 아래의 내용을 작성합니다.

1) 교육 및 기술 이전 계획

프로젝트가 마무리되는 시점에 개발된 프로그램을 이용하는 이용자나 시스템 관리자, 운영자를 대상으로 하는 교육 및 기술 이전에 관한 계획을 작성합니다. 교육 및 기술 이전 계획은 기존에 작성한 제안서 내용을 활용하는 경우가 많

습니다. 이 항목은 어떠한 전략으로 어떤 내용을 전달할 것이고 어떤 일정으로 진행할지를 상세히 작성해야 합니다. PM은 기존의 회사 제안서 양식에서 해당 내용을 가져와서 프로젝트에 맞게 내용을 수정 보완합니다. 참고로 교육은 보통 세 가지로 구분됩니다.

첫 번째는 [사용자 교육]입니다. 만들어질 시스템을 사용하는 사용자가 이용할 수 있는 매뉴얼을 만들고 교육합니다.

두 번째는 [관리자 교육]입니다. 시스템에는 신규 사용자를 등록하고 필요한 업무 코드를 추가할 수 있는 관리자가 있습니다. 이 관리자를 위한 메뉴얼을 만들고 교육합니다.

세 번째는 [운영자 교육]입니다. 시스템 운영자 교육이라고도 하는데, 만들어진 시스템을 정상적으로 동작하도록 운영하는 IT 기술적인 관점에서의 운영 교육입니다.

IT 현장에서는 관리자와 운영자를 구분 없이 사용하거나 잘못된 의미로 사용하는 경우가 종종 있으니, 관련된 소통을 할 때는 상대가 어떤 의미로 사용하는지 명확히 구분해야 합니다.

2) 유지 보수 계획

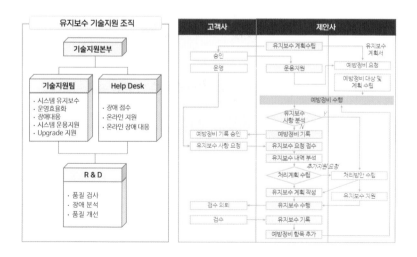

시스템이 오픈/안정화를 마치고 프로젝트가 종료된 이후의 유지 보수 방안에 대한 부분입니다. 보통은 RFP에 고객이 원하는 유지 보수 방안이 나오며, 계약을 통해 확정됩니다. 이 장표에는 해당 기준에 맞춰 진행할 유지 보수 방법을 상세하게 적고, 유지 보수를 위한 조직과 처리 절차에 대해 작성합니다.

유지 보수는 무상과 유상으로 구분됩니다. 무상 유지 보수는 프로젝트가 종료된 시점부터 일정 기간 동안 무상으로 유지 보수를 진행하는 것입니다. 이 경우 추가 기능 개발은 전혀 없고 오류나 문제 발생 시 대처하며, 1년 정도 진행하는 것이 일반적입니다. 유상 유지 보수는 무상 유지 보수가 종료되거나 프로젝트 종료 후 고객의 요청에 의해서 유상으로 유지 보수를 진행하는 경우입니다. 유상 유지 보수는 비용을 지불하는 조건에 따라서 범위를 다양하게 협의할 수 있습니다.

3) 기밀 보안

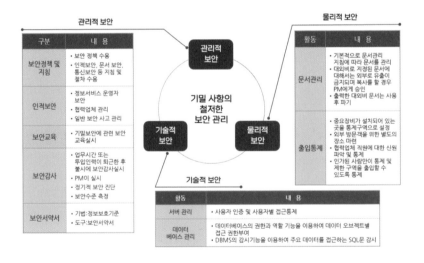

프로젝트 진행 중 시스템 자료 및 산출물, 정보를 어떻게 보안 관리할지에 대해 작성합니다. 이 부분 역시 회사에서 가지고 있는 기본 양식을 활용하되, RFP에 추가로 요구하는 사항이 있으면 보완하는 형태로 진행합니다. 보안은 세 가지로 구분됩니다.

[관리적 보안]은 프로젝트에 투입된 사람들이 보안을 잘 유지하도록 관리하는 것으로, 보안 교육을 하거나 보안 관련 서약서를 작성하는 형태로 진행됩니다.

[물리적 보안]은 프로젝트가 진행되는 물리적인 공간에 대한 보안입니다. 출력되는 문서나 출입 통제, 출입 장비 등을 보안 관리하는 것입니다.

[기술적 보안]은 프로그램을 개발하면서 발생하는 각종 보안 요소, 개인정보, 서버, DB 등의 관리로, 계정에 대한 보안 정책 등을 작성합니다. 개인정보를 취급하거나 시스템에서 개발할 경우, 해당 개인정보를 암호화로 관리한다는 내용을 추가해야 합니다.

4) 기타 지원 사항

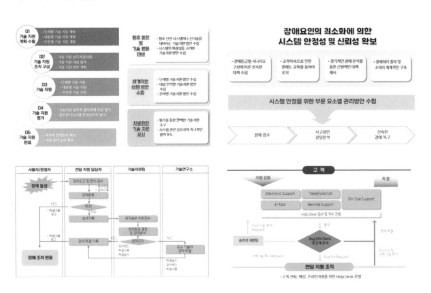

마지막은 기타 지원 사항입니다. 프로젝트 개발 진행 중 발생하는 기술적인 이슈에 대한 대응 방안, 운영 중 장애가 발생할 경우 대처 방안, 시스템 운영 관련 고객센터 운영 방안 등이 포함됩니다.

여기서 종종 오류와 장애를 혼동합니다. 오류는 프로그램 개발이 잘못되어 발생한 프로그램 기능상의 문제를 말합니다. 때로는 오류 화면이나 메시지가 나오기도 하고, 오류 메시지는 없지만 처리 결과가 잘못되기도 합니다. 장애는 시스템이 정상적으로 운영되지 못하는 문제 상황을 말합니다. 예를 들면 서버가 갑자기 고장 나서 서비스가 중단되는 경우가 이에 해당합니다.

● 제안 발표 자료 작성

제안 발표는 사업에 따라 다르지만 15~20분 내외의 발표 시간 이후 질의응답을 하는 형태로 진행됩니다. 지금까지 작성한 전체 제안서를 이 시간 안에 다 설명하는 것은 불가능합니다. 그래서 제안 발표는 제안서의 내용을 일부 발췌하거나 제안서 중 중요도가 낮은 자료를 없애고 요약하는 형태로 별도의 발표 자료를 만듭니다. 제안 발표 시 제안서의 모든 목차를 설명하기도 하지만, 대개 핵심 사항 위주로 설명하며, 작성 방법은 아래와 같습니다.

첫 번째는 제안 개요입니다. 어떤 사업이든 제안 개요 부분은 다 발표해야 합니다. 단, 앞서 얘기했듯이 사업의 성격에 따라서 이 부분을 간략하게 진행하기도 하고, 많은 비중을 두기도 합니다.

두 번째는 구축 전략입니다. 제안 발표 시 가장 핵심이 되는 부분으로, 제안서에 있는 구축 전략을 요약하되 내용이 너무 많을 경우 가장 핵심적이면서 우리 회사의 강점을 가장 잘 표현할 수 있는 내용 중심으로 요약합니다.

세 번째는 사업 관리 방안입니다. 보통 여기에 사업 관리에 대한 내용과 함께 회사 소개를 하기도 합니다. 사업 관리 방안에서는 전체 내용이 아닌 조직 구성과 일정 계획을 설명하며, 우리가 어떻게 안정적으로 사업을 수행할지를 전달하기 위한 목적으로 작성합니다.

발표 자료는 제안서를 작성한 후 이를 요약해서 정리합니다. 하지만 상황에 따라서는 핵심이 되는 내용 중심으로 발표 자료를 작성하기도 하고, 이 내용을 기준으로 제안서를 작성하는 방법도 있으니 참고하길 바랍니다.

3.4 견적서 작성 방법

제안서 작성 후에는 해당 사업 혹은 시스템 구축 비용을 고객사에 제출해야 합니다. 이때 고객사에 제출하는 비용을 견적이라고 합니다. 사업에 따라서 비용만 제출하고 끝나는 경우도 있지만 비용이 들어가는 근거를 견적서라는 문서로 제출해야 하는 경우도 있습니다. 견적서는 영업 담당자가 작성하고 PM이 견적서 작성 업무를 지원하는 것이 기본이나, 상황에 따라서는 직접 견적서를 작성하기도 합니다. 이번 절을 통해서 견적서 작성에 대한 실무 지식을 습득할 수 있길 바랍니다.

✦ 견적서란?

견적서는 고객에게 해당 사업을 진행하는 데 발생하는 비용을 알리기 위해 제출하는 문서입니다. 견적서는 단순히 고객에게 제출하는 비용의 청구 내역이라고 볼 것이 아니라, 시스템을 구축하기 위해 산정한 비용을 고객에게 논리적으로 설득하는 작업이라고 봐야 합니다.

실무 현장에서 견적서를 작성할 때, 작성하는 사람의 입장에서 내가 받아야 할 금액을 내가 원하는 기준으로 작성하는 경우가 많습니다. 이렇게 작성된 견적서는 '비용'이라는 정보를 전달하긴 하지만 고객을 납득시키지는 못해서, 사업 선정이라는 결과까지 도달하지 못합니다. 산정한 비용을 어떻게 하면 고객에게 논리적으로 설명하여 이해시키고 납득시킬 수 있을지를 고민한 후 제출해야 설득에 성공할 수 있습니다.

본격적인 견적서 작성을 설명하기에 앞서, IT 사업에 따라 견적이 제출되는 방법이나 의미가 달라지는데 이에 대해서 먼저 알아보겠습니다.

신규 사업을 제안하는 경우는 고객이 진행될 사업이나 솔루션 혹은 시스템 도입에 대한 검토가 없는 상태에서 고객을 설득해야 합니다. 고객은 구축해야 할 시스템 비용에 대한 정보가 많지 않고, 또 비용에 따라 도입 결정이 달라지기도 합니다. 그래서 신규 사업에서는 견적서 작성 및 내용이 중요합니다. 참고로 본 절의 설명은 이 상황을 기준으로 진행하겠습니다.

고객사에서 사업을 발주할 때 비용의 가이드 라인을 주지 않는 경우에는 도입할 시스템과 기능은 RFP를 통해서 명확히 하되, 구축에 필요한 비용은 사업을 제안하는 업체가 임의로 산정합니다. 이는 고객사에서 사업의 기능 사항을 100% 정의한 것이 아니라, 업체의 제안에 따라 구축 범위 혹은 기능을 추가할 의도가 있는 경우 많이 사용됩니다. 이때는 경쟁사에 신경을 써야 합니다. 경쟁사보다 더 좋은 기능을 제안하고, 경쟁사 대비 큰 차이가 나지 않는 견적을 제출해 우리의 제안이 더 매력적으로 보이게끔 해야 합니다. 견적서를 작성할 때는 구축되거나 도입될 시스템의 금액을 보다 상세하게 정리하는 것이 중요합니다.

비용이 확정된 사업은 고객사에서 RFP를 만들 때 상세 요구 사항 정리를 끝내서, 어떤 업체가 들어오든 동일한 규모의 시스템을 구축할 수 있도록 사전에 예상 비용을 가이드합니다. 이런 경우 견적 비용은 가이드된 금액의 하위 몇 % 까지 제출 가능하다는 기준이 있습니다. 그리고 평가 시 금액 비중에 따른 가격 점수와 기술 점수에 대한 기준이 RFP에 확실하게 표기됩니다. 이때는 견적서의 내용보다 우리 회사의 제안 기술 분야의 경쟁력을 고려하여, 최대한의 비용을 받되 경쟁사에게는 이길 수 있는 금액으로 견적을 제출해야 합니다. 견적서의 내용보다 금액의 산정이 중요한 경우입니다.

첫 번째와 두 번째 케이스는 단순히 비용의 많고 적음을 넘어 견적서 자체를 설득력 있게 구성하는 것이 중요합니다. 이어서 이러한 관점을 고려한 견적서 작성법을 설명하겠습니다.

✦ 견적서 작성 사전 지식

견적서 작성을 위해 사전에 알아야 할 지식이 있습니다. 바로 비용 산정과 견적 작업은 다른 과정이라는 것입니다.

비용 산정은 고객에게 받아야 할 돈을 계산하는 전략입니다. 시스템 개발에 실제로 투입되는 비용과 수익률을 계산하여 고객에게 얼마만큼의 비용을 어떻게 잘 받을지를 고민하고 결정하는 것이 비용 산정입니다.

견적 작업은 이렇게 산정된 비용을 고객에게 논리적으로 설득시키는 작업입니다. 단순하게 "이 시스템을 구축하려면 비용이 이렇게 들어가니 주세요!"라고 하면 고객은 "이거 믿어도 되는 건가? 혹시 무리한 금액을 요구하는 것은 아닌가?"라는 생각할 수 있습니다. "이 시스템 구축을 위해서 인건비, H/W, 솔루션 구매 비용이 발생하는데, 인건비는 이런 구성으로, H/W는 이것을 도입하고, 솔루션은 이런 라이선스를 구매해서 총 이런 비용이 들어갑니다."라고 설득력 있게 설명하여야, 고객이 합리적인 금액이라고 이해할 수 있습니다.

✦ 견적서 작성 방식

PART 03 IT 프로젝트 단계별 수행 업무   169

견적서에는 총 비용, 비용의 구성, 비용 구성의 근거를 넣습니다. 총 비용은 전체 시스템 구축에 들어가는 비용이 얼마인지 명확하게 고객이 알 수 있도록 해야 합니다. 비용의 구성은 총 금액을 확인한 고객에게 그 비용이 어떻게 발생한 것인지 상세하게 설명해야 합니다. 이때 누가 봐도 쉽게 이해할 수 있도록 비용의 구성 내용을 깔끔하게 정리하는 것이 중요합니다. 비용 구성의 근거는 왜 이러한 비용이 나오게 되었는지 간단하고 명쾌하게 설명해야 합니다.

견 적 서

(QUOTATION)

0126_01

고 객 명: 홍길동 팀장님 귀중

A사 업무관리 시스템 개발 비용에 대해 아래와 같이 견적합니다.

견 적 일: 2021년 1월 26일

납품가액: ₩ 515,250,000 (부가세 미포함)

견적 담당자 : 불꽃남자25 이사 (010-****-****)

공 급 자	파이어주식회사
대표자	불꽃남자 (인감)
사업자번호	***-**-******
사업장주소	서울시 어딘가
TEL FAX	02-123-4567

(금액단위 : 원, VAT 별도)

순번	구분	상세구분	업무내역	수량	단가	견적금액	비 고
	인건비	특급	PM	3	8,500,000	25,500,000	
		고급	개발/기획	12	7,500,000	90,000,000	
2		중급	개발/디자인	4	6,500,000	26,000,000	
3		초급	개발	2.5	5,500,000	13,750,000	
4	S/W	A솔루션	****솔루션	1	300,000,000	300,000,000	
5	H/W	중급	*** 장비	1	40,000,000	40,000,000	김성탄 차장 김호겸 주임
6		초급	***장비	1	20,000,000	20,000,000	
합 계				24.5		515,250,000	

총합계	515,250,000

◐ 견적서 유효기간: 견적일로부터 *개월 이내
◐ 대금지불조건 : 착수시 **%, 중간 **%, 검수완료 후 **%
◐ 기타(조건을 상세히 적어주는게 좋음)

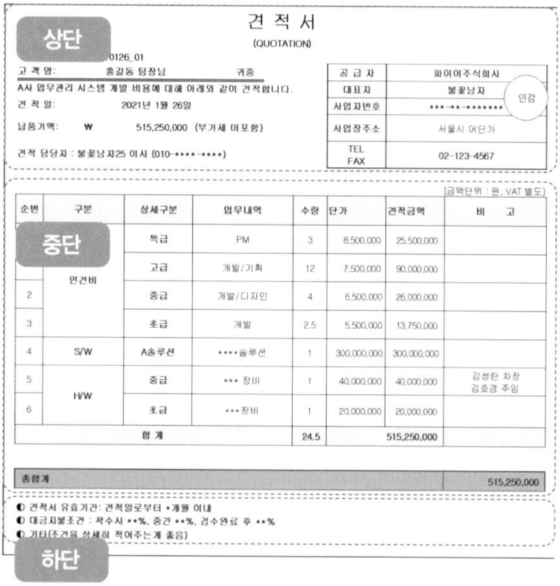

견적서는 위의 그림과 같이 구성됩니다. 견적서 상단에는 견적과 관련된 기본 정보 및 총 금액이 포함됩니다. 상단에 들어가는 내용은 아래와 같습니다.

- 문서 번호: 모든 정상적인 견적서에는 문서 번호 혹은 견적 번호가 있습니다. 일반적으로 [회사 이니셜 + 견적 발행일 + 순번]의 조합으로 작성합니다. 그래서 견적 번호만 봐도 어느 회사에서 언제 발행했는지, 당일 발행된 견적 중 몇 번째인지 확인할 수 있습니다.

- 회사 정보: 오른쪽 상단에는 견적서를 발행하는 회사 정보가 들어갑니다. 회사 이름, 대표자, 사업자 번호, 사업장 주소 및 연락처가 명시되어 있습니다.
- 고객 정보: 견적을 받는 고객이 누구인지 명확히 표시합니다.
- 견적일: 견적을 발행한 날짜를 명시합니다.
- 납품가액: 납품될 시스템 총액을 표시하며, 부가세 여부를 명확히 표시합니다.
- 견적 담당자: 견적서를 발행한 사람이 누구인지 기재합니다. 해당 정보를 통해 견적서에서 문의해야 할 사항이 있으면 바로 연락할 수 있습니다.

다음은 중단 부분입니다. 견적서 상단에 총 금액을 표시한다면, 중단 부분은 상세 내역을 표시합니다. 총 금액이 어떻게 구성되었는지를 쉽게 확인할 수 있도록 작성해야 합니다. 구성은 아래와 같습니다.

- 순번: 납품되는 항목의 순번입니다.
- 구분: 납품되는 항목의 분류입니다. IT 개발은 시스템을 개발하는 데 들어가는 인건비, 별도로 구매해야 하는 S/W, 시스템 구축을 위해 도입하는 H/W로 분류합니다. 인건비는 투입되는 인력의 기술 등급을 [특급, 고급, 중급, 초급] 등으로 구분합니다. S/W는 [솔루션, OS, WAS, DB] 등으로 구분하고, H/W는 [서버 장비, 네트워크 장비] 등으로 구분합니다.
- 업무 내역: 실제 담당하는 역할입니다. 인건비는 각 담당자의 업무(PM, 기획, 디자인, 개발)를 표시하고, S/W는 실제 용도나 솔루션명 등을 표시하며, H/W는 장비의 역할 및 스펙을 명시합니다.
- 수량: 납품되는 항목의 수량입니다. 인건비는 투입되는 M/M을, S/W나 H/W는 구매할 수량을 명세합니다.
- 단가: 납품되는 항목의 단가입니다.
- 견적 금액: 납품되는 항목을 [수량×단가]로 계산한 금액입니다.
- 합계(금액): 총 납품 합계 금액입니다.

위와 같은 내용을 작성하며, 투입되는 인력의 양과 투입 업무, 구매할 S/W 와 H/W의 내용 및 수량, 항목별 비용을 고객이 명확히 확인할 수 있도록 합니다. 참고로 총 견적 비용이 클수록 세부 항목을 상세하게 세분화하면 투입 비용에 대한 설득력이 올라갑니다.

다음은 하단 부분입니다. 이 부분은 비용 외에 신경 써야 할 내용을 명세합니다. 견적을 받은 후 견적을 만든 사람과 받은 사람 간에 오해가 생기지 않도록 하기 위해 작성하며, 작성하는 항목은 아래와 같습니다.

- 견적서 유효 기간: IT 분야의 인건비나 H/W 및 S/W 비용은 시장 상황에 따라 변경되는 경우가 많습니다. 그래서 모든 견적서에는 견적의 유효 기간을 [견적일로부터 *개월] 형태로 기재하며, 보통 1~2개월 정도입니다.
- 대금 지불 조건: 해당 견적으로 계약이 진행될 때의 대금 지불 조건을 명시합니다. 인건비 중심의 프로젝트라면 [착수금 *%, 중도금 *%, 잔금*%] 형태로 작성합니다. 보통은 [착수금 30%, 중도금 40%, 잔금30%]의 비율을 많이 사용하는데, 업체의 협의에 따라서 비중이 조금씩 조정됩니다. S/W 나 H/W는 [일시 지불] 혹은 [착수금 *%, 잔금 *%] 형태로 구분합니다. 착수금은 시스템을 구매할 때, 잔금은 구매한 S/W나 H/W가 정상적으로 설치됨을 확인한 후에 지불합니다.
- 기타 조건: 그 외의 조건들로, 상황에 따라 다른 내용이 작성됩니다. 일반적으로 유지 보수 비용 조건이나, H/W가 파손되었을 경우의 수리 비용 등이 들어갑니다.

이렇게 견적서를 작성하는 것이 기본이지만, 고객사의 담당자가 견적을 보고 좀 더 상세한 내용을 확인하기 위해 문의하는 경우도 많습니다. 이는 담당자 본인이 확인하려는 목적도 있지만, 그보다는 견적을 내부에 보고하고 결재를 받을 때 최종결정권자가 구성에 대해 자세히 물어보기 때문입니다. 이럴 때, 견적에 상세 내용을 추가합니다.

어떤 업무에 얼마만큼의 인력 배정

투입 인력 상세 내역

구분	업무범위	고급	중급	초급	계
기획/설계	• 프로젝트 관리(총괄) • 업무분석/서비스기획	0.5			0.50

개발	• **** WEB 개발
	  - *** 기능
	  - **** 탭 기능
	• **** 연계
	  - 주요 정보 연계 API 개발
			1.50		1.50

퍼블리싱	• 퍼블리싱 - 개발 화면 퍼블리싱		0.50		0.50
합계		0.50	2.00	0.00	2.50
		0.50	2.00	0.00	2.50

고객이 보고 판단하도록 기회를

상세 내역은 위와 같이 작성합니다. 인건비라면 산정된 사람들 하나하나가 진행해야 할 업무를 상세하게 정리하고, 인력별 투입 공수를 세부적으로 표시합니다. H/W 및 S/W의 경우에는 도입되는 상세 스펙 및 역할도 상세하게 전달합니다.

이는 견적서 제출에서 필수적인 요소는 아닙니다. 하지만 저는 이러한 상세 내역을 고객에게 전달하면 조금 더 신뢰를 받는다는 것을 많이 경험하였습니다.

3.5 팀 빌딩 계획 및 인력 소싱 방법

제안 발표까지 완료하고 사업을 수주하고 나면, 본격적으로 프로젝트를 계획하고 시작 준비를 해야 합니다. 이때 가장 우선으로 해야 하는 것이 팀 빌딩 작업입니다. PM은 이 과정에서 팀을 구축하고 인력 소싱 과정을 지원합니다. 이번 절에서는 팀 빌딩을 하는 방법과 인력 소싱을 지원하는 방법을 알아보겠습니다.

✦ 팀 빌딩이란?

팀 빌딩은 제안 작업 시 계획한 인력 구성을 바탕으로 실제 투입될 팀을 구성하는 과정입니다. 사업에 투입될 인력 계획은 제안 과정에서 작성하여 제출합니다. 이후 사업이 수주되면 이 계획에 따라 실제로 투입될 팀을 구성해야 합니다.

이번 절에서는 제안 준비 단계에서 최초로 투입될 인력 계획을 세우는 방법과 사업 수주가 확정된 후 실제 투입될 팀을 구성하는 방법을 알아봅니다. 앞서 설명한 내용이지만 이번 절에서 다시 설명하는 것은, 계획 단계에 투입 인력의 상세 내역까지 제출했더라도 실제 투입될 인력을 다 확정하고 준비하기가 어려우며, 인력을 준비했는데 사업을 수주하지 못하면 준비한 인력에 대처하기가 어렵기 때문입니다.

최초로 투입 인력 계획을 세울 때는 PM, 기획 리더, 개발 리더의 핵심 인력만 확정하고, 나머지 투입 인력은 임의로 제출한 후 사업 수주가 확정되고 나서 조정합니다. 이러한 이유로 고객사에서 사업 발주 시 RFP에 핵심 인력만 요청하는 경우도 있습니다.

IT 분야는 다양한 사업이 있으며 모든 상황을 다 설명할 수는 없습니다. 그래서 IT 분야에서 가장 많은 형태인 SI 개발 사업을 진행할 때의 인력 계획을 기준으로 설명하겠습니다. SI 개발 사업은 일정별로 반드시 투입되어야 하는 인력이 있습니다.

첫 번째, PM입니다. 프로젝트를 총괄하는 담당자로서 반드시 있어야 합니다. 어떤 제안이든 PM은 핵심 인력으로 제출되고, 한번 제출된 PM은 큰 이변이 있지 않은 한 변경할 수 없습니다. PM은 특별한 상황이 아니면 약속된 프로젝트 장소에 상주합니다.

두 번째, 기획자입니다. B2C 기반의 시스템 개발에는 기획자가 필수입니다. 보통은 분석 설계의 중심이 되는 메인 기획자와 메인 기획자가 가이드하는 작업을 진행하는 서브 기획자로 나눕니다. B2B나 SI 중심의 사업은 별도의 전문 기획자 대신 개발팀의 PL(개발 리더)급 혹은 해당 업무 전문가가 분석 설계를 하는 경우도 있습니다. 기획자는 프로젝트의 성격에 따라 상주하는 경우도 있고 비상주하는 경우도 있습니다. 고객을 앞에 두고 많은 업무를 분석해야 하는 B2B 프로젝트 진행 시 상주하는 경우가 많습니다. 비상주하는 경우는 대부분 B2C 프로젝트로, 기업에서 별도의 사용자를 위한 서비스를 구축할 때 기획자가 이미 해당 분야의 트렌드를 알고 있어 고객의 기본적인 요구 사항만 가지고 진행을 주도하는 경우입니다.

세 번째, 디자이너입니다. 디자이너도 기획자와 마찬가지로 고객과 소통하고 디자인 시안을 주도하며 디자인 가이드를 작성하는 메인 디자이너와 메인 디자이너의 가이드에 따라서 디자인 업무를 지원하는 서브 디자이너로 나눕니다. 특별한 일이 있지 않는 한 디자이너는 비상주로 진행합니다. 그리고 기획 이후 디자인 단계에 집중해서 일을 하고 그 기간이 끝나면 간단한 유지 보수 정도의 작업을 진행합니다.

네 번째, 퍼블리싱입니다. 퍼블리싱 또한 메인 퍼블리셔와 서브 퍼블리셔로 나눕니다. 메인 퍼블리셔가 PM, 기획자, 디자이너, 개발자와 협의를 통해 퍼블리싱의 기준을 만들고, 서브 퍼블리셔와 함께 디자이너가 전달한 파일을 작업합니다. 퍼블리셔도 특별한 상황이 아니면 비상주하는 경우가 많습니다. 퍼블리싱도 디자인과 마찬가지로 특별한 이슈가 없으면 디자인 이후의 퍼블리싱 일정에 집중해서 업무를 하고, 그 이후 기간 동안은 보완 작업만 진행합니다.

다섯 번째, 서버 개발자입니다. 서버 개발자는 개발 리더와 개발 팀원으로 구분됩니다. 개발 리더는 사업 초기부터 PM과 상주하며 본격적인 개발 전에 진행되는 H/W 및 네트워크 구성, 개발 프레임워크 설정 등의 작업을 하고, 일반 개발자들이 투입되면 바로 업무를 시작할 수 있는 환경을 조성합니다. 일반 개발 팀원은 백엔드와 프론트엔드로 나뉘거나 서버 개발자로 구분하여 개발에 투입

됩니다. 디자인이 끝나는 시점에 집중 투입되며, 일반적으로는 프로젝트 장소에 상주합니다.

여섯 번째, 앱 개발자입니다. 앱 개발자는 디자인이 끝나거나 디자인 결과물이 나오는 시점에 투입됩니다. 상황에 따라 상주하는 경우도 있고 비상주하는 경우도 있습니다.

일곱 번째, 사업 지원팀입니다. 회사마다 다양한 용어로 불리는데, 보통 PMO, PA, QA라는 이름을 사용합니다. 규모가 작은 민간사업은 PM과 개발 조직만 있는 경우가 많으며, 규모가 큰 민간사업이나 공공사업에서는 사업 지원팀이 필수로 들어옵니다. 공공사업은 감리를 위해 사업 초기부터 종료까지 상주 형태로 투입됩니다.

이러한 기준으로 PM은 개발 리더와 함께 실제 프로젝트에 투입될 인력의 양과 순서, 투입 일정을 협의합니다. 그리고 협의된 결과를 투입 인력 상세 계획표로 만들어 관련 담당자에게 공유합니다. 영업 및 사업 관리는 이를 전달받아 내부 비용을 분석하고, 이후 제안서에 반영하여 평가자 혹은 고객이 실제 투입될 인력 계획을 한눈에 볼 수 있도록 합니다.

투입 인력 상세 계획표에는 다음과 같이 업무 담당자를 구분하고, 각 담당자가 진행할 업무 범위를 작성합니다. 그리고 어느 정도 수준의 인력이 들어와야 하는지 등급 정보와 프로젝트 기간 동안 해당 인력이 어느 시점에 들어와서 얼마나 일할지 월별 투입 공수를 작성합니다. 더 상세하게는 상주 여부도 표시합니다. 이렇게 작성된 투입 인력 계획은 제안서와 견적서 작성에 이용됩니다.

투입 인력 상세 내역								
구분	업무범위	구분	M	M+1	M+2	M+3	M+4	계
PMO	• 프로젝트 관리(기술 지원)	특급						0.00
		고급	0.50	0.50	0.50	0.50	0.50	2.50
		중급						0.00
		초급						0.00
기획/PM	• 프로젝트 관리(총괄) • 업무분석/서비스기획 • 화면 UI 기획	고급	0.50	0.50	0.50	0.50	0.50	2.50
		중급						0.00
		초급						0.00
디자인	• UI 디자인 - 웹 디자인	고급						0.00
		중급		1.00	1.00			2.00
		초급						0.00
	• UI 디자인 - 모바일 웹 디자인	고급						0.00
		중급						0.00
		초급		1.00	1.00			2.00
퍼블리싱	• 퍼블리싱 - 웹 퍼블리싱	고급						0.00
		중급		1.00	1.00			2.00
		초급						0.00
	• 퍼블리싱 - 모바일 퍼블리싱	고급						0.00
		중급		1.00	1.00			2.00
		초급						0.00
개발	• 관리자 Web 개발 - 내부 기간계 연계 - 관리자 Web 개발	고급						0.00
		중급		1.00	1.00	1.00	1.00	4.00
		초급						0.00
	• 모바일 Web 개발 - 사용자 모바일 Web 개발	고급						0.00
		중급		1.00	1.00	1.00		3.00
		초급						0.00
총 계		특급						0.00
		고급	1.00	1.00	1.00	1.00	1.00	5.00
		중급	0.00	5.00	5.00	2.00	1.00	13.00
		초급	0.00	1.00	1.00	0.00	0.00	2.00
		합계	1.00	7.00	7.00	3.00	2.00	20.00

역할 및 업무 범위   등급 정보   월별 투입 공수

PM	→	• 반드시 자사 인력 혹은 신뢰할 만한 인력 • 대부분의 경우 PM 자격 조건이 수행사 인력
기획 디자인 퍼블리싱	→	• SI 업체: 외부 인력 • 웹에이전시: 자사 인력 • 외부 인력 우선 순위: 웹에이전시 회사 계약(기획+디자인+퍼블리싱) – 어려울 경우 프리 계약
서버 개발	→	• 개발 PL: 반드시 자사 인력 • 개발 팀원: 상황에 따라 외부 인력 소싱
앱 개발	→	• 자사 인력 있을 경우 이용 • 없을 경우, 외부 인력 소싱
사업 지원	→	• 자사 인력 있을 경우 이용 • 없을 경우, 외부 인력 소싱

이렇게 투입 인력을 계획한 후 사업이 수주되면 실제 업무 담당자를 어떻게 배치할지에 대한 팀 빌딩이 진행됩니다. 사업 수주 전의 제안 단계에서 미리 준비하고 수주 확정 후에는 실행에 옮기는 일 위주로 하면 좋습니다.

자사 인력이 충분하다면 모두 자사 인력으로 구성하면 되지만, 실제 현장에서는 그것이 여의치 않습니다. 팀 빌딩은 담당자별로 아래와 같이 구성하면 좋습니다.

PM은 반드시 자사 인력 중 사업을 총괄할 만한 신뢰가 있는 인력으로 구성합니다(상황에 따라서 외주 PM을 쓰는 경우도 있음). 한 번 확정되면 변경이 어려우며, RFP에 PM을 수행사 인력으로 정하라는 조건이 나오기도 합니다.

기획/디자인/퍼블리싱은 수행사의 구조에 따라 구성이 상이합니다. SI 회사는 개발자 중심으로 조직이 구성되어 기획/디자인/퍼블리싱을 외주 인력을 구하는 경우가 많습니다. 웹에이전시 회사는 기획/디자인/퍼블리싱 중심으로 조직이 구성되어 내부 인력을 통해 팀을 구성하는 경우가 많습니다. 기능적으로 개발과 독립하여 일을 할 수 있어서 외주 인력을 써도 큰 문제는 없지만, 개별 인력의 업무 역량은 별개의 문제입니다.

서버 개발의 PL은 반드시 자사 인력 중 신뢰할 만하고 역량 있는 인력으로 구성합니다. 이 조건이 지켜지지 않을 경우 사전에 리스크를 충분히 이야기하고, 문제가 발생했을 시의 대안을 준비해야 합니다. 개발 팀원은 가능한 한 자사 인력으로 구성하되 인력이 부족하면 외부 인력으로 진행할 수 있습니다. 이때, 외부 인력과 자사 인력이 협력 관계를 가지고, 자사 인력이 외부 인력의 작업을 지원 및 관리할 수 있도록 해야 합니다. 웹에이전시 회사의 경우에는 개발 리더나 개발자 수급이 어려울 시 협력 개발 업체에 개발 전체를 맡기는 경우도 있습니다.

앱 개발은 자사 인력으로 구성하면 좋지만, 개발 역량에 문제가 없다면 외부 인력을 소싱해도 큰 문제가 없습니다. 단, 개발 리더가 앱 개발자의 개발 진척을 상세하게 관리해서 문제가 없도록 해야 합니다.

사업 지원 역시 자사 인력으로 구성하면 좋지만, 내부 인력이 없을 경우 외부 인력을 소싱해도 문제가 없습니다. 단, PM이 업무 지시를 내릴 때 외부 인력의 전문성이 부족할 수 있음을 고려해서 상세하게 지시하고 관리해야 합니다.

- 인력 소싱 사이트를 통한 직접 소통
  - 생각보다 쉽지 않음

- 인력 소싱 전문 업체 이용
  - 수수료 발생하지만 가장 편하고 안전

- 협력 업체 이용
  - 사전 파트너가 되는 협력 업체 풀 구성

사업 관리
또는 영업

이처럼 팀 빌딩 시 내부 인력이 부족할 때는 필수로 외부 인력을 소싱해야 합니다. 그럼 외부 인력은 어떻게 소싱할까요? 기본적으로는 영업 담당자나 사업 관리 담당자가 투입될 인력을 소싱해야 합니다. 이때 영업 및 사업 관리 담당자는 세 가지 방법을 이용합니다.

첫 번째는 인력 소싱 사이트에 검색하는 방법입니다. 이 방법은 좋은 인력을 구하기가 쉽지 않습니다.

두 번째는 인력 소싱 전문 업체를 이용하는 방법입니다. IT 분야는 외주 인력이 필요한 경우가 많아 프리랜서로 활동하는 분들이 많습니다. 이때 인력을 필요로 하는 회사와 일을 필요로 하는 프리랜서를 연결해 주는 회사가 있는데, 이것이 인력 소싱 전문 업체입니다. 투입에 필요한 인력 조건을 인력 소싱 업체에 전달하면, 이에 적합한 사람을 찾아서 프로필을 보내 줍니다. 영업 및 사업 관리 담당자는 해당 프로필을 PM이나 개발 리더에게 전달해 인터뷰를 진행하고, 괜찮다고 판단되는 사람들로 확정합니다.

세 번째는 협력 업체를 이용하는 방법입니다. 지금처럼 사업을 수주한 회사는 투입 인력이 부족하지만, 수주하지 못하는 회사는 인력이 남는 경우가 있습니다. 이때 인력이 부족한 회사와 남는 회사가 협력 관계로 일을 하면 수요와 공급이 맞습니다. 실력 있는 영업 및 사업 관리 담당자는 이러한 협력 관계의 회사를 많이 알고 관리하여, 필요할 때 서로 이익이 되는 협력 관계를 잘 만듭니다.

이 과정에서 PM은 영업 및 사업 관리 담당자로부터 프로필을 받고 인터뷰를 진행해서 실제 투입될 인력을 최종 선정합니다. 경험과 경력이 많은 PM은 영업 및 사업 관리 담당자를 도와 직접 인력 소싱을 하기도 합니다. 이는 PM의 필수 역량은 아니지만 회사 입장에서는 더 가치 있는 PM으로 생각할 수 있습니다.

팀 빌딩이 정리된 후에는 초기 일정 계획을 세워야 합니다. 요구 사항 분석 및 설계 이후부터 개발해야 할 상세 내역이 정리되기 전까지 개략적인 일정을 정리하여 프로젝트를 진행하고 관리하게 됩니다. PM은 이 과정에서 일정 초안을 정리하고, 고객과 함께 검토해야 합니다. 초기 일정 계획이 무엇이고 어떻게 작성하는지 알아보겠습니다.

✦ 초기 일정 계획이란?

본격적인 개발 진행 전에 고객사 업무 담당자와 앞으로 진행할 일정을 협의하고 정리하게 됩니다. 이 단계는 아직 요구 사항 분석 및 설계가 되지 않은 사업의 초기 단계이기 때문에, 완전하게 일정을 정리하고 협의할 수 없습니다. 그렇다고 사업이 시작되는데 일정을 계획하지 않을 수도 없습니다. 따라서 현재까지 파악된 정보를 기준으로 앞으로 진행될 일정을 개략적으로 작성하고, 이후 요구 사항 분석 및 설계가 끝나면 개발해야 할 시스템 리스트를 정리하고 상세한 개발 일정을 업데이트하여 진행 관리를 합니다.

이번 절에서는 이 초기 일정 계획을 위한 간단 일정 작성법과 WBS 초안 작성법에 대해서 설명합니다.

기획 ➡	• 프로젝트 기간의 시작부터 대략 1/3 기간
디자인 ➡	• 기획이 끝나는 시점 2주 전부터 프로젝트 시작 1/4 기간 (대략 2.5개월~3.5개월 정도)
퍼블리싱 ➡	• 디자인 상세안이 나오는 1개월 전부터 순차적
개발 ➡	• 메인 개발자의 백엔드 개발은 초기부터 끝까지 • 나머지는 순차적으로
테스트 ➡	• 오픈 1개월 전부터 단위 테스트, 통합 테스트 • 상황에 따라서는 인수 테스트
안정화(인도) ➡	• 오픈 이후 1~2주, 상황에 따라서는 1개월 이상 • 인도(인수인계) 단계는 오픈 1개월 전부터

사업의 초반부에는 상세 기능 수준의 개발 일정을 확정할 수 없습니다. 하지만 이 시점에 주요 프로세스별 일정은 대략 정리할 수 있습니다. 즉 기획(설계)-디자인-퍼블리싱-개발-테스트-안정화(인도) 수준의 일정은 수립할 수 있습니다. 그리고 초반부터 상세한 개발 일정을 정리하기보다 초반에 이렇게 업무 단계별로 일정을 세우는 것이 오히려 큰 틀에서 일정 관리를 하는 데 더 도움이 됩니다. 단계별로 일정을 정리하면 해당 일정 내에 어떤 작업이 언제 완료되어야 하는지 파악할 수 있고, 이를 위한 인력의 투입 및 배분 또한 정리할 수 있습니다.

지금까지 각 단계에 대한 설명은 몇 차례 반복하였으므로 단계별 업무에 대한 설명은 생략하고, 단계별로 초기 일정을 어떻게 세우면 좋을지 간단한 가이드를 제공하겠습니다. 참고로 다음의 내용은 일반적인 SI 개발을 기준으로 정리한 것입니다.

기획(설계)은 프로젝트 초반부에 바로 일정을 계획하고 그 기간을 전체 일정의 1/3로 정하면 대부분 문제가 없습니다. 이때 요구 사항 분석 및 설계에 대한 집중적인 업무는 전체 기획(설계) 기간의 2/3 정도로 하고, 나머지 1/3은 보완 및 확정하는 일정으로 잡는 것이 좋습니다. 예를 들어 9개월 프로젝트라면 기획 기간 3개월(1/3)은 [M+0, M+1, M+2]를 기간으로 잡고, 이 기간 중 2개월(2/3)인 [M+0, M+1]을 본격적인 분석 설계 기간으로, 1개월(1/3)인 [M+2]는 기획 결과물 보완 및 고객 검토 확정의 일정으로 잡는 것입니다. 참고로 PM 업무 경험이 있는 분은 이 일정이 다소 길게 느껴질 수도 있습니다. 저 같은 경우, 초반의 기획이 명확하게 정리되어야 그 뒤에 이어질 개발에 문제가 없다고 생각하기 때문에 분석/설계 일정에 좀 더 시간을 두는 편입니다.

본격적인 디자인 작업은 기획이 끝나는 시점을 기준으로 대략 2~3주 전부터 시작해서, 전체 프로젝트 기간의 1/4 정도를 잡습니다. 프로젝트 기간에 따라 다르지만 대략 2.5~3.5개월 정도가 나옵니다. 이때 이 일정은 디자인 시안 작업 및 고객 확정까지 포함한 일정이 아닌, 본격적인 전체 화면에 대한 디자인 일정임을 주의해야 합니다. 디자인 시안 작업 시에는 기획 초기에 기획자에게 시안으로 쓸 화면의 설계를 우선 요청하고, 기획 기간 동안 시안을 만들어 고객의 최종 확정까지 가능한 한 빠르게 처리해야 합니다. 기획이 다 완료된 후에 디자인이 진행되는 것이 절대 아닙니다.

퍼블리싱은 디자인 결과물을 받아야만 작업이 가능합니다. 그래서 디자인의 전체 결과물이 나오는 일정을 기준으로 1개월 정도 전부터 시작하여 전체 기간의 1/4 정도 기간으로 계획합니다. 이때 퍼블리싱은 디자인 전체 결과물을 받은 후에 진행되는 것이 아닙니다. PM은 디자이너와의 협의를 통해 우선 개발되어야 할 기능 단위부터 먼저 디자인을 진행하고, 해당 작업이 끝나는 즉시 퍼블리싱에게 결과물을 전달하여 퍼블리싱이 가능한 한 빠르게 작업되도록 상세 업무를 조정해야 합니다.

개발은 개발 준비 단계와 본격적인 개발 단계로 구분합니다. 개발 준비 단계에는 H/W 및 네트워크 시스템 구성부터 S/W 개발 구성까지 진행하며, 이 단계는 프로젝트 시작 시점부터 본격적인 개발을 진행하기 전까지를 일정으로 잡습니다. 본격적인 개발은 기획이 완료된 시점부터 계획합니다. 이때 디자인, 퍼블리싱 결과물이 나오지 않은 상태이지만, 기획 결과물을 보고 백엔드 개발이 가능합니다. DB 설계, 공통 모듈 개발, 주요 서비스(복잡하고 어려운 서비스는 보통 백엔드에서 프로세스 처리) 개발, 주요 화면의 API 개발 등 디자인, 퍼블리싱 전에 작업할 수 있는 것들이 많습니다. 본격적인 개발 일정은 전체 일정의 1/2 혹은 2/3 정도의 기간으로 계획합니다.

테스트는 시스템 규모에 따라 상이하지만 일반적으로 오픈 1달 전부터 단위 테스트, 통합 테스트, 상황에 따라서는 인수 테스트까지 진행합니다. 프로젝트가 작으면 1달 정도 적게, 규모가 크면 1달 이상 더 길게 기간을 잡습니다.

안정화(인도)는 오픈 이후 1~2주 정도, 규모가 큰 프로젝트는 1달 이상을 안정화 단계로 설계하며, 고객에게 교육 및 인수인계하는 인도 단계의 업무는 오픈 1개월 전부터 진행하는 일정으로 계획합니다.

이렇게 간단하게 일정이 정리되고 나면 앞의 샘플과 같이 간트(Gantt) 차트로 정리하고, 이 차트를 보면서 두 가지를 진행합니다.

첫 번째, 일정 추가입니다. 일정을 작성하는 시점에 주요 프로세스를 보다 상세히 정리할 수 있다면, 간트 차트를 좀 더 세분화하거나 일정을 추가합니다. 그렇게 하면 작성 시점에서 초기 일정의 전체 정리가 가능합니다.

두 번째, 정리된 일정 재검토입니다. 간트 차트로 전체 일정을 한눈에 보며 특정 일정이 과하게 혹은 부족하게 잡히지 않았는지, 일정의 순서가 잘못된 것은 없는지를 파악할 수 있습니다. 그렇게 파악된 정보를 기준으로 일정이나 순번을 조정하는 작업을 합니다. 이때 주의할 것은 이 단계에서 너무 세부적인 업무 스케줄까지 표시할 필요는 없다는 것입니다. 세부 내용은 바로 다음에 설명할 WBS 초안에 포함합니다.

이렇게 작업을 하고 나면 고객과 협의할 수 있는 초기 일정의 초안이 나옵니다. 참고로 간트 차트를 토대로 고객에게 설명하면 고객도 쉽게 이해할 수 있습니다. 고객은 이 일정 계획안으로 검토를 하며, 고객의 일정 검토가 끝나면 이를 기준으로 WBS 초안을 작성합니다.

✦ WBS 초안 작성 방법

WBS는 [Work Breakdown Structure]의 약어로, 한글로는 업무 분류 체계라고도 하지만 현장에서는 대부분 WBS라고 칭합니다. 프로젝트 진행 관리를 위해서 만드는 문서로서 주요 업무와 주요 업무의 목표 일정을 정리하고, 진척 정보를 작성하여 프로젝트가 정상적인 일정으로 진행되는지 관리합니다. 또한 업무 단계별 산출물을 정리하여 업무 결과를 확인할 수 있도록 합니다. 이후 별도의 절에서 WBS의 상세 작성에 대해 설명하므로, 여기서는 간단한 작성 방식에 대해서 설명합니다.

초기 단계에 WBS를 작성할 때는 간단 일정 계획과 이를 바탕으로 프로젝트 관리 업무 및 일정을 추가합니다. 여기에 마일스톤이 되는 업무 정보를 추가합니다. 보통 주요 보고(착수 보고, 중간 보고, 종료 보고), 감리 일정, 교육 및 인수 인계, 전환 계획 등의 일정이 이에 해당합니다. 정리가 가능한 상세 일정을 최대한 세부적으로 추가하고, 이렇게 작성된 일정에 업무 담당자와 해당 단계에서 만들어지는 산출물을 업데이트합니다. 그 이후에는 일정에 따른 과업 진척 정보를 업데이트하면서 관리합니다.

WBS 초안을 작성할 때 시스템 구축 관점에서의 일정만 정리하는 경우가 많습니다. 하지만 프로젝트 관리에 필요한 일정을 별도로 구분해서 작성하는 것을 추천합니다. 프로젝트 관리 정보는 주요 보고, 감리, 위험/이슈 관리, 착수/종료 계획 등 전체 프로젝트를 관리하는 일정을 말합니다.

이를 바탕으로 WBS를 작성하면 왼쪽 그림과 같은 구조가 나옵니다. 프로젝트 관리 일정과 시스템 구축 일정을 별도로 구분하여 정리한 것입니다. 시스템 구축에 대해서는 앞서 설명하였으므로, 프로젝트 관리에 대해서만 간단히 설명 하겠습니다.

- 착수 계획: 사업 착수를 위한 업무 계획으로 계약, 사업 수행 계획서 제출, 사업 초기 일정 수립 등이 포함됩니다. 공공사업의 경우에는 SW 사업 정보 저장소와 계약 후 일정 기간(보통 1개월) 이내에 사업 정보를 등록해야 하는데, 이 일정도 정리합니다.
- 주요 보고: 착수 보고, 중간 보고, 종료 보고를 정리합니다. 좀 더 상세하게 관리할 경우 주간 보고와 월간 보고까지 작성하기도 합니다.
- 감리: 감리에는 프로젝트 중 외부 기관과 연계된 일정을 적습니다. 공공사업에서는 감리(설계/종료) 일정이나 개인정보영향평가와 같이 프로젝트 진행을 감시 및 관리하기 위해 외부 기관 혹은 업체가 작업하는 일정이 대표적입니다.
- 위험/이슈 관리: 월별 위험/이슈를 관리하는 일정입니다. 참고로 민간에서는 보통 여기까지 하지 않지만, 공공에서는 감리 대응을 위해서 작성하고 관리해야 합니다.
- 종료 계획: 사업 종료를 위한 일정입니다. 최종 검수 일정, 프로젝트 종료 시 진행되는 세부 일정 등을 정리합니다.

다음 그림은 WBS 초안의 최종 결과물 예시입니다. 업무를 프로젝트 관리와 시스템 구축으로 구분하고, 전체 업무가 파악되도록 주요 업무 정보를 단계별로 정리합니다. 목표 일정을 작성한 후에는 진척 정보를 업데이트하며 관리하고, 업무를 진행할 담당자 및 산출물을 정리하여 누가 해당 업무를 하면서 어떤 결과물을 만들어 내야 하는지를 관리합니다.

사업 기본 정보

사업명	
프로젝트 기간	2022.04.18 ~ 2022.08.31
진척확인 기준일	2022.06.29

WBS	업무						계획		실적				담당자	산출물
	구분	단계	업무	2depth	3depth	4depth	시작일	완료일	시작일	완료일	진척율	위험도		
1	프로젝트 관리						2022-05-26	2022-07-02			100%			
1.1		착수계획					2022-06-16	2022-06-25			100%		홍길동	
1.1.1			계약				2022-06-16	2022-06-25			100%		홍길동2	
1.1.1			사업수행계획서 작성				2022-06-16	2022-06-25			100%		홍길동2	
1.1.1			진행일정 수립				2022-06-16	2022-06-25			100%		홍길동2	
1.2		주요보고					2022-06-16	2022-06-25			100%		홍길동2	
1.2.1			착수보고				2022-06-16	2022-06-25			100%		홍길동2	
1.2.1.1			중간보고				2022-05-30	2022-05-30			100%		홍길동2	
1.2.1.2			종료보고				2022-06-11	2022-06-11			100%		홍길동2	
1.2.1.3		감리					2022-06-18	2022-06-18			100%		홍길동2	
1.2.1.4			설계단계 감리				2022-07-02	2022-07-02			100%		홍길동2	
1.2.2			종료단계 감리				2022-05-26	2022-07-02			100%		홍길동2	
2	시스템구축						2022-06-01	2022-07-04			19%			
2.1		요구사항 분석					2022-06-01	2022-07-04			30%		홍길동	
2.1.1			고객미팅				2022-06-01	2022-06-27			30%		홍길동2	화면 설계서
2.1.1.1				1차 미팅			2022-06-01	2022-06-17			20%		홍길동2	화면 설계서
2.1.1.2				2차 미팅			2022-06-19	2022-06-27			10%		홍길동2	화면 설계서
2.1.2				3차 미팅			2022-06-01	2022-07-04			30%		홍길동2	화면 설계서
2.1.3				4차 미팅			2022-06-01	2022-07-04			20%		홍길동2	
2.1.3.1							2022-06-01	2022-07-04			10%		홍길동2	화면 설계서
2.1.3.2							2022-06-01	2022-07-04			0%		홍길동2	

주요 업무 정보   목표 일정   진척 정보   담당자 및 산출물

3.7 주요 보고서 작성

팀 빌딩 및 초기 일정 정리가 끝난 후 혹은 상황에 따라 초기 일정 정리 진행 중간에 프로젝트가 시작했음을 알리는 착수 보고를 진행합니다. 이번 절에서는 착수 보고와 함께 프로젝트 진행 중 이뤄지는 주요 보고에 대해서 설명합니다.

✦ 보고의 종류

정기보고	• 진척 사항 공유를 위한 정규적인 보고 • 주간 보고, 월간 보고
비정기 보고	• 문제 상황으로 인한 수시 보고 • 이슈 및 위험 관리 보고
주요 보고	• 전체 관계자들에게 하는 주요 보고 • 착수 보고, 중간 보고, 종료 보고

프로젝트 진행 시 보고는 PM이 주도적으로 진행해야 할 가장 기초적인 업무이자 중요한 업무입니다. 이번 절에서는 각각의 보고를 진행하는 목적과 보고 방법을 설명하겠습니다. 보고는 그 성격에 따라 몇 가지로 분류됩니다.

첫 번째는 정기 보고입니다. 말 그대로 정기적으로 진행하는 보고입니다. 대표적으로 주간 보고와 월간 보고가 있습니다. 정기 보고는 프로젝트 진행 시 진척되는 상황을 고객사 TFT 멤버에게 주기적으로 공유하고, 주요한 사항을 협의하기 위한 목적으로 작성됩니다. 이때 해당 주간 혹은 월간에 발생한 이슈와 위험 요소를 사전에 파악하고 보고하는 것도 중요한 목적이 됩니다.

두 번째는 비정기 보고입니다. 정기 보고에서 감지된 이슈나 위험을 해결하기 위해 진행하는 보고입니다. 이때 더 큰 문제가 생기기 않도록 하기 위해서 진행하는 경우도 있고, 반대로 큰 문제가 되어 빠른 해결을 위해 진행하는 경우도 있습니다. 실제 현장에서 위험과 이슈가 혼용되어 사용되곤 하는데, PM은 사전에 두 용어의 의미를 확실하게 정리하고 보고하는 것이 좋습니다.

세 번째는 주요 보고입니다. 말 그대로 주요, 즉 중요한 보고라는 의미입니다. 정기 보고와 비정기 보고는 프로젝트의 핵심 멤버인 고객사의 TFT 혹은 이슈 및 위험과 관련된 당사자간의 보고라면, 주요 보고는 프로젝트와 관련된 모든 사람을 대상으로 하는 보고입니다.

✦ 정기 보고&비정기 보고

주간 보고 (정기)	• 프로젝트 시작부터 끝까지 매주 정해진 시간에 진행하는 보고 • 참석자는 수행사 PM 및 진행 리더, 고객사 사업 관리 담당자 및 관계자 • 전체 진척도, 금주 진행 결과, 차주 진행 예정 내용, 주요 협의 사항, 이슈 사항 등을 보고
월간 보고 (정기)	• 프로젝트 시작부터 끝까지 매월 정해진 시간에 진행하는 보고 • 모든 관계자가 주간 보고에 참석했을 시에는 협의 하에 생략하기도 하며, 매월 보고를 받는 고객사 상위 관리자가 있을 경우에는 진행
이슈 및 위험 보고 (비정기)	• 주간 보고에서 관리되던 이슈나 위험 요소가 심각할 경우, 별도 보고를 진행하여 문제 해결 • 갑작스러운 이슈 및 위험 발견으로 프로젝트 진척에 문제가 될 경우 즉시 진행하는 경우도 있음

주간 보고는 프로젝트 진행 중 가장 중요한 보고입니다. 프로젝트 시작부터 끝까지 매주 정해진 시간에 수행사의 PM과 업무 리더, 고객사의 사업 관리 담당자(보통 TFT 멤버)가 기본으로 참석하고, 주간 보고의 내용에 따라서 관계자가 추가됩니다. 주간 보고는 프로젝트가 정상적으로 진행되고 있는지, 이후 진행될 업무가 무엇인지 매주 파악하고, 해당 주간에 발생한 협의 사항이나 위험, 이슈 사항을 확인하고 정리합니다.

월간 보고는 프로젝트 기간 동안 매월 정기적으로 진행하는 보고입니다. 주간 보고가 사업의 핵심 담당자간에 진행되는 보고라면, 월간 보고는 그 범위가 더 넓습니다. 고객사의 사업 담당자뿐만 아니라 의사 결정자와 관계자까지 모아서 월 단위로 진행된 내용을 보고하고, 이후 계획을 공유하며, 핵심 멤버만으로 해결되지 않는 협의 사항이나 이슈를 함께 논의합니다. 그래서 월간 보고는 주간 보고와 보고서 양식이 다릅니다. 이때 현장의 많은 PM이 주간 보고와 월간 보고가 단순히 보고 주기만 다르다고 생각하고 같은 내용과 방식으로 보고를 진행하는 경우가 많습니다. 물론 이것이 잘못된 것은 아닙니다. 하지만 각 보고의 목적을 알고 진행하는 것이 중요합니다.

이슈 및 위험 보고는 문제가 없는 일반적인 상황에서는 진행하지 않습니다. 하지만, 주간 보고에서 관리되던 이슈나 위험 요소가 해결되지 않고 지속되어 프로젝트에 심각한 문제가 발생할 경우, 조속한 해결을 위해서 정기 보고와 별도로 해당 이슈만을 논의하는 보고를 하는 것입니다. 이때는 해당 이슈가 발생한 경위와 이슈가 미치는 영향도, 해결을 위한 의견 등을 정리하고 협의해야 합니다. 이러한 이슈 및 위험 보고는 고객사의 TFT 멤버 외에 해당 이슈와 관련된 담당자, 해당 이슈를 해결할 의사 결정자가 모여 문제에 대해 상세하게 논의하고 해결책을 찾는 형태로 진행됩니다.

● 주간 보고 작성법

주간 보고는 주간 단위로 업무의 진척 및 계획을 보고하고, 협의 사항 및 이슈 사항을 공유합니다. 아래의 그림은 주간 보고서 중 진척 및 계획에 대한 부분입니다.

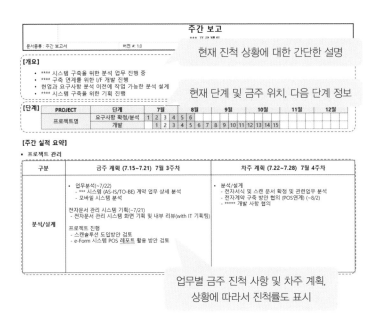

첫 번째는 [개요]입니다. 고객은 보통 IT 전문가가 아니기 때문에 상세한 보고를 바로 진행하면 내용을 이해하지 못하는 경우가 많습니다. 그래서 개요에 고객이 이해하기 쉬운 표현으로 금주 진행 결과와 차주 진행 계획을 간단히 설명합니다. 보고서 양식에 따라서 개요가 없는 경우도 많은데, 보고 양식에 개요가 없더라도 PM은 보고 시작 시 간단하게 설명해 주면 좋습니다.

두 번째는 [단계]입니다. 전체 일정 중 현재 어느 단계인지를 표시해 주는 부분입니다. 고객은 단계에 작성된 내용을 보고 "지금 어떤 단계에 대략 어느 정도 진행 위치구나!"를 파악할 수 있습니다. PM이 다시 한 번 간단하게 설명하는 것도 좋습니다.

세 번째, [주간 실적 요약]입니다. 좌측에는 금주 실적 정보를, 우측에는 차주 계획을 작성합니다. WBS로 진척률을 정량적 수치로 관리하는 경우에는 [계획 *%, 진척 *%]를 함께 기재해 주는 것도 좋습니다. 보고 내용을 작성할 때는 분석/설계, 디자인, 개발과 같은 업무를 기준으로 구분하거나 개발되는 내용에 따라 구분하는 등 PM이 효과적으로 설명할 수 있는 기준으로 작성하면 됩니다. 중요한 것은 주간 보고서는 반드시 PM이 작성해야 한다는 것입니다. 가끔 보고서를 각 파트의 담당자에게 받아 단순 취합만 하거나, 사업 지원 업무 담당자가 보고서를 작성하는 경우가 있는데, 이 경우 PM은 보고할 업무 내용에 대한 이해도가 떨어질 수밖에 없습니다. 이러한 상태로 보고할 경우, 결과적으로 고객의 신뢰도가 떨어지는 상황이 발생할 수 있습니다. 따라서 주간 보고는 PM이 직접 작성하고 확실히 이해해야 합니다. 예외 사항으로는 대규모 프로젝트에서 PM이 사업을 총괄하고 각 파트의 PL이 PM 역할을 하는 경우가 있습니다. 이때는 주간 보고를 PM이 혼자 진행하는 것이 아니라, 각 파트의 PL이 직접 작성하여 진척을 보고할 수 있도록 해야 합니다.

네 번째, [이슈, 의사 결정, 요청 사항]입니다. 해당 주간에 발생한 의사 결정 사항이나 위험, 이슈 사항을 별도로 정리합니다. 보고서에 따라서는 앞의 그림처럼 내용만 작성하는 경우도 있고 발생일, 관련자, 해결 방안, 해결 일자 등을 상세히 작성하는 경우도 있으니 참고하길 바랍니다. 이 항목은 두 가지 의미에서 중요합니다. 하나는 실제 문제를 해결하는 것이고, 다른 하나는 문제 상황에 대한 증적을 남기는 것입니다. 주간 보고를 통해서 이슈가 있음을 PM이 보고하고 해결을 위해서 노력했다는 증적을 반드시 남겨야 합니다.

다섯 번째, [차주 업무 일정]입니다. 고객사의 업무 담당자와 업무 분석을 위한 회의, 교육 등 함께 일을 해야 하는 경우가 있습니다. PM은 담당자와 직접 연락하며 진행하기도 하지만, 가능하다면 주간 보고를 통해 진행될 일정을 공유하고, 현업 TFT 멤버에게 고객사 관련 업무 담당자의 참여 확인 혹은 연락 등을 요청하여 진행하는 게 효율적입니다.

주간 보고는 위와 같이 작성하고, 작성된 보고서는 최소 보고 하루 전에 메일로 전달합니다. 주간 보고 날짜가 월, 화 같은 주초로 잡힐 경우, [지난주 실적/금주 계획] 형태로 주간 보고를 작성하며, 보고 날짜가 목, 금과 같은 주 후반으로 잡힐 경우 [금주 실적/차주 계획] 형태로 보고서를 작성하는 게 좋습니다. 주간 보고가 끝나면, 위의 양식에 보고 결과란을 추가하여 협의된 내용 및 결과를 정리하고 참석자에게 공유합니다.

● 월간 보고 작성법

월간 보고는 프로젝트 상황에 따라서 적절히 협의하는 것이 좋습니다. 남들이 한다고 해서 나도 하는 형태의 보고는 소모적일 뿐입니다. 저는 초반 업무 협의 시 월간 보고 때 추가로 보고를 들을 사람이 있는지 확인한 후, 현업 TFT 멤버 외에 별도의 참석자가 없다고 하면 월간 보고를 생략하는 편입니다. 그 이유는 주간 보고에 참석하는 TFT 멤버는 이미 지난 한 달 간 진행된 일과 앞으로 일어날 일을 상세히 알고 있기 때문입니다. 하지만 현업 TFT 멤버 외에 좀 더 많은 프로젝트 관련 멤버 혹은 상위 관리자가 참석할 경우, 월간 보고를 진행하되 참석하는 대상에 맞춰 내용을 준비합니다.

상위 관리자가 참석한다면 월간 보고서를 좀 더 쉽게 이해할 수 있도록 브리핑 중심으로 작성하고, 관리자에게 확정 받아야 할 내용을 꼭 추가합니다. 프로젝트 관련 멤버들이 많이 참석하는 경우, 참석 대상자를 분석해서 전체 진척 보고와 함께 해당 담당자가 지원해 주어야 할 일 혹은 의사 결정을 받아야 할 일 중심으로 보고서를 작성합니다.

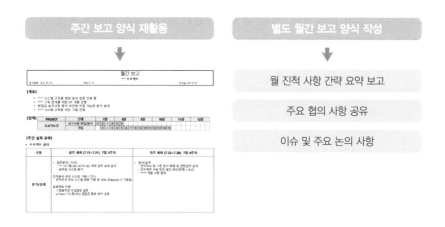

월간 보고는 주간 보고 양식을 월 기준으로 수정하여 작성하거나 PM의 의도나 목적에 따라서 위의 내용을 중심으로 한 별도 양식 혹은 회사의 별도 보고 양식을 쓰기도 합니다.

● 이슈 보고(회의록) 작성법

　주간 보고 외에 이슈 사항이나 협의할 사항이 있을 때 진행하는 것이 이슈 보고 혹은 이슈 회의록입니다. 이슈 보고에는 세 가지 내용을 정리합니다.

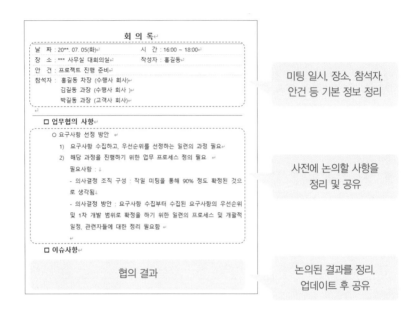

　첫 번째, [회의 개요]입니다. 회의 예상 날짜, 시간, 장소, 작성자, 안건, 참석자 등의 정보를 작성합니다. 이렇게 작성된 회의록은 이후에 업무 협의에 대한 이슈가 있을 때 중요한 증적 자료가 됩니다. 따라서 반드시 사실과 동일하고 정확하게 작성해야 합니다.

　두 번째, [업무 협의/이슈 사항]입니다. 회의에서 협의해야 할 사항을 정리합니다. 이는 사전에 작성하여 참석자에게 최소 회의 하루 전에는 공유하는 것이 좋습니다. 각 담당자가 회의에 참석하기 전에 회의의 목적과 협의해야 할 내용을 파악함으로써 보다 효율적인 회의가 될 수 있습니다.

　세 번째, [회의 결과]입니다. 회의에서 안건에 대한 다양한 협의 결과가 나옵니다. 이 결과를 반드시 모든 참석자에게 공유하여야 합니다.

✦ 주요 보고

착수 보고	• 프로젝트 시작 시, 수행사 PM이 사업과 관련된 고객사 전원에게 진행하는 보고
중간 보고	• 프로젝트 중간에 수행사 PM이 사업과 관련된 고객사 전원에게 진행하는 보고(통상 분석 설계 단계 이후, 본격적 개발 시작 시점)
종료 보고	• 프로젝트 종료 시점에 수행사 PM이 사업과 관련된 고객사 전원에게 진행하는 보고(통상 시스템 오픈 전, 상황에 따라 오픈 안정화 후)

모든 주요 보고는 동일한 대상에게 진행됩니다. 고객사의 TFT 멤버 외에도 사업을 진행하는 부서 혹은 조직의 상위 관리자, 구축할 시스템의 이용자, 관련 정책을 만드는 다양한 부서, 고객사의 IT 관련 담당자 등 관련된 업무 담당자 모두 참석 대상이 됩니다. 각각의 주요 보고는 목적과 작성 내용에 조금씩 차이가 있습니다. 어떤 PM은 이러한 보고를 형식적인 것이라 생각하여 모든 보고를 비슷하게 준비하기도 합니다. 이때 보고를 받는 고객사가 이러한 IT 보고에 대해 잘 모른다면 문제없이 진행되지만, IT 사업에 익숙하다면 낭패를 당하는 일도 적지 않게 발생합니다. 이를 관리하는 PM은 각 보고에 따라 전략적으로 접근해야 합니다.

착수 보고는 프로젝트가 시작될 때 보고 대상자에게 사업의 시작을 알리는 보고입니다. 이 사업이 어떠한 사업이며 이를 통해 무엇이 좋아지는지, 무엇이 개발되는지 설명하고, 이후 일정을 전반적으로 설명합니다. 착수 보고의 주목적은 "구축될 시스템이 무엇이고 이러한 일정으로 진행이 예상되는데, 여기 참석하는 여러분은 어떠한 일을 도와주어야 합니다."를 명확히 알리는 것입니다. 프로젝트를 진행하다 보면 고객사의 다양한 업무 담당자의 도움을 받아야 합니다. 하지만 각 담당자가 자신의 역할과 일정을 미리 알고 준비하는 경우는 거의 없습니다. 따라서 착수 보고에 참석한 개개인이 이 사업의 기본적인 개념을 이해하고 본인의 역할을 알게 하면 이후 업무가 훨씬 편해집니다. 팬데믹 이후로 많이 사라졌지만, 이전에는 이러한 이유로 수행사와 고객사의 관련 담당자가 착수 보고 이후 저녁 식사를 함께 하여 친해질 수 있는 기회를 마련하기도 했습니다.

중간 보고는 프로젝트 진행 중간에 사업의 현황을 공유하는 보고입니다. 중간 보고를 통해 업무의 진척 상황도 공유하지만, 주목적은 고객과의 협의를 거친 시스템이 구축되는 모습을 보여 주고 관련된 주요 협의 사항을 공유하는 것입니다. 보고를 받는 사람들이 "아! 일정대로 잘 진행되는데, 시스템은 이런 모습으로 구축되고 우리가 논의했던 이슈는 이렇게 정리되었구나!"를 알게 하는 것이 중요합니다. 그리고 보고 이후 질의응답 시간을 통해서 애매하거나 틀린 부분을 한 번 더 확인하여 이후 진행에 차질이 없도록 해야 합니다. 저는 보통 분석/설계를 마치고 본격적인 개발에 들어가기 전에 중간 보고를 진행합니다. 기획/설계 단계에서의 변경은 설계 자료를 수정하는 것으로 끝나지만, 한 번 진행된 개발을 되돌리는 것은 피해가 크기 때문입니다. 그리고 중간 보고 때 가능하다면 문제의 소지가 있는 주요 결정 사항과 확정된 디자인 시안까지 보고합니다. PM이 가장 난처한 경우가 프로젝트 중에 의사 결정에 참여하지 않았던 고객사의 리더가 프로그램이 다 만들어진 후 갑자기 "이거 왜 이렇게 만들었나요?"라고 하는 것입니다. 이때 나오는 의견에 주요 이슈 사항 혹은 디자인과 관련된 부분이 많기 때문에, 관련 리더가 모두 모인 자리에서 중간 보고를 통해 말이 바뀌지 않도록 정리하고, 해당 보고서 및 질의응답 내용을 모두 정리하여 메일로 공유합니다.

종료 보고는 프로젝트가 종료되는 시점에 진행에 대한 경과와 구축된 시스템의 결과를 정리하는 보고입니다. 종료 보고는 보고 자체보다는 상황이 중요합니다. 시스템이 성공적으로 잘 구축되었으면 보고가 조금 미흡해도 문제없지만, 시스템 구축에 문제가 많으면 아무리 보고를 잘해도 좋은 분위기로 진행하기가 어렵습니다.

● 착수 보고 작성법

착수 보고와 함께 자주 나오는 단어가 Kickoff 미팅입니다. Kickoff 미팅은 계약 이후 사업을 공식적으로 시작하는 미팅을 말합니다. 회사마다 Kickoff 미팅을 계약 후 처음으로 만나는 미팅으로 인식하기도 하고, 착수 보고를 하는 시점과 동일하게 인식하는 경우도 있으나, 일반적으로는 Kickoff 미팅을 계약 후 첫 미팅이라는 개념으로 봅니다. 이 미팅 때 착수 보고 일정에 대해 이야기합니다.

착수 보고는 시작 후 2주 이내 또는 2주 이후에 진행하는 두 가지 경우가 있습니다. 전자는 업무 관계자를 대상으로 제안 발표 자료를 활용하여 보고를 진행합니다. 후자의 경우는 보고 일정이 늦춰질수록 착수 보고에 구체적인 내용을 담아야 합니다. 시작 후 2주 이내의 착수 보고는 기본 개요와 요구 사항은 이미 파악하고 있지만 상세한 현황을 알 수 없기 때문에, 제안 당시의 정보 기준으로 보고를 해도 큰 문제가 생기지 않습니다. 하지만 시작 후 한 달 후에 보고를 한다면 한 달 간 분석한 내용을 토대로 제안서에서 잘못된 내용은 수정하고 긴 기간 동안 분석한 만큼 상세한 내용을 작성해야 합니다.

앞서 강조한 바와 같이 착수 보고에서는 반드시 참석자에게 구체적인 진행 일정과 역할을 공유해서 참석자가 이후 진행될 과정에서 협조할 수 있는 기초를 만드는 것이 중요합니다.

착수 보고는 제안 발표 자료를 최대한 활용하여 동일한 목차로 진행합니다. 단, 착수 보고에서 중요하게 말할 부분과 제안 발표 당시 중요하게 말한 부분에는 차이를 두어야 합니다. 제안 발표가 "이 사업을 무조건 수주하겠어!"가 목적이라면, 착수 보고는 "이 사업의 진행 방향을 설명하겠어!"가 목적이 되어야 합니다. 다음은 제안 발표 자료를 기초로 착수 보고를 작성하는 방법입니다.

1. 프로젝트 개요
추진 배경, 시스템 개요, 도입 이점 등

2. 프로젝트 구축 범위
시스템 구성, 주요 개발 내용, 개발 방법 등

3. 프로젝트 관리 방안
보고 및 회의, 품질 보증, 교육 계획 등

4. 프로젝트 추진 계획
진행 조직, 진행 일정, 투입 인력, 기타 사항 등
(참석자 역할, 지원 일정, 지원 필요 내용 공유)

[프로젝트 개요]는 고객사 TFT 멤버 중 참여할 대상자를 확인하여, 참여자가 모두 사업에 대해서 잘 알고 있는 상황이라면 가능한 한 간단하게 설명하고, 참여자가 상세한 내용을 모를 경우에는 제안 발표 자료의 내용을 그대로 옮겨 충분히 설명합니다.

[프로젝트 구축 범위]는 착수 보고 참석자 중 리더가 누구인지, 그 사람의 성향이 어떤지 파악한 후 작업합니다. 제안 발표 자료에는 사업을 수주하기 위해서 시스템 구축 전략을 상세히 적는 편인데, 착수 보고를 듣는 리더의 성향에 따라 구체적인 내용을 듣는 것을 지루해 할 수 있습니다. 따라서 구체적인 내용을 듣기를 선호한다면 그대로 유지하여 상세히 발표하고, 상세한 구현 방안에는 큰 관심이 없는 사람이라면 제안 발표 자료를 편집해서 핵심만 발표할 수 있도록 수정합니다.

[프로젝트 관리 방안]은 사전 미팅을 통해 협의된 사항에 대해서는 구체적으로 수정하고, 나머지 관리 방안은 간략히 정리해서 발표하는 게 좋습니다.

[프로젝트 추진 계획]은 진행 조직, 일정 등을 사업 초반에 협의해서 확정한 내용으로 수정하고, 진행 일정 및 관계자 역할을 명확히 정리합니다. 이때 참석자가 어떤 그룹으로 나뉘고 어떤 업무를 하는지에 따라 어떤 일정으로 어떤 지원이 필요한지를 상세히 설명하면 좋습니다.

● 중간 보고 작성법

　중간 보고는 사업 중반에 사업과 관련된 모든 담당자에게 사업의 중간 현황을 설명하는 보고입니다. 이 보고에서는 착수 보고와 같이 계획을 설명하는 것이 아니라 해당 계획대로 일이 잘 되고 있음을 설명하고, 진행 중에 정리된 주요 협의 사항이나 의사 결정 사항이 무엇인지 전체 공유하고 점검받는 것이 중심입니다.

　중간 보고 일정은 고객사와 협의하여 자유롭게 조정합니다. 저는 본격적인 개발이 시작되기 전에 설계된 내용을 공식적인 자리에서 전체 고객과 확인하고 협의하여, 이후에 불필요한 의사 결정의 번복으로 개발이 지연되지 않도록 하기 위해서 분석/설계가 완료된 직후에 중간 보고를 진행합니다.

　중간 보고 시에는 반드시 질의응답 시간을 통해 보고한 내용과 다른 의견을 갖고 있는 고객사 관계자가 있는지 확인하고, 다른 의견을 검토하여 최종 의견을 정리하는 것이 중요합니다. 그래서 중간 보고 이후에는 보고 자료와 회의록을 작성해서 메일로 공유하는 것이 좋습니다.

　사업의 개요는 착수 보고에서 동일한 참석자에게 이미 설명하였으므로 중간 보고에서는 삭제합니다. 그리고 프로젝트가 진행되고 있는 현황, 실제 협의될 내용, 중간 보고 이후의 계획에 대해서 아래와 같이 설명합니다.

1. 프로젝트 진행 상황
계획 일정, 현재 단계, 진행 상태(원활, 이상 등)

2. 프로젝트 구축 내용
시스템 구성, 주요 개발 내용, 개발 방법, 주요 이슈 등.
착수 보고가 계획이면, 중간 보고는 결과

3. 이후 진행 계획
잔여 진행 일정에 대한 계획 및 이후 고객사 담당자의 역할

[프로젝트 진행 상황]은 최초 계획된 일정과 현재는 어떠한 단계인지 설명하고, 착수 보고 이후부터 중간 보고 전까지 계획한 일정대로 잘 진행되었는지 보고합니다. 이때 이슈나 문제 사항으로 인해 일정이 조정되었다면, 변경된 일정과 이슈는 중간 보고에서 미리 말하는 것이 좋습니다.

[프로젝트 구축 내용]은 실제로 시스템이 어떻게 최종 설계되었는지, 개발할 기능이 어떻게 정리되었는지, 중요한 기능 및 이슈가 어떻게 진행되기로 했는지를 상세히 보고합니다. 착수 보고가 작업에 대한 계획이었다면, 중간 보고는 계획이 실행된 상세한 결과를 써야 합니다. 예를 들어 전자 계약 시스템을 도입하는 경우, 착수 보고에서는 "전자 계약을 잘 할 수 있도록 계획하겠습니다."라는 내용을 보고했다면, 중간 보고에서는 "판매 계약은 외부와 내부에서 가능하도록 모바일과 PC 버전을 모두 개발하기로 했고, 매입 계약은 외부에서만 발생하므로 태블릿을 이용한 모바일 계약 기능만 개발하기로 했습니다."와 같이 구체적인 결과가 보고되어야 합니다.

[이후 진행 계획]에서는 앞으로 진행될 일정과 보고에 참석한 담당자가 어떤 지원을 해야 할지 한 번 더 점검합니다. 이후 진행 계획은 착수 보고보다 더 구체적이어야 합니다.

● 종료 보고 작성법

종료 보고는 완료 보고라고도 합니다. 사업이 종료되는 시점이나 시스템 오픈 2주 전 혹은 상황에 따라 시스템 오픈 후 2주 이내에 사업이 진행된 경과를 보고하는 것입니다. 종료 보고는 전체 진행 경과를 보고하는 것으로, 착수 보고와 비슷한 양식을 가집니다. 다만 착수 보고의 내용이 계획이었다면, 완료 보고는 결과입니다.

1. 프로젝트 개요
추진 배경, 시스템 개요, 도입 이점 등

2. 프로젝트 구축 범위
시스템 구성, 주요 개발 내용, 개발 방법 등

3. 프로젝트 관리 방안
보고 및 회의, 품질 보증, 교육 계획 등

4. 프로젝트 추진 결과
진행 조직, 진행 일정, 투입 인력, 기타 사항 등

[프로젝트 개요]는 착수 보고와 거의 동일한 내용으로 작성하되, 실제 구축된 모습을 기준으로 설명하고, 도입 효과 등은 프로젝트 진행 중 확인된 구체적인 내용으로 수정합니다.

[프로젝트 구축 범위]는 프로젝트 기간 동안 확정되고 구축된 최종 시스템의 결과를 정리합니다. 이때 진행 기간 중 있었던 중요한 이슈의 결과도 발표하여 고객이 다시 한 번 확인할 수 있도록 합니다.

[프로젝트 관리 방안]은 착수 보고에서 계획을 적었다면 완료 보고에서는 실제 진행된 결과로 업데이트합니다. 예를 들면 교육 계획은 실제 교육한 결과로 바꿉니다.

[프로젝드 추진 결과]는 진행 조직과 진행 일징, 관련 사항을 정리하여 최종 보고합니다. 그리고 참석한 고객사에 프로젝트를 지원해 준 것에 감사를 표하며 마무리합니다.

종료 보고는 보고서 자체보다 프로젝트 수행 결과가 중요합니다. 수행이 잘 되었다면 좋은 분위기에서 서로에게 감사를 전하는 보고가 되고, 수행이 잘 안 되었다면 책임을 묻거나 원인을 파악하는 분위기로 진행됩니다.

요구 사항 분석 방법

프로젝트 시작 후 고객이 어떤 시스템을 만들기를 원하는지 분석하는 방법에 대해서 설명합니다. 요구 사항 분석은 기획자가 진행하고 PM은 진행의 지원자이자 의사 결정자의 역할을 합니다. 요구 사항 분석 단계의 업무와 PM의 역할을 알아보겠습니다.

✦ 요구 사항 분석이란?

요구 사항 분석은 고객이 어떠한 시스템을 만들고자 하는지 파악하는 것입니다. RFP에 요구 사항이 작성되어 있지만, 이는 진행할 과제에 대한 정의 수준입니다. 요구 사항 분석은 이 과제를 어떻게 구체적으로 수행할지 분석하는 과정입니다.

요구 사항 분석을 위해서는 고객을 요구 사항에 대한 구체적인 의견을 내는 사람, 해당 내용을 검토하고 정리하고 전략적으로 발전시키는 사람, 최종 의사 결정을 할 사람 등으로 분류합니다. 이런 역할의 사람들을 프로젝트 성격에 따라서 정리한 것을 이해관계자 그룹 정의라고 합니다. 요구 사항 분석은 이해관계자 그룹을 정의하고, 각 역할에 맞게 요구 사항을 청취하고, 분석 및 설계하고, 승인받는 과정을 거쳐야 합니다.

SI와 웹에이전시 프로젝트는 처음부터 끝까지 고객의 요구 사항을 기반으로 시스템을 만들기 때문에 고객으로부터 요구 사항을 청취한 후 요구 사항을 분석한 요구 사항 분석서를 만들지만, 솔루션은 고객에게 수행사에서 제공하는 솔루션의 기능을 설명하고 충분한 이해를 시켜야 합니다. 그리고 솔루션과 실제 고객사가 원하는 기능의 차이, 즉 GAP을 찾아내고 정리하여 GAP 분석서를 만듭니다.

✦ 이해관계자 그룹 정의

이해관계자 그룹 정의서   이해관계자 그룹 기본 정의

그룹 역할	1. 사용자 : 구축될 시스템을 이용할 서비스 사용자. 실제 필요한 기능 사항에 대한 의견 제공자 2. 관리자 : 구축될 시스템의 관리 담당자. 관리적 측면의 기능 의견 제공자 3. 정책 수립 : 고객사 사업기획팀. 전체 시스템의 기능 정의 및 1차 기능 확정 담당자. 4. 의사 결정 : 최종 요구사항 확인 및 의사 결정자					
그룹 분류	상세 분류	주관측 (예상) 담당자	수행측 담당자	역할	요구사항 분석 진행 방식	비고
사용자						
관리자						
정책 수립						
의사 결정						

그룹별 역할 정의,
진행 방식 정리

* 이해관계자 그룹의 담당자들은 중복으로 진행되어도 무관
* 이해관계자 그룹 현재 업무 시스템에 대한 이해도 확인 필요

요구 사항 분석을 위해서는 우선적으로 이해관계자 그룹을 정의해야 합니다. 이해관계자 그룹을 정의하는 문서는 다양한데, 위의 그림은 제가 직접 만든 이해관계자 그룹 정의서입니다. 먼저 이해관계자 그룹을 쉽게 정의하기 위해 각 그룹의 역할을 설명합니다. 이를 바탕으로 이해관계자 그룹을 분류하고, 분류별로 고객사 담당자와 수행사 담당자를 정하며, 각 담당자의 구체적인 역할과 요구 사항 분석을 진행하는 상세 방식까지 정리합니다. 고객과 이해관계자 그룹이 위의 그림처럼 정의된 문서를 공유하여 명확하게 역할을 분담하고, 진행하는 내용까지 파악할 수 있도록 하였습니다.

고객은 보통 IT 시스템 구축 경험이 적어 이해관계자 그룹의 개념을 이해하지 못하는 경우가 많으므로, PM이 이에 대해 가이드하고 고객을 이끌어야 합니다. 이해관계자 그룹은 개발하는 시스템에 따라 차이가 있지만, 저는 구축할 시스템을 이용할 [사용자 그룹], 관리자의 관점에서 필요한 기능 요구 사항과 의견을 내는 [관리자 그룹], 기능에 대해 의견을 제시하고 정책 가이드를 제공하며 사용자 및 관리자의 요구 사항을 검토하고 보완하는 [정책 수렴 그룹], 요구 사항을 최종 결정하는 [의사 결정 그룹]을 기준으로 분류합니다.

최종 정의된 이해관계자 그룹 정의서는 메일을 통해 고객에게 공유하여 확정합니다.

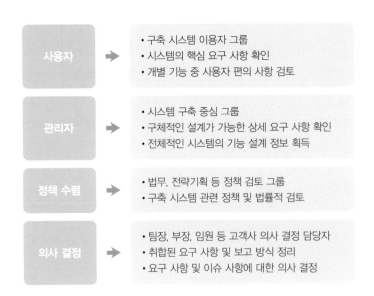

✦ 요구 사항 분석 작업

사용자 ➡
- 구축 시스템 이용자 그룹
- 시스템의 핵심 요구 사항 확인
- 개별 기능 중 사용자 편의 사항 검토

관리자 ➡
- 시스템 구축 중심 그룹
- 구체적인 설계가 가능한 상세 요구 사항 확인
- 전체적인 시스템의 기능 설계 정보 획득

정책 수렴 ➡
- 법무, 전략기획 등 정책 검토 그룹
- 구축 시스템 관련 정책 및 법률적 검토

의사 결정 ➡
- 팀장, 부장, 임원 등 고객사 의사 결정 담당자
- 취합된 요구 사항 및 보고 방식 정리
- 요구 사항 및 이슈 사항에 대한 의사 결정

이해관계자 그룹이 정의되면 PM과 기획자는 협의를 통해서 이해관계자 그룹별로 요구 사항 분석 인터뷰 일정을 정리하고 공유합니다. 그 후로는 이해관계자 그룹별 담당자와 요구 사항 분석 인터뷰를 진행합니다. 아래는 그룹별로 어떠한 내용을 듣고 분석해야 하는지에 대한 가이드입니다.

사용자 그룹은 구축된 시스템을 실제로 사용할 그룹입니다. 이 그룹에게는 시스템 기능의 상세한 기능 정의 정보를 받습니다. 그리고 실사용자로서 개선되어야 할 핵심 사항과 편의성 개선을 위한 정보 등을 파악합니다.

관리자 그룹은 시스템 구축의 중심 멤버로서 고객사 TFT 멤버로 구성됩니다. 이 그룹에게는 RFP에서 정의한 요구 사항의 개념과 상세 요구 사항을 우선 확인하여 전체적인 시스템의 구조를 정리합니다. 그리고 관리자 입장에서 필요한 기능 정보도 획득합니다. 참고로 이 그룹은 전반적인 구조와 그림, 기본 정책은 가이드할 수 있지만, 상세한 기능 정의는 할 수 없는 그룹입니다.

정책 수렴 그룹 그룹은 개발하는 시스템에 따라 다양한데, 보통 고객사의 전략기획팀, 법무팀 등이 이에 해당합니다. 이 그룹은 사용자와 관리자의 의견이 회사의 정책에 맞는지 검토하고 의견을 전달합니다. 예를 들어, 사용자는 편의를 위해서 일부 작업을 간소화하길 원하는데 회사는 업무가 복잡해지더라도 상세한 작업 관리를 원한다면, 정책 수렴 그룹은 사용자의 내용을 보고 간소화한 부분을 재검토하여 세분화하거나, 사용자가 필요해서 요청한 기능이 법무적으로 문제가 없는지 검토합니다.

의사 결정 그룹은 고객사의 의사 결정 담당자로서 팀장, 부장, 임원 등으로 구성됩니다. 이 그룹은 대응이 중요합니다. 이들에게 취합된 요구 사항 및 이슈 사항을 정리해서 보고하고 의사 결정을 받아야 합니다. 실제 현장에서 이 그룹은 진행 중에는 바빠서 검토를 하지 않다가 개발이 완료되어 가는 시점에 부정적인 의견을 내어 프로젝트를 힘들게 하는 경우가 많습니다. 그래서 PM은 초반에 업무의 편의를 위해 의사 결정자에게 보고를 생략해서는 안되며, 의사 결정 대리자를 통해서라도 협의된 요구 사항에 대해 확정을 받아야 합니다.

번호	요청자		기능 구분		요구 사항 정의		진행 정보			
	담당 업무	담당자	시스템	기능 분류	현업 요구 사항 상세	비고	채택 여부	진행 상황	요청일	최종 수정일
1	**** 업무 담당	홍길동	***** 시스템	전자 계약 기능			대기중		20**-08-02	20**-08-09
2										
3										
4										
5										
6										
7										
8										
9										
10										

이해관계자 그룹에게 요구 사항을 들은 후에는 반드시 이를 기록해야 합니다. 이것을 요구 사항 정의서 혹은 분석서라고 합니다. 보통 현장에서 요구 사항 정의서와 요구 사항 분석서를 별도로 작성하기도 하고, 동일한 문서로 보고 작성하기도 합니다.

개발할 기능이 덜 복잡한 시스템이라면 위의 그림과 같이 엑셀에 요구 사항의 요청자와 요구 사항을 기재하고 이를 분석해서 기능 분류 및 정의를 작성합니다. 이때 요구 사항의 최종 승인 정보 및 확정 결과와 일정도 함께 관리합니다.

B2B 업무 시스템, 즉 기업에서 업무를 위해서 개발하는 시스템은 기능의 요구 사항이 복잡합니다. 이런 경우에는 개별 요구 사항을 다음의 양식과 같이 상세하게 정리하여 관리할 수 있도록 합니다. 요구 사항에 대한 상세 내용과 관련 이슈 사항, 필요에 따라서는 분석 의견 등을 상세하게 적고, 관련된 부서 및 시스템 정보부터 중요도, 난이도, 협의 내용까지 상세하게 정리합니다.

항목	내용 상세
내용	1. **** 시스템 및 **** 시스템을 이용 현재 종이계약으로 진행되는 매입 계약을 전자 계약으로 변경

요구사항 상세	1. 전자계약은 아래의 2 단계의 프로세스에서 처리 되어야 한다.
	  1) [견적]이후 바로 전자계약서 작성 : 현장 계약 시 계약서 작성 후 승인 요청 하는 경우
	  2) 승인요청 이후 : 별도로 계약서를 받는 경우
	  (전자계약을 클릭 -> 계약정보 입력화면(보유정보 자동 채움) -> 전자계약서 실행)
	  * 협의된 내용의 상세 프로세스는 별첨으로 정리함
	2. 전자계약서의 작성은 **** 요청 등의 작업에 영향을 주지 않도록 하는 것을 기본으로 해야 한다.

이슈사항	1. 계약의 특성상*** 시스템 에서 처리되는 종이 계약서 기반 업무는 그대로 진행되게 한다.
관련 부서/ 관련 시스템	관련 부서 : ***담당, 사업기획팀, IT기획팀 관련시스템 : *** 시스템 , e-Form시스템

기타정보	중요도	난이도	협의자	협의일자
			홍길동 대리 이순신 대리	

그런데 이렇게 상세하게 정리해도 요구 사항이 복잡하고 어려우면 명확히 정리가 안되는 경우가 있습니다. 이럴 때는 복잡한 업무 프로세스를 상세하게 분석할 수 있도록 아래의 그림과 같은 프로세스 흐름도를 그려서 정리하기도 합니다.

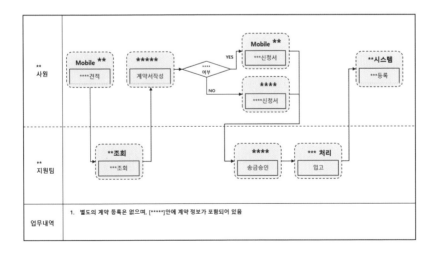

보통 이 그림과 같이 업무의 주체와 각 업무 주체가 하는 단위 업무를 명시하고 그 업무의 흐름을 정리하여, 요구 사항을 자세하고 정확하게 정리합니다. 이때 이것을 분석 업무로 보기도 하고, 사람에 따라서는 설계 업무로 보고 진행하기도 합니다.

이처럼 업무의 상세한 프로세스를 정리한 문서를 프로세스 흐름도라고 합니다. 현장에서는 이러한 역할의 문서가 다양한 양식으로 활용되고 있으며 플로차트, 업무 흐름 정의서와 같은 다양한 이름으로 불리기도 합니다.

이렇게 요구 사항에 대한 정의, 분석 및 상세한 흐름까지 정리하고 나면 본격적인 설계 작업을 시작하게 됩니다.

3.9 WBS 상세 작성

요구 사항 분석이 끝나고 설계 시작 시점이 되면 개발해야 할 시스템의 기능 및 구조가 대략 정리됩니다. 이때 PM은 사업 초반에 작성한 WBS를 개발할 기능 기준으로 상세히 작성하는 작업을 해야 합니다. WBS가 무엇이며 어떻게 작성해야 하는지 알아보도록 하겠습니다.

✦ WBS란?

WBS는 [Work Breakdown Structure]의 약어로, 한글로는 업무 분류 체계라고 합니다. 현장에서는 대부분 WBS 약어를 그대로 사용한다고 앞서 설명했습니다. WBS를 용어 그대로 해석하면, [Work = 일을], [Breakdown = 분류해서, 쪼개서], [Structure = 구조화하다]입니다. 프로젝트 진행 중에 해야 할 업무를 상세하게 분류하고, 이를 구조화해서 관리하는 문서라는 뜻입니다.

WBS를 통해 프로젝트 진행 중 관리해야 할 업무를 찾고 정리할 수 있으며, 정리된 업무를 기준으로 실제 수행할 일정을 계획할 수 있습니다. 또한 일정마다 해당 업무를 수행할 사람과 결과로 내야 할 산출물을 관리할 수 있고, 작성된 일정에 맞춰 작업되고 있는지 진척 상황을 기록하여 관리할 수도 있습니다.

사업 기본 정보

사업명	
프로젝트 기간	2022.04.18 ~ 2022.08.31
진척확인 기준일	2022.06.29

WBS	업무						계획		실적				담당자	산출물
	구분	단계	업무	2depth	3depth	4depth	시작일	완료일	시작일	완료일	진척율	위험도		
1	프로젝트 관리						2022-05-26	2022-07-02			100%			
1.1		착수계획					2022-06-16	2022-06-25			100%		홍길동	
1.1.1			계약				2022-06-16	2022-06-25			100%		홍길동2	
1.1.1			사업수행계획서 작성				2022-06-16	2022-06-25			100%		홍길동2	
1.1.1			진행일정 수립				2022-06-16	2022-06-25			100%		홍길동2	
1.2		주요보고					2022-06-16	2022-06-25			100%		홍길동2	
1.2.1			착수보고				2022-06-16	2022-06-25			100%		홍길동2	
1.2.1.1			중간보고				2022-05-30	2022-05-30			100%		홍길동2	
1.2.1.2			종료보고				2022-06-11	2022-06-11			100%		홍길동2	
1.2.1.3		감리					2022-06-18	2022-06-18			100%		홍길동2	
1.2.1.4			설계단계 감리				2022-07-02	2022-07-02			100%		홍길동2	
1.2.2			종료단계 감리				2022-05-26	2022-07-02			100%		홍길동2	
2	시스템구축						2022-06-01	2022-07-04			19%			
2.1		요구사항 분석					2022-06-01	2022-07-04			30%		홍길동	
2.1.1			고객미팅				2022-06-01	2022-06-27			30%		홍길동2	화면 설계서
2.1.1.1				1차 미팅			2022-06-01	2022-06-17			20%		홍길동2	화면 설계서
2.1.1.2				2차 미팅			2022-06-19	2022-06-27			10%		홍길동2	화면 설계서
2.1.2				3차 미팅			2022-06-01	2022-07-04			30%		홍길동2	화면 설계서
2.1.3				4차 미팅			2022-06-01	2022-07-04			20%		홍길동2	
2.1.3.1							2022-06-01	2022-07-04			10%		홍길동2	화면 설계서
2.1.3.2							2022-06-01	2022-07-04			0%		홍길동2	

주요 업무 정보   목표 일정   진척 정보   담당자 및 산출물

IT 현장에는 다양한 양식의 WBS가 있으며, 문서의 형태는 다르더라도 그 안에 포함하는 내용은 거의 동일합니다. 위의 그림은 WBS 양식 중 하나의 샘플로, 사업 기본 정보, 주요 업무 정보, 목표 일정, 진척 정보, 담당자 및 산출물로 구분합니다.

먼저 사업 기본 정보에는 사업명과 사업이 진행되는 전체 기간, 그리고 진척을 확인하는 기준일을 정리합니다. 주요 업무 정보에는 해야 할 업무를 Breakdown, 즉 상세하게 나누어 작업 순서에 맞춰 정리하며, 목표 일정에는 각 업무가 언제 시작해서 언제 끝나야 프로젝트가 정상적으로 진행될 수 있는지를 정리합니다. 진척 정보는 목표 일정을 기준으로 실제 진척된 일정과 진척률을 표시하여 진척 상황을 파악할 수 있도록 하고, 담당자 및 산출물은 누가 해당 업무를 담당하는지 명확히 관리합니다.

✦ WBS 작성 방법

WBS 작성을 위해서는 먼저 진행해야 할 업무를 식별하고 정리합니다. 그리고 각 업무에 일정 계획 정보를 추가하고, 업무를 진행할 담당자를 배분합니다. 그 이후에는 진척 관리 내용을 업데이트하면서 프로젝트를 관리합니다.

● 업무 식별

업무 식별은 프로젝트를 관리하기 위한 업무와 시스템 구축으로 구분합니다. 참고로 아래 분류의 상세 내용은 초기 일정 계획 내용과 중복되나, WBS의 전체 흐름을 설명하는 데 필요한 내용이므로 다시 한 번 설명하겠습니다.

1단계	2단계	3단계
프로젝트 관리	착수 계획	계약, 사업 수행 계획서 제출, 진행 일정 수립 등
	주요 보고	착수 보고, 중간 보고, 종료 보고
	감리	감리, 개인정보영향평가 등 외부 일정
	위험/이슈 관리	월별 위험/이슈 관리
	종료 계획	종료 계획, 검수 요청, 프로젝트 종료 일정 등
시스템 구축	기획(설계)	현황 분석, 요구 사항 분석, 설계
	디자인	디자인 콘셉트, 디자인 시안, 시안 확정, 전체 디자인
	퍼블리싱	퍼블리싱 작업
	개발	주요 기능별 개발 작업
	테스트	테스트 케이스, 테스트 시나리오, 단위/통합/인수 테스트
	안정화(인도)	교육, 인수인계, 검수, 안정화

1. 프로젝트 관리 업무

- 착수 계획: 사업 착수를 위한 업무 계획으로 계약, 사업 수행 계획서 제출, 사업 초기 일정 수립 등이 포함됩니다. 공공사업의 경우에는 SW 사업 정보 저장소와 계약 후 일정 기간(보통 1개월) 이내에 사업 정보를 등록해야 하는데, 이 일정도 정리합니다.

- 주요 보고: 착수 보고, 중간 보고, 종료 보고를 정리합니다. 좀 더 상세하게 관리할 경우 주간 보고와 월간 보고까지 작성하기도 합니다.

- 감리: 감리에는 프로젝트 중 외부 기관과 연계된 일정을 적습니다. 공공사업에서는 감리(설계/종료) 일정이나 개인정보영향평가와 같이 프로젝트 진행을 감시 및 관리하기 위해 외부 기관 혹은 업체가 작업하는 일정이 대표적입니다.

- 위험/이슈 관리: 월별 위험/이슈를 관리하는 일정입니다. 참고로 민간에서는 보통 여기까지 하지 않지만, 공공에서는 감리 대응을 위해서 작성하고 관리해야 합니다.

- 종료 계획: 사업 종료를 위한 일정입니다. 최종 검수 일정, 프로젝트 종료 시 진행되는 세부 일정 등을 정리합니다.

2. 시스템 구축 업무

- 기획(설계): 프로젝트 초반부에 바로 일정을 계획하고 그 기간을 전체 일정의 1/3로 정하면 대부분 문제가 없습니다. 이때 요구 사항 분석 및 설계에 대한 집중적인 업무는 전체 기획(설계) 기간의 2/3 정도로 하고, 나머지 1/3은 보완 및 확정하는 일정으로 잡는 것이 좋습니다. 예를 들어 9개월 프로젝트라면 기획 기간 3개월(1/3)은 [M+0, M+1, M+2]를 기간으로 잡고, 이 기간 중 2개월(2/3)인 [M+0, M+1]을 본격적인 분석 설계 기간으로, 1개월(1/3)인 [M+2]는 기획 결과물 보완 및 고객 검토 확정의 일정으로 잡는 것입니다. 참고로 PM 업무 경험이 있는 분은 이 일정이 다소 길게 느껴질 수도 있습니다. 저 같은 경우, 초반의 기획이 명확하게 정리되어야 그 뒤에 이어질 개발에 문제가 없다고 생각하기 때문에 분석/설계 일정에 좀 더 시간을 두는 편입니다.

– 디자인: 본격적인 디자인 작업은 기획이 끝나는 시점을 기준으로 대략 2~3주 전부터 시작해서, 전체 프로젝트 기간의 1/4 정도를 잡습니다. 프로젝트 기간에 따라서 다르지만 대략 2.5~3.5개월 정도가 나옵니다. 이때 이 일정은 디자인 시안 작업 및 고객 확정까지 포함한 일정이 아닌, 본격적인 전체 화면에 대한 디자인 일정임을 주의해야 합니다. 디자인 시안 작업 시에는 기획 초기에 기획자에게 시안으로 쓸 화면의 설계를 우선 요청하고, 기획 기간 동안 시안을 만들어 고객의 최종 확정까지 가능한 한 빠르게 처리해야 합니다. 기획이 다 완료된 후에 디자인이 진행되는 것이 절대 아닙니다.

– 퍼블리싱: 퍼블리싱은 디자인 결과물을 받아야만 작업이 가능합니다. 그래서 디자인의 전체 결과물이 나오는 일정을 기준으로 1개월 정도 전부터 시작하여 전체 기간의 1/4 정도 기간으로 계획합니다. 이때 퍼블리싱은 디자인 전체 결과물을 받은 후에 진행되는 것이 아닙니다. PM은 디자이너와의 협의를 통해 우선 개발되어야 할 기능 단위부터 먼저 디자인을 진행하고, 해당 작업이 끝나는 즉시 퍼블리싱에게 결과물을 전달하여 퍼블리싱이 가능한 한 빠르게 작업되도록 상세 업무를 조정해야 합니다.

– 개발: 개발은 개발 준비 단계와 본격적인 개발 단계로 구분합니다. 개발 준비 단계에는 H/W 및 네트워크 시스템 구성부터 S/W 개발 구성까지 진행하며, 이 단계는 프로젝트 시작 시점부터 본격적인 개발을 진행하기 전까지를 일정으로 잡습니다. 본격적인 개발은 기획이 완료된 시점부터 계획합니다. 이때 디자인, 퍼블리싱 결과물이 나오지 않은 상태이지만, 기획 결과물을 보고 백엔드 개발이 가능합니다. DB 설계, 공통 모듈 개발, 주요 서비스(복잡하고 어려운 서비스는 보통 백엔드에서 프로세스 처리) 개발, 주요 화면의 API 개발 등 디자인, 퍼블리싱 전에 작업할 수 있는 것들이 많습니다. 본격적인 개발 일정은 전체 일정의 1/2 혹은 2/3 정도의 기간으로 계획합니다.

– 테스트: 시스템 규모에 따라 상이하지만 일반적으로 오픈 1달 전부터 단위 테스트, 통합 테스트, 상황에 따라서는 인수 테스트까지 진행합니다. 프로

젝트가 작으면 1달 정도 적게, 규모가 크면 1달 이상 더 길게 기간을 잡습니다.

- 안정화(인도): 오픈 이후 1~2주 정도, 규모가 큰 프로젝트는 1달 이상을 안정화 단계로 설계하며, 고객에게 교육 및 인수인계하는 인도 단계의 업무는 오픈 1개월 전부터 진행하는 일정으로 계획합니다.

사업 초기에는 이러한 단위로 업무를 구분하여 WBS를 작성하고, 요구 사항 분석이 끝나고 개발할 기능이 정리되면 개발 일정을 세분화해서 WBS를 업데이트합니다.

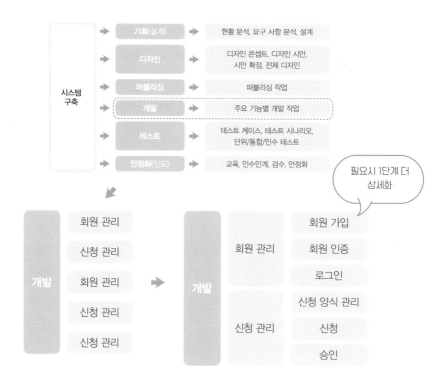

이때 전체 일정을 재검토하면서 좀 더 구체화하거나 조정이 필요한 부분은 업데이트합니다. WBS를 작성한 후에는 기능의 분류에 따라서 4~5단계까지 상세화합니다. 여기서 4~5단계란 [시스템 구축]–[개발]–[회원관리]–[회원가입]과 같은 단계를 얘기합니다.

이런 식으로 전체 기능을 상세화하고 나면 고객과 미팅을 진행하여 업데이트하면서 변경된 내용과 개발의 상세 일정을 공유합니다. 그리고 업데이트된 WBS는 반드시 고객에게 이메일로 공유하여 고객의 승인을 받아야 합니다. 이 과정이 없을 경우, 향후에 고객으로부터 왜 임의로 WBS를 변경했냐는 질의를 받을 수도 있습니다. 정말 드물게 초보 PM 중에서 개발 일정이 늦어질 때 WBS 일정을 임의로 바꾸어 일정에 문제가 없는 것처럼 하는 경우가 있는데, 이는 정말 위험한 행동임을 참고 바랍니다.

● 일정 계획 & 업무 배분

업무 식별 후에는 업무별로 일정 계획을 업데이트합니다. 이때 전체 일정을 고려하여 초기 일정을 PM이 업데이트한 후 담당자와의 리뷰를 통해 조정할 것을 권장합니다. PM은 고객 관리뿐만 아니라 내부 직원 관리도 해야 합니다. 지금처럼 담당자와 함께 일정을 조정하면, 향후 지연이 발생했을 때 합의 하에 진행된 일정이라 큰 문제가 없습니다. 하지만 PM이 임의로 확정해 버리면 각 담당자는 애초부터 무리한 일정이었다고 생각하기 쉽습니다.

WBS	사업명						계획	
	프로젝트 기간		2022.04.18 ~ 2022.08.31					
	진척확인 기준일		2022.06.29					
	업무						계획	
	구분	단계	업무	2depth	3depth	4depth	시작일	완료일
1	프로젝트 관리						2022-05-26	2022-07-02
1.1		착수계획					2022-06-16	2022-06-25
1.1.1			계약				2022-06-16	2022-06-25
1.1.1			사업수행계획서 작성				2022-06-16	2022-06-25
1.1.1			진행일정 수립				2022-06-16	2022-06-25
1.2		주요보고					2022 06 16	2022 06 25
1.2.1			착수보고				2022-06-16	2022-06-25
1.2.1.1			중간보고				2022-05-30	2022-05-30
1.2.1.2			종료보고				2022-06-11	2022-06-11
1.2.1.3		감리					2022-06-18	2022-06-18
1.2.1.4			설계단계 감리				2022-07-02	2022-07-02
1.2.2			종료단계 감리				2022-05-26	2022-07-02

종료 감리가 7월 2일
상위의 전체 감리가 6월 18일 (X)

일정을 작성할 때는 반드시 상위 일정이 하위 일정을 포함하도록 작성해야 합니다. 담당자와 일정을 검토할 때 함께 진행해야 하는 것이 업무 배분입니다.

각 단위 업무를 누가 수행할지 확정하는 것입니다. 특히 개발 부분은 개발자들의 성향, 역량을 고려하여 배분하는 것이 좋습니다. 그래서 보통은 먼저 개발 리더와 함께 전체 일정을 조정하고 담당자를 배정합니다. 이러한 업무 배분 결과를 바로 담당자에게 전달하기보다는, 개발팀 전제 회의에서 WBS를 상세 리뷰하면서 각 담당자가 각자에게 배당된 업무와 범위를 이해할 수 있도록 해야 합니다. 그렇게 최종 의견을 검토한 후 확정합니다.

이 과정이 중요한 이유는, 일이 바빠지고 일정에 쫓기다 보면 누구라도 업무 배분에 불만을 가질 수 있는데, 위와 같이 개발자 본인을 포함한 전체가 검토하여 동의를 거치고 나면 적어도 개발자가 표면적으로 업무 배정에 불만을 가질 수 없기 때문입니다. 그럼에도 초반 검토 시에 단순해 보였던 기능이 진행할수록 어려워지거나, 개발자의 개인 일정이나 건강 상태 등 다양한 상황이 있으므로, PM은 개발 진척을 관리하면서 개발자의 상황에 따라 적절하게 업무를 조정해 줄 필요가 있습니다.

● 진척 관리

이렇게 WBS를 작성하고 나면 진척 상황을 업데이트하면서 전체 진행을 관리하면 됩니다. 사업 초기에 대략적으로 정리한 WBS를 1.0버전으로 관리하고, 상세하게 업데이트한 후 고객과 검토한 WBS는 2.0버전으로 관리하면 편리합니다.

WBS는 고객과 진척 계획에 대한 약속을 정리한 문서입니다. 특별한 사유 없이 임으로 변경해서는 안되며, 변경이 필요한 경우 반드시 고객에게 변경 사유를 설명하고 해당 내용을 검토하여 확인하는 절차를 가져야 합니다. 정말 부득이한 경우가 아니라면 반드시 PM이 직접 작성하고, 작성 시 독단이 아닌 참여자 전체의 검토와 동의 하에 진행할 것을 추천합니다.

3.10 IA 및 스토리보드 작성 방법

IA 및 스토리보드 작성은 요구 사항 분석 후 본격적인 설계를 하는 과정입니다. 이 작업은 기본적으로 기획자의 업무입니다. PM은 작업의 내용을 이해하고, 설계 과정에 필요한 의사 결정을 해 주어야 합니다. IA 및 스토리보드가 무엇이고, 어떻게 작성되며 이 과정에서 PM의 역할이 무엇인지 알아보겠습니다.

✦ IA란?

IA는 [Information Architecture]의 약어로, 한글로는 정보 구조도라고 하지만 현장에서는 대부분 IA로 사용합니다. IA를 용어 그대로 해석하자면 [Information = 정보를], [Architecture = 구조화한 도면]입니다. 여기서 정보는 무엇을 말하는 것일까요? 바로 이전 단계인 요구 사항 분석에서 파악한 고객의 요구 사항에 대한 분석 결과를 말합니다. 즉, 요구 사항을 분석한 결과를 구조화한 도면이라는 의미입니다.

요구 사항 분석을 하고 나면 만들어야 할 기능이 정리됩니다. 하지만 개별 기능의 정리만으로는 프로그램을 만들 수 없습니다. 정리된 기능을 유사한 종류별로 분류하고, 기능간의 상관 관계를 정리해야만 프로그램을 만들 수 있습니다. 예를 들어 쇼핑몰 시스템을 만든다고 가정해 봅시다. 고객사의 요구 사항이 회원 가입하는 기능, 회원 정보를 수정하는 기능, 회원 정보를 삭제하는 기능, 쇼핑 상품을 확인하는 기능, 쇼핑 상품을 장바구니에 담는 기능이라고 했을 때, [회원 가입], [회원 정보 수정], [회원 정보 삭제]를 하나의 [회원 관리]라는 상위 그룹으로 묶어서 메뉴의 구조를 만드는 것입니다. 또한, [쇼핑 상품 확인] 기능은 [회원 가입]이 없어도 가능한 기능이지만 [장바구니 담기] 기능은 [회원 가입]이 있어야 가능합니다. 이러한 관계를 정리한 것이 상관 관계 정리입니다. 상관 관계는 지금의 예시처럼 제약 조건이 될 수도 있고, 업무 프로세스가 될 수도 있습니다.

이처럼 동일한 기능을 분류해서 메뉴의 구조를 만들고, 각 메뉴나 화면 혹은 기능간의 연관 관계를 구조화한 문서를 IA라고 합니다.

모든 개발에는 IA가 작성되어야 합니다. 다만 개발의 종류에 따라 문서의 양식이 조금씩 다르고 부르는 이름도 차이가 있습니다. SI 및 솔루션 개발은 회사에 따라서 S/W 아키텍처 구조도, 시스템 구조도, 메뉴 구조도 등 다양한 이름을 씁니다. SI 및 솔루션 개발에서 IA는 다양한 설계 문서 중 하나로, 다른 설계 문서를 작성하며 함께 작업합니다. 웹에이전시 개발은 대부분의 경우 IA를 이용하며, 통상 IA라고 부릅니다. 단, 개발의 규모나 회사가 가지고 있는 IA의 양식에 따라 관리하는 내용이 다릅니다. 간단하게 메뉴 구조(사이트맵) 수준으로 IA를 관리하는 회사도 있고, 일정 관리까지 포함한 IA를 관리하는 회사도 있습니다. 웹에이전시 개발은 IA에 대부분의 구조적인 설계 정보를 두고 개발하는 경우가 많습니다.

1. 시스템 메뉴(기능) 구조 정보

구분	MENU ID	메뉴 경로					화면 ID	화면명
		Depth 1	sub main	Depth 2	Depth 3			
MAIN	MAIN	로그인					main_00_00000	로그인

2. 화면(기능) 상세 내용

상세내용				TYPE		
UI정책	기능	연계화면	개발이슈	TYPE 1	TYPE 2	TYPE 3
• 모든 화면 공통 사항 - 상하좌우 선택에 따라 하위메뉴 선택 항목 변동	- 매입/판매사원 공통 - 입력 : 아이디, 비밀번호, 인증코드 - 인증코드 SMS 수신		- 아이디/비밀번호/ 인증코드 전송을 위한 핸드폰 번호 POS 시스템 정보 연동 - SMS 수/발신	DEV	BOARD	WRITE

3. 개발 관리 사항

메뉴 관련 확인 사항			컨텐츠			
관리자 유무	DB 연동	신규	요청	수급	담당	내용
Y	Y	●	●		김길동	팀내 검토 후 정리 전달 하기로 함

4. 작업 일정 관리

작업현황											
기획			디자인			코딩			개발		
시작일	완료일	담당자	시작일	완료일	담당자	시작일	완료일	담당자	시작일	완료일	담당자

위의 그림은 IA 샘플로, IA에서 관리하는 항목을 확인할 수 있습니다. 보통은 엑셀 파일로 관리하며 위의 그림은 화면 크기상 설명하기 쉽도록 4개로 잘라 놓은 것이고, 실제로는 위의 모든 내용이 엑셀 한 줄로 구성됨을 참고 바랍니다.

첫 번째는 시스템 메뉴(기능) 구조 정보입니다. 요구 사항 분석을 통해 나온 기능을 Depth 1~3(대, 중, 소) 정도로 구분하고, 최종 화면을 정의합니다. 이 부분을 통해 시스템 메뉴의 구조를 파악할 수 있습니다.

두 번째는 화면(기능) 상세 내용입니다. 구조화된 각 메뉴의 최종 화면이 어떤 기능을 가지고 있는지, 화면을 설계할 때 어떠한 UI 정책을 적용했고 이 화면은 어떤 화면과 연관 관계가 있는지, 해당 화면이 어떤 타입의 화면인지를 정리합니다.

세 번째는 개발 관리 사항입니다. 해당 화면을 개발할 때 별도의 관리자 화면을 만들어야 하는지, 해당 화면이 단순히 정보를 보여 주는 것인지 아니면 DB와 연동해서 처리되는 화면인지, 화면의 구성 정보를 누구에게 어떤 식으로 받아야 하는지 등을 정리합니다.

네 번째는 작업 일정 관리입니다. 기획, 디자인, 코딩(퍼블리싱), 개발의 일정과 담당자, 실제 작업 결과를 관리합니다. WBS의 일정 관리와 유사합니다.

앞서 얘기했듯이 IA는 개발할 시스템의 성격이나 규모, 회사에 따라 다양하게 작성되며 위의 예는 IA 중 상당히 많은 관리 기능을 포함한 문서입니다. IA를 작성할 때 1번과 2번은 필수이며, 3번과 4번은 필요에 따라서 추가합니다. 규모가 작은 홈페이지라면 1번과 2번을 사이트맵 수준으로 간단하게 관리해도 되고, 규모가 큰 개발에서 PM이 WBS로 전체 진척 관리를 한다면 IA는 1번부터 3번까지 정리합니다. 기획자가 PM 업무를 병행하여 WBS를 작성하기가 어렵다면 1번부터 4번까지 모두 관리해서 IA를 설계 및 관리 용도로 쓸 수 있습니다. IT 현장에서 많이 사용하는 방식입니다.

● 시스템 메뉴(기능) 구조 정보

구분	MENU ID	메뉴 경로					화면 ID	화면명
		Depth 1	sub main	Depth 2	Depth 3			
MAIN	MAIN	로그인					main_00_00000	로그인

1. 고객 요구 사항 기반의 메뉴 구조 정리
 - 구분: 구축할 시스템의 큰 분류

2. 정리된 메뉴 구조를 통상 3Depth로 정리
 - Depth 1: 대메뉴, Depth 2: 중메뉴, Depth 3: 소메뉴

3. 해당 메뉴를 구성하는 화면을 리스트업
 - 화면명 및 화면 ID 채번
 - 화면 ID 채번은 다양한 방식이 있으나 일관성이 중요

시스템 메뉴(기능) 구조 정보는 세 가지 순서로 작업합니다.

첫 번째, IA에 메뉴 구조를 작성하기 전에 별도의 문서에 요구 사항을 분석하며 확인된 기능(화면)을 리스트업하고 유사한 기능을 분류한 후, 상위 분류부터 하위 분류까지 순차적으로 정리합니다.

두 번째, IA에 정리된 메뉴 구조를 Depth 1(대메뉴)부터 Depth 3(소메뉴)까지 순차적으로 업데이트합니다. 메뉴 구조는 3Depth까지 정리하는 것이 일반적입니다.

세 번째, 메뉴 구조의 끝에 실제 만들어질 화면명을 작성합니다. 이때 실제 사용할 화면명을 정하고 화면에 대한 간단한 설명을 추가합니다. 그리고 화면 ID를 채번해서 업데이트합니다. 이 화면 ID는 향후 스토리보드에 사용되며, 화면을 관리할 때도 사용됩니다. ID는 각 회사의 관리 방식에 따라서 채번하는데, 중요한 것은 각 ID에 일관성이 있어야 한다는 것입니다. 예를 들면 [시스템구분_메뉴ID_일련번호] 등처럼 관리할 수 있습니다.

● 화면(기능) 상세 내용

상세내용				TYPE		
UI정책	기능	연계화면	개발이슈	TYPE 1	TYPE 2	TYPE 3
· 모든 화면 공통 사항 · 상위메뉴 선택에 따라 하 위메뉴 선택 항목 연동	· 매입/판매사원 공통 · 입력 : 아이디, 비밀번호, 인증코드 · 인증코드 SMS 수신		· 아이디/비밀번호/ 인증코드 전송을 위한 핸드 폰 번호 POS 시스템 정보 연동 · SMS 수/발신	DEV	BOARD	WRITE

1. 상세 기능을 입력하기 전에 적용될 UI 정책 정리

2. 화면 개발과 관련된 기능 사항 설명
  – 기능, 연계 화면, 개발 이슈 등

3. 화면의 TYPE 정보 기재 (회사나 상황마다 다름)
  – TYPE 1: 개발 구분, TYPE 2: 종류 구분, TYPE 3: 기능 구분

화면(기능) 상세 내용은 작업자가 사업의 성격에 맞게 항목을 구성하면 됩니다. 저는 아래처럼 일반적인 기준의 항목으로 구성합니다.

첫 번째, UI 정책입니다. 화면을 만들 때 기획하는 화면마다 다양한 UI 정책이 있는데 이 내용을 정리합니다. 여기에 자신만의 UI/UX 분류를 정의해서 관리할 수도 있고, 편의성 중심 UI, 효율성 중심 UI, 심미적 UI 등과 같은 내용을 정리해도 됩니다.

두 번째, 화면 기능 개발과 관련된 정보입니다. 이 화면이 세부적으로 어떤 기능을 가지고 있고 이때 전달되는 정보가 무엇인지 등을 정리합니다. 해당 화면의 기능을 처리한 후 관련된 연계 화면이나 화면을 개발할 때 주의해야 할 사항을 정리할 수도 있습니다.

세 번째, 화면의 타입 정보입니다. 해당 화면이 어떠한 타입의 화면인지를 정리합니다. 아래는 일반적으로 사용하는 타입의 구분입니다.

  – TYPE 1: 개발 구분(DEV–기능 개발, HTML–단순한 콘텐츠 화면 등)
  – TYPE 2: 종류 구분(BOARD, TAP, VIEW, POP UP, LINK 등)
  – TYPE 3: 기능 구분(LIST–목록, VIEW–상세조회, WRITE–입력, MODIFY–수
    정 등)

● 개발 관리 사항

메뉴 관련 확인 사항			컨텐츠			
관리자 유무	DB 연동	신규	요청	수급	담당	내용
Y	Y	●	●		김길동	팀내 검토 후 정리 전달 하기로 함

1. 메뉴 개발 관련 사항
    – 관리자 유무, DB 연동, 신규 여부 등

2. 콘텐츠 수급 관련 정보
    – 해당 화면 개발을 위해 분석 설계 외에 받아야 할 정보 수급 관리
    – 안내 정보, 정책 정보, 공지 정보 등

개발 관리 사항은 화면을 만들 때 알아야 할 관리 정보를 정리합니다.

첫 번째, 메뉴 개발 관련 사항입니다. 해당 화면을 관리하기 위한 관리자 화면이 필요한지, DB 화면 개발에 DB 연계 처리가 필요한지, 기존 화면을 참조할 수 있는지 아니면 신규 화면인지 등의 정보를 관리하는데, 이는 개발하는 시스템의 성격에 따라서 조정합니다.

두 번째, 콘텐츠 수급 정보입니다. B2C 웹사이트에는 서비스 사용자에게 공지하는 이용 약관, 개인정보 취급 방법, 다양한 서비스 소개 화면 등이 있습니다. 이 경우, 해당 화면에 들어갈 정보는 개발을 수행하는 회사가 임의로 작성하는 것이 아니라 고객에게 받아야 합니다. 이 항목에는 누구에게 어떤 식으로 해당 콘텐츠 정보를 받을지 작성합니다. 참고로 고객이 이러한 콘텐츠 정보를 모르는 경우도 생각보다 많습니다. 그럴 경우 수행사가 리딩을 해야 하는데, 보통 기획자가 많은 커뮤니티 등에서 이러한 정보를 서로 공유하는 경우가 많으니 참고 바랍니다.

● 작업 일정 관리

작업현황											
기획			디자인			코딩			개발		
시작일	완료일	담당자	시작일	완료일	담당자	시작일	완료일	담당자	시작일	완료일	담당자

1. 해당 화면(기능)에 대한 작업 단계별 일정 관리
  - 소규모 프로젝트에서는 WBS를 대체하기도 함

2. 단계는 통상 기획, 디자인, 퍼블리싱, 개발로 구분

작업 일정 관리는 말 그대로 누가 이 일을 언제 할 것인지, 실제 일정에 따라 완료가 되었는지 표시합니다. 규모가 크고 PM이 WBS를 통해서 일정 관리를 하는 경우, 이 부분은 생략하기도 합니다. WBS가 화면 단위의 일정까지 관리하지 않을 경우, 기획자나 개발 PL이 IA에서 상세 관리를 하며 업무를 진행하기도 합니다. 규모가 작은 개발은 고객과의 협의를 통해 WBS 대신 IA를 이용해 일정 관리를 하기도 합니다.

관리는 개발 프로세스와 동일하게 기획, 디자인, 퍼블리싱(코딩), 개발 정도로 나뉘며 관리자에 따라 개발 부분은 프론트엔드, 백엔드로 나누기도 합니다. 관리자의 업무 스타일에 따라 적절히 조정합니다.

이 과정에서 기본적인 설계는 기획자가 하고, PM은 기획자가 설계한 화면과 기능에 이상이 없는지 검토하며 개발의 관점에서 해당 구조가 문제가 되지 않는지 검증해야 합니다. 기획자가 IA 구조를 설계할 여건이 안될 경우 PM이 개발 리더와 함께 작성하는 경우도 많습니다.

스토리보드는 시스템 기능의 구조 설계가 완료된 이후, 구조도에 있는 각 화면을 상세하게 설계한 문서입니다. SB(Storyboard의 약어), 화면설계서, 사용자 인터페이스 설계서, UI 설계서 등 다양한 이름으로 불리기도 합니다. 스토리보드는 기획자가 작성하고 PM은 기획자가 화면을 설계할 때 궁금한 사항을 해결해 주거나 의사 결정이 필요한 부분을 검토하고 확정하는 역할을 합니다. 이 작업도 상황에 따라서 기획자를 두지 않고 각 파트의 개발 리더가 설계하는 경우도 있습니다.

● 메뉴 구조(사이트맵)

스토리보드를 작성할 때는 문서의 가장 처음에 앞으로 설계할 시스템의 메뉴 구조를 정리합니다. 이 스토리보드를 본 개발자나 관계자가 실제 만들 시스템이 어떤 모양을 갖출지 확인할 수 있게 하는 것입니다. 이 부분은 IA를 기준으로 기획자가 위의 그림과 같이 이해하기 쉽게 사이트맵 형태로 작성합니다. 참고로 사이트맵은 웹사이트의 메뉴를 쉽게 찾아갈 수 있도록 지도처럼 만들어 둔 것을 말하며, 대부분의 웹사이트에 사이트맵 혹은 서비스 전체보기와 같은 이름으로 만들어져 있습니다. 전체 메뉴를 한눈에 보고 해당 메뉴를 클릭하면 화면으로 이동하는 기능까지 제공하는 것이 일반적입니다.

● 화면 설계 정의

그 다음은 앞으로 상세 화면을 어떠한 기준으로 만들지에 대한 설계 정의 혹은 가이드 정보를 정리합니다. '앞으로 목록을 설계할 때는 어떻게 하고, 팝업은 어떠한 종류가 있고 이런 용도일 경우 이런 팝업을 쓰며, 버튼은 이런 종류가 있고, 화면의 배치는 이러한 기준으로 하겠다'와 같은 내용을 정리합니다.

이후 만들어질 상세 화면은 이 설계 정의에 나온 기준대로 일관성 있게 설계합니다. 이것을 본 개발자나 관계자는 수정해야 할 요소를 확인하고 이에 따라 작업하거나, 변경 요청을 합니다.

● 화면 설계

앞서 작성한 화면 설계 정의를 기준으로 상세 화면을 설계합니다. 이때 기획자가 만드는 화면 설계 정보는 이후 디자인, 퍼블리싱, 개발에서 모두 중요하게 사용됩니다. 화면 설계서는 세 가지 내용으로 구성됩니다.

첫 번째는 화면 정보입니다. IA 파일에 작성된 화면 정보(화면ID, 화면명, 메뉴 정보)를 이곳에 작성하여, 이 화면이 IA 기준 어떤 화면에 대한 설계인지 구분합니다.

두 번째는 실제 화면에 대한 설계입니다. 고객의 요구 사항을 반영하여 실제 만들어질 프로그램 모양으로 설계(그림을 그리는)를 합니다. 이때 화면을 선(와이어)으로 모양(프레임)을 만든다고 해서 이렇게 설계된 그림을 와이어프레임이라고 합니다.

세 번째는 화면 기능 명세입니다. 와이어프레임으로 그린 화면에 처리할 업무 내용과 버튼, 입력 창 등의 기능 요소를 번호로 표시하고, 각각의 요소가 처리하는 기능을 상세하게 설명합니다.

디자인 및 퍼블리싱 작업 관리

요구 사항 분석 및 설계가 끝나면 디자인과 퍼블리싱 작업이 진행됩니다. 이 단계에서 PM은 작업에 번복이 없고 빠르게 진행되도록 의사 결정을 하고 일정을 조정해야 합니다. 디자인 및 퍼블리싱 단계에 진행되는 업무와 이 과정에서 PM의 업무를 확인해 보도록 하겠습니다.

✦ 디자인 작업이란?

디자인 작업은 기획/설계 단계에서 나온 스토리보드를 기준으로 실제 사용자가 사용할 시스템 화면을 그리는 것을 말합니다. 디자인 작업 단계에서는 4개의 업무 과정을 거친다고 앞서 설명하였습니다. 아래에 업무 과정을 간단히 확인하고 각 단계별로 진행되는 업무와 효과적으로 일하는 방법을 설명하겠습니다.

- 디자인 콘셉트 확인: 고객이 원하는 디자인 콘셉트 확인 후 디자이너에게 전달
- 디자인 시안 작업: 콘셉트를 기준으로 2~3개의 샘플 디자인 제작
- 시안 확정 및 디벨롭: 고객이 시안 중 하나를 선택하면, 선택된 시안을 보완
- 전체 화면 디자인 작업: 확정 및 보완이 완료된 시안으로 전체 화면을 디자인

디자인 콘셉트 확인은 앞으로 만들 시스템이 어떤 콘셉트, 어떤 방향으로 디자인되기를 원하는지 고객에게 확인하는 과정입니다. PM은 이 과정에서 고객에게 "어떤 콘셉트로 디자인을 하면 좋을까요?"라고 물어봅니다. 이 방법이 틀린 방법은 아니지만 효과적인 방법도 아닙니다. 디자인에 대한 전문성이 없는 고객이 이와 같은 질문을 받으면 대부분 "회사 CI를 고려해 주세요.", "서비스가 돋보이게 해 주세요.", "세련되면 좋겠어요." 등과 같이 작업할 디자이너 입장에서 모호하게 들리는 정보를 줍니다. 이럴 때, 아래와 같이 고객의 상황을 고려한 질의를 하면 훨씬 더 좋은 정보를 얻을 수 있습니다.

고객에게 콘셉트를 묻기 전에 PM은 디자이너나 사업 지원 담당자를 통해서 해당 고객사의 경쟁사 혹은 유사한 업종의 레퍼런스를 수집하고, 간단하게 분석해서 고객에게 전달합니다. "현재 경쟁 혹은 유사한 서비스를 하는 곳에서는 이런 디자인을 사용하고 있습니다. 이 디자인의 장점과 단점은 이렇습니다. 이것을 기준으로 생각하는 디자인 콘셉트를 알려 주세요."라고 물으면, 고객은 "어떤 사이트가 전반적으로 좋은데, 우리는 차별화를 둬야 하니까 그 사이트의 이런 부분은 유지하되 이런 부분은 바뀌면 좋겠네요."와 같이 상당히 구체적인 의견을 낼 수 있습니다.

그다음으로 최신 디자인 트렌드를 정리합니다. 레퍼런스만 참고할 경우, 디자이너의 전문성이 떨어져 보일 수 있습니다. 디자이너가 최근 트렌드를 설명하면 고객은 "우리는 효율성을 중시하니까 효율성을 위한 트렌드 A 방식을 적용하면 좋겠네요."라는 구체적인 의견을 낼 수 있습니다.

위의 방법은 사전 조사 및 준비에 다소 손이 가지만, 고객으로부터 제일 중요한 두 가지인 '사이트의 전반적인 구조(레퍼런스 사이트)' 및 '디자인 스타일(트렌드)'을 구체적으로 얻을 수 있으며, 이런 구체적인 정보는 디자이너가 시안 작업을 하는 데 상당히 효과적이고 결과적으로 고객의 만족도를 높일 수 있습니다.

✦ 디자인 시안 작성

디자인 시안 작성은 고객에게 받은 콘셉트를 기반으로 전체 작업을 진행하기 전에 샘플을 만들어 고객에게 사전 확인을 받는 작업입니다. 이 과정에서는 두 가지를 고려하면 됩니다.

첫 번째, 디자인 시안은 세 가지를 준비입니다. 시안은 샘플이라는 의미와 함께 선택의 의미가 있습니다. 두 개의 시안 중 하나를 선택하라고 하면 선택의 폭이 좁게 느껴질 수 있고, 애매하다고 생각될 경우 다시 준비해 달라는 요청이 올 가능성이 있습니다. 하지만 세 개를 준비하면 충분한 선택이라는 생각이 듭니다. 웬만한 상황에서는 셋 중 하나를 선택하고, 혹시나 셋 다 완벽하게 마음에 들지 않더라도 그중 하나를 선택한 후 보완하는 방향으로 갈 때가 많습니다. 이 부분은 원칙이나 원리보다는 제가 오랜 기간 PM을 하면서 직접 경험한 것 그리고 고객에게 실제 의견을 물어보고 확인한 정보라는 점은 참고 바랍니다.

두 번째, 시안은 5개 정도의 대표 화면으로 만듭니다. 시스템을 화면의 성격으로 구분하자면 5개로 구분이 됩니다.

- 로그인 화면: 고객이 가장 처음으로 접하는 화면
- 메인 화면: 로그인 후 처음 접하고 가장 많이 보는 화면으로, 중복이 없는 유일한 화면
- 리스트 화면: 검색 조건과 목록이 들어가는 화면
- 상세 화면: 목록에서 선택해서 상세 정보를 보거나, 등록하거나, 수정하는 화면
- 기타 대표 화면: 설계 중 고객이 특별히 중요하게 생각하는 화면 (ex. 주요 통계 화면 등)

위의 두 가지를 고려하여 디자이너에게 작업 요청을 하되, 프로젝트의 규모나 상황에 맞춰 조정하여 진행합니다.

이 스토리보드 화면을
콘셉트에 맞춰 작업해 보자

디자이너

디자인 시안 A

디자인 시안 B

디자인 시안 작업이 완료되면 디자이너는 기획자 및 PM에게 작업 결과를 전달합니다. 이때 PM은 두 가지를 진행해야 합니다.

먼저 디자인 시안을 검토합니다. PM도 디자인 전문가가 아닌 경우가 대다수이기 때문에 자신의 의견을 지나치게 강조하는 것은 바람직하지 않습니다. 하지만 디자인의 수준이 아닌 품질은 꼭 확인해야 합니다. 가끔 일정에 쫓기거나 다른 문제로 디자인 품질이 너무 낮은 경우에는 고객에게 보여 주기 전에 PM이 한 번 더 확인해야 합니다. 물론 지나친 간섭과 품질 확인을 명확히 구분하는 것은 어렵습니다. 하지만 전체적인 스타일이 아닌 버튼, 입력 창, 표 등이 너무 무성의하게 디자인된 경우가 종종 있으므로, PM이 기획자와 함께 검토하여 보완을 요청한 후 고객에게 보여 주는 것이 좋습니다. 이러한 지적 사항이 PM이 아닌 고객으로부터 나오면 이후 전체 디자인 일정에 지장을 줄 수 있습니다.

디자인 시안은 이미지와 더불어 소개 자료로도 준비합니다. 실력이 있거나 경험이 많은 디자이너는 소개 자료를 알아서 준비하기도 하지만, 경험이 적은 디자이너는 그렇지 않은 경우가 많습니다. 디자인 시안을 선택하는 고객 입장에서 시안의 이미지만 보고 선택하는 것이 어려울 수 있습니다. 그리고 프로젝트에 따라 업무를 담당하는 고객사 TFT 멤버가 시안을 확정하는 것이 아니라, 그

위의 관리자가 선택하기도 합니다. 이때 별도의 소개 자료 없이 시안만 보여 주면 담당자와 관리자 모두 선택에 어려움을 겪고, 선택을 하지 못한 채 일정이 미뤄지거나 선택 후 번복하는 경우가 생깁니다. 이러한 상황을 대비해서 디자이너가 시안을 만들 때 어떠한 콘셉트의 디자인 시안인지, 유사한 레퍼런스 사이트에는 어떠한 것들이 있는지, 어떤 최신 트렌드를 반영한 것인지 설명하는 자료가 있다면 담당자 및 관리자도 의사 결정을 보다 수월하게 할 수 있습니다.

디자인 작업은 반드시 해야 할 일과 하면 좋은 일로 나눕니다. 반드시 해야 할 일을 아무리 잘해도 충분한 설명이 없거나 의사 결정을 위한 지원이 잘 안되면 결과가 안 좋은 경우가 많습니다. 디자인 전문가가 아닌 고객이 잘 이해하고 선택할 수 있도록 준비를 하면, 들어간 노력보다 훨씬 더 좋은 결과를 얻을 수 있습니다.

✦ 디자인 확정 및 디벨롭

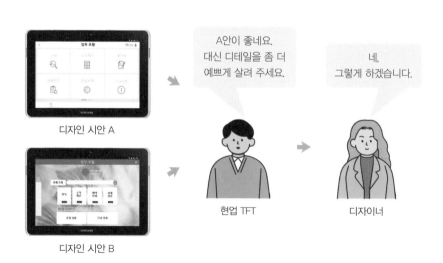

디자인 시안 A

디자인 시안 B

A안이 좋네요.
대신 디테일을 좀 더
예쁘게 살려 주세요.

네,
그렇게 하겠습니다.

현업 TFT

디자이너

디자인 시안과 소개 자료가 작성되면 고객에게 이를 소개합니다. 이때 PM이 소개하는 것보다는 디자인 리더가 설명하는 것이 훨씬 신뢰가 가고 설득력이 있습니다. 이 과정을 통해서 고객은 최종 시안을 확정하고 보완 요청을 합니다. 이 과정에서 주의해야 할 것이 두 가지가 있습니다.

첫 번째는 시안 확정에 대한 일정 관리입니다. 프로젝트 일정을 잡을 때, 디자인 시안 작업과 디자인 작업은 실제로 업무를 하는 기간이라 충분히 일정을 잡지만, 시안 확정은 일정을 길게 잡을 수가 없습니다. 일정이 길어진다고 해서 더 좋은 선택이 나오는 것도 아니며, 전체 일정을 지연하는 요소가 될 뿐입니다. PM은 디자인 콘셉트 확인 단계부터 고객에게 주간 보고 등에서 빠른 일정으로 시안이 확정되어야 할 것을 요청하고 기록에 남겨야 합니다. 최악의 경우에는 시안 확정 과정에 2~3주의 시간이 걸리기도 하며, 이는 향후 중요하게 진행될 개발 일정 지연의 큰 사유가 됩니다. 디자인이 확정되지 않으면 개발할 수 없는 분야가 있기 때문입니다.

두 번째는 시안이 확정되는 전체 과정을 메일로 남기는 것입니다. 시안을 확정한 의사 결정자보다 직급이 높은 임원이 개발 완료 후에 시스템을 보면서 디자인을 지적하는 난감한 상황이 생기기도 합니다. 최악의 경우, 디자인을 바꿔야 할 수도 있습니다. 이때 PM이 사전에 디자인 의사 결정에 대한 명확한 기록을 남기면 고객이 무리한 요청을 쉽게 하지 못하며, 요청을 받더라도 대응을 할 수 있습니다. 생각보다 이런 일들이 현장에서 많이 발생하므로 주의하도록 합니다.

✦ 전체 화면 디자인 작업

디자인 시안이 확정되면 전체 화면에 대한 본격적인 디자인 작업이 진행됩니다. 이때 메인 디자이너가 디자인 가이드라는 표준을 만들고, 해당 표준을 기준으로 1~2명의 보조 디자이너가 함께 전체 화면의 디자인 작업을 진행합니다.

이때 PM은 디자인 관리가 아니라, 전체 디자인 작업의 우선 순위를 고려해서 일정을 관리해야 합니다. 예를 들어 개발 중 회원 관리 기능이 퍼블리싱보다 먼저 개발되어야 한다면, 회원 관리 기능부터 디자인을 하도록 일정을 잡는 것입니다.

웹 개발은 디자인 이후 퍼블리싱 작업을 해야 하기 때문에, 디자인 작업 후 퍼블리싱을 거쳐서 개발자에게 전달되는 과정이 순차적으로 막힘 없이 관리되도록 하는 것이 중요합니다.

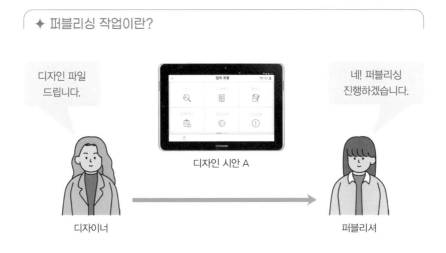

✦ 퍼블리싱 작업이란?

디자인 파일 드립니다.

디자인 시안 A

네! 퍼블리싱 진행하겠습니다.

디자이너　　　　　　　퍼블리셔

퍼블리싱은 웹 개발 시 진행하는 작업입니다. 디자이너가 전체를 하나의 이미지 파일로 만들어 주면, 퍼블리셔는 이것을 개발자가 개발할 수 있도록 HTML 파일로 만들어 줍니다. 이 과정에서 공통의 디자인 스타일을 CSS 파일에 정의하고, 이를 자르고 배치해서 실제 화면을 만듭니다.

퍼블리싱 작업 관리의 핵심은 디자이너가 작업한 결과물을 계획된 순서에 따라 퍼블리셔에게 최대한 빨리 전달하고 퍼블리셔는 전달받은 파일을 계획대로 작업해서 개발자에게 결과물을 전달하는 것입니다. 이때 퍼블리싱 작업을 위해서 PM이 사전에 확인하고 확정해야 하는 것들이 있습니다.

첫 번째는 적용할 브라우저의 종류 및 해상도 정보 확인입니다. 인터넷 브라우저는 다양합니다. 각 브라우저는 인터넷을 할 수 있는 표준을 지키지만, 브라우저별로 특성을 가지고 있습니다. 같은 퍼블리싱을 했을 때 화면이 잘 보이고 기능이 잘 동작하는 브라우저가 있는 반면, 그렇지 않은 브라우저도 있습니다. 이는 개발도 마찬가지인데, PM은 고객과 사전 협의를 통해서 사용자가 이용할 브라우저 중에서 적정한 기준선을 확정하고 퍼블리셔에게 전달해야 합니다. 이때 너무 많은 브라우저를 선정할 경우 작업 일정이 길어지고, 너무 적은 브라우저를 선정할 경우 고객이 불편할 수 있으니 적절한 기준을 정하는 것이 중요합니다.

두 번째는 작업 방식의 확정입니다. PC 전용 웹 화면만 만들 것인지, 모바일 전용 웹 화면만 만들 것인지, PC와 모바일 모두 만들어야 하는지, 하나의 개발로 PC와 모바일 모두 지원되는 반응형을 만들어야 하는지 정해야 합니다.

세 번째는 개발자와 협업할 수 있는 방식 및 환경 가이드입니다. 퍼블리싱을 하는 범위, 방식, 형상 관리 등을 정리해야 하며, 퍼블리싱 담당자와 개발 리더가 회의를 통해서 상세한 결정을 하도록 PM이 가이드를 하는 것이 좋습니다.

참고로 이런 사항들은 PM이 임의로 결정하지 않습니다. 반드시 고객과 협의하여 확정한 후, 그 결과를 메일로 남겨야 합니다. 그 후에는 퍼블리싱의 작업 결과물을 바로 개발에서 사용할 수 있도록 관리합니다.

3.12 개발 관리

완료된 설계 자료와 디자인, 퍼블리싱 결과물이 개발자에게 전달되면 본격적인 개발이 진행됩니다. 개발 단계에서 PM은 사전에 개발을 위한 환경을 준비하고 개발 진행 중 문제가 되는 요소를 해결해야 합니다. 개발 단계에서 사전 준비해야 할 일과 이와 관련된 기초 지식 그리고 개발 작업 관리의 핵심 요소를 알아보도록 하겠습니다.

✦ 주요 개발 관리

개발 관리를 위해서는 네트워크 환경 협의, H/W 구성 협의, 개발 작업 관리로 작업을 구분합니다.

네트워크 환경 협의는 구축할 시스템의 네트워크 환경을 협의하는 것입니다. 이때 단순하게 네트워크를 구성하는 것이 아니라, 구축할 서비스의 성격, 예상 이용자, 개발 시스템의 종류(웹, 앱 등)를 고려하여 환경 구성 협의를 해야 합니다.

H/W 구성 협의에서는 두 가지를 고려해야 합니다. 하나는 구축할 서비스에 따른 최소 운영 환경입니다. 앱으로만 서비스를 할 때와 앱과 웹 모두 서비스를 할 때, 혹은 제2 또는 제3의 솔루션 이용 여부 등 서비스의 구성에 따라서 H/W의 구성이 달라집니다. 따라서 구축하려는 시스템이 정상 작동하는 최소한의 구성을 고려해야 합니다. 다른 하나는 성능입니다. 앞에서 H/W의 최소한의 구성을 정리했으면, 이번에는 어느 수준까지 성능을 내도록 할 것인지를 고려해야 합니다. H/W가 고성능이고 장비의 수가 늘어날수록 성능은 좋아집니다. 하지만, 이에 따른 구입 및 유지 비용이 커집니다. 이러한 요소를 고려하여 최적의

구성을 고객과 협의해야 합니다.

개발 단계에 들어가면 PM이 직접적으로 해야 할 일은 없습니다. 아주 특이한 경우 PM이 개발을 함께 진행하는 경우도 있긴 하지만, 이 경우를 제외하면 직접적인 코딩 관리나 간섭은 하지 않습니다. 대신 개발자가 같은 일을 두 번 하지 않도록 의사 결정을 관리하고, 개발 진행 중 특정 이슈로 개발이 멈추거나 지연되지 않고 순차적으로 진행되도록 해야 합니다.

● 네트워크 구성 협의

네트워크 협의는 결국 '누가 어디까지 접근하게 허락할 것인가?'를 결정하는 것입니다. 네트워크 구성을 할 때는 세 단계의 작업 순서로 진행합니다.

첫 번째, 앞으로 개발할 시스템이 어떠한 서비스를 할 것이고, 그 서비스의 대상이 누구이며, 어떠한 채널(앱, 웹 등)을 통해 서비스를 이용할지를 결정해야 합니다.

두 번째, 정의된 서비스의 대상이 앞으로 구축할 시스템에 접속해서 서비스를 받을 수 있도록 네트워크를 검토해야 합니다. 이때 주의해서 확인해야 할 것은 고객사의 네트워크 보안 정책입니다. 일반적으로 시스템을 구축하고자 하는 사람과 보안을 관리하는 사람은 다릅니다. 서비스를 구축하는 입장에서는 외부의 이용자가 서비스에 접근하도록 해야 하는데, 보안 관리자 입장에서는 회사의 보안 규칙대로라면 그런 서비스를 제공하지 못하거나 사전 결재를 통해서만 진행해야 하는 경우가 있습니다. 우리가 아무리 시스템을 잘 만들더라도 보안 정책에 위배되어 서비스를 제공할 수 없다면 큰일입니다. 따라서 PM은 항상 서비스 모델 정의 후 고객사의 네트워크 담당자와 함께 문제가 없는지 사전 점검하고, 이때 나온 구성의 변경, 허가 절차, 서비스 모델의 조정 등을 파악해야 합니다.

세 번째, 보안을 통과한 네트워크 구성으로 진행 시 서비스에 문제가 없을지 추가 검토합니다. 이는 PM의 역량이 충분하다면 직접 검토하고, 아니라면 네트워크를 잘 아는 PL과 최종 검토를 합니다. 일반 웹서비스 외에 다른 회사나 기관과 연계된 서비스가 있거나, SMS 발송 및 특정 솔루션의 도입이 있다면, 하나하나 자세히 점검해서 문제가 없도록 해야 합니다.

네트워크 구성과 H/W 시스템 구성은 동시에 진행하는 경우가 많습니다. 하지만 그중 네트워크 구성을 별도로 먼저 설명하는 것은 H/W는 도입되는 시스템에 따라 내부 서비스를 적절히 조정할 수 있지만, 네트워크는 고객사 보안 담당의 엄격한 기준과 관련이 있어서, 문제를 늦게 발견하면 수행사에서 손을 쓸 수 없는 상황이 발생할 수 있기 때문입니다.

PM은 이러한 협의 과정에 의견을 조율하거나 의사 결정을 합니다. 이때 PM이 네트워크에 대한 지식이 부족하면 일이 어려워지므로, 기본적인 네트워크 구성도를 보는 법을 설명하겠습니다. 기초가 없는 분들도 이 부분을 쉽게 이해할 수 있도록, 조선시대 성의 구조에 비유해 보겠습니다.

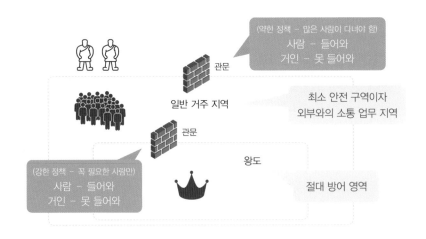

조선시대에 왕과 백성들이 살고 있었습니다. 너무 평화롭고 행복했습니다. 그런데 어느 날, 외부의 적이 쳐들어오기 시작합니다. 안전했던 왕과 백성들은 위협을 느껴, 자신들을 보호하기 위해서 높은 성벽을 세우기 시작합니다. 그렇게 성벽을 세우고 나니, 이번엔 다른 문제가 생겼습니다. 적이 못 들어오는 동시에 사람들도 밖에 나갈 수가 없는 것입니다. 소중한 많은 자원이 있는 성벽 밖으로 나가지 못한다는 것은 큰 문제가 됩니다. 그래서 성벽 중 특정 위치에 문을 만듭니다. 이를 관문이라고 부릅니다. 그리고 이 관문에 지킴이를 두고, 적군은 들어오지 못하게 하고 우리 편은 출입할 수 있게 합니다.

그런데 적이 점점 강해져서 성벽 하나만으로는 불안해 보입니다. 그래서 가장 중요한 왕을 보호하기 위해 내부에 성벽을 하나 더 설치합니다. 그리고 내부 성벽에도 관문을 두는데, 이 관문은 밖에 있는 관문보다 더 철저하게 관리합니다. 오직 왕의 측근만 들어올 수 있습니다.

이렇게 밖에 있는 성벽 안쪽을 최소한 안전이 보장되며 외부와 소통하면서 업무를 볼 수 있는 지역으로 만들고 이를 일반인 거주 지역이라고 부르고, 왕이 사는 가장 안쪽 지역은 절대 방어 영역으로 만들고 이를 왕도라고 부릅니다.

그럼 이제 조선 시대 성과 동일한 구조를 가진 네트워크 구조를 확인해 보겠습니다.

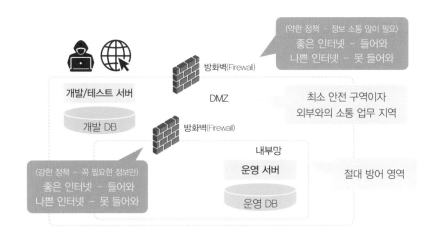

최초에 운영 서버와 개발/테스트 서버를 만들고 자유롭게 인터넷으로 소통하면서 서비스를 제공했습니다. 그런데 어느 날, 해킹과 같은 나쁜 짓을 하는 적이 나타납니다. 그래서 이러한 나쁜 것들로부터 우리 서버를 보호하기 위해서 장벽과 함께 문을 만듭니다. 이 문은 나쁜 인터넷은 들어오지 못하게 하고, 좋은 인터넷만 들어오게 합니다. 이것을 한글로는 방화벽, 영어로는 Firewall이라고 합니다.

그런데 나쁜 적이 점점 강해지면서, 운영 서버는 더 불안해집니다. 운영 서버는 사용자의 개인정보와 같이 중요한 정보를 보관하고 있기 때문에, 적에게 노출되면 큰일이 생깁니다. 그래서 방화벽 내부에 방화벽을 하나 더 설치합니다. 그리고 이 내부에 있는 방화벽은 외부인은 절대 들어오지 못하게 하고, 외부 방화벽 안쪽에 있는 믿을 만한 서버만 들어오게 합니다.

외부 방화벽 안쪽은 최소한의 안전이 보장되며 외부와 소통이 되는 업무를 하는 구역으로, 이를 DMZ라고 부릅니다. 그리고 이중으로 된 방화벽 안쪽은 절대적인 방어가 가능한 지역으로 만들고 내부망이라고 부릅니다.

설명한 바와 같이 조선시대 성의 구조와 완전히 똑같지 않나요? [관문 = 방화벽], [일반 거주 지역 = DMZ], [왕도 = 내부망]으로 이해하면, 그 목적과 구조를 정확히 이해할 수 있습니다. 대부분의 네트워크 구성도는 이와 같은 구조를 크게 벗어나지 않습니다.

네트워크 구성 협의를 할 때는 이러한 구조를 바탕으로, 해당 시스템을 사용할 사용자가 누구인지, 그 사용자의 위치가 어디인지 파악하는 것이 중요합니다. 그리고 사용자가 서버에 접근 가능한지 확인하는 절차를 가지고, 절차에 문제가 있는지 검토해야 합니다.

예를 들면 위의 그림의 우측 상단처럼 사용자가 외부망에 있고 운영 서버가 내부망에 있는 경우, 내부망을 보호하는 방화벽과 DMZ를 보호하는 방화벽의 오픈을 요청하여 외부망에 있는 어떤 사용자든 서비스에 접근할 수 있게 해야 합니다. 그런데 보안상 운영 서버를 철저하게 보호해야 해서 모든 사람에게 접근 권한을 줄 수 없는 경우, DMZ 구간에 웹 서버를 추가로 구성해서 내부망을 보호하는 방화벽은 웹 서버에게만 소통을 허락하고, 외부 방화벽은 웹 서버에만 모든 외부 사용자가 접근할 수 있도록 권한을 부여하는 방식으로 협의를 진행합니다.

● H/W 구성 협의

네트워크 구성 검토가 완료되면, H/W 구성 협의를 진행합니다. 앞서 구축할 서비스에 따라 최소한의 시스템 구성을 정리한 이후, 성능을 고려하여 H/W를 어디까지 도입할지 결정해야 한다고 했습니다. 이때 성능을 고려한 H/W 도입은 다중화 작업을 말합니다. 하나의 서버만으로는 성능에 한계가 있다면, 이것을 여러 개의 서버로 분담해서 성능을 향상시키는 것입니다. 이러한 검토 협의를 위해서, 기본이 되는 H/W의 종류와 다중화에 대해서 설명하겠습니다.

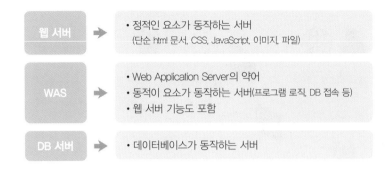

서버는 기능적으로 다양하게 구성할 수 있지만, 일반적인 웹 및 앱 기반 프로젝트에서는 세 가지로 구분됩니다.

첫 번째는 정적인 요소가 동작하는 웹 서버입니다. 화면을 구성하는 단순 HTML이나 화면의 스타일, 이미지 파일 등 변화가 없이 정적으로 화면에 보이는 것들이 동작합니다. 여러분이 자주 듣는 아파치 서버가 웹 서버의 한 종류입니다. 이러한 웹 서버에서는 복잡한 비즈니스 로직으로 운영되는 서비스는 동작이 불가능하고, 한 번 그려진 내용이 변경 없이 보이는 단순한 소개용 홈페이지 정도는 동작 가능합니다.

두 번째는 WAS(Web Application Server)입니다. 계속해서 변하는 프로그램 로직과 데이터베이스에 접속해서 작업을 하는 등 동적인 요소가 동작하는 서버입니다. 톰캣 서버가 WAS의 한 종류입니다. WAS는 웹 서버의 역할과 함께 동적인 기능도 포함하기 때문에, 실제 다양한 웹 시스템이 구동될 수 있습니다.

세 번째, DB 서버는 데이터베이스가 동작하는 서버입니다.

여기서 'WAS가 웹 서버의 역할도 한다고 했는데, 웹 서버 없이 WAS만 있으면 되지 않을까' 혹은 '특별한 이유나 용도로 구분하는 걸까?'라는 생각이 들기도 합니다. 그러나 실제 프로젝트 진행 시 개발자나 시스템 담당자는 하나의 프로젝트에 웹 서버와 WAS를 구분하여 설치하고 운영합니다. 이에 대한 이유는 서버 구성을 살펴보면서 자세히 설명하겠습니다.

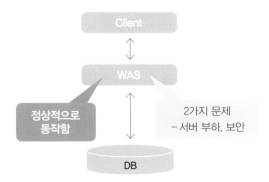

DB 서버와 WAS를 한 대씩 운영하는 서버 구성입니다. 이러한 단순한 구성으로도 서버는 정상적으로 운영됩니다. DB 서버에서 데이터를 관리하고 WAS에서 웹 서버 역할까지 하기 때문에, 동적 요소와 정적 요소가 모두 정상적으로 동작합니다. 하지만 이러한 구성에는 문제가 있습니다. 바로 서버의 부하와 보안의 문제입니다.

먼저, 한 대의 서버로 모든 것들이 작동하다 보니, 사용자가 늘어나면 서버에 부담이 생깁니다. 그리고 어떠한 문제로 WAS에 이상이 생겨서 멈추기라도 하면 대책이 없습니다. 또한, 동적으로 오가는 중요한 정보가 들어 있는 WAS에 사용자가 직접 접속할 수 있기 때문에 보안상 매우 취약합니다.

이러한 문제점을 극복하기 위해서 서버의 구성이 좀 더 복잡해집니다. 바로 WAS 앞쪽에 웹 서버를 두고, 웹 서버와 WAS 사이는 방화벽으로 보호하는 것입니다.

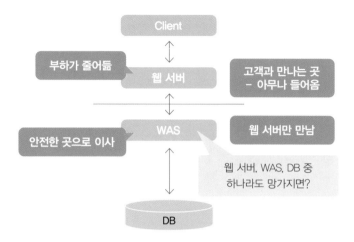

동적인 정보를 관리하는 WAS는 방화벽으로부터 보호받는 안전한 영역에서 동작하고, 이러한 정보를 포함해서 최종적으로 화면을 보여 주는 정적인 동작은 방화벽 밖에 있는 웹 서버가 진행합니다. WAS 혼자 웹 서버 역할까지 하던 시스템의 부담도 WAS와 웹 서버로 분산이 되어 조금 더 안정적인 환경이 만들어집니다. WAS만으로 동작이 가능하지만 왜 웹 서버가 별도로 필요한지 이제는 이해됐을 것이라 생각됩니다.

하지만 이러한 구성에도 여전히 문제점이 있습니다. 바로 서버가 망가졌을 때의 대책입니다. 서버는 결국 기계입니다. 기계는 아무리 잘 관리해도, 언제든지 동작에 문제가 생길 수 있습니다. 이런 서버를 1대씩만 두고 동작을 시켰을 때, DB 서버에 문제가 생기면 중요한 정보가 사라지고 서비스가 불가능하며, WAS나 웹 서버에 문제가 생겨도 서비스가 불가능한 상태가 됩니다.

단일로 구성된 서버의 위험을 해결하기 위해서 등장한 개념이 다중화입니다.

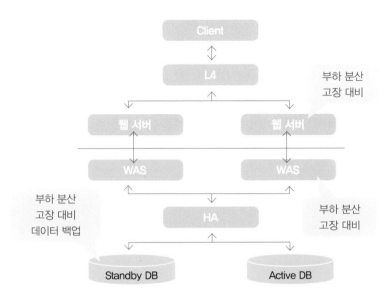

위의 그림처럼 같은 기능을 하는 서버를 여러 대 구성함으로써 각 서버에 발생하는 부하를 줄이고, 그중 하나에 문제가 생겼을 때 다른 서버가 동작하면서 전체적인 서비스가 중단되는 것을 막는 개념입니다.

다중화는 DB 서버, WAS, 웹 서버를 최소 2대 이상 두는 구성입니다. 이렇게 하면 하나에 문제가 생겨도 다른 하나가 보조할 수 있습니다. 이때, DB 서버는 WAS나 웹 서버와는 다중화 개념이 약간 다르게 적용됩니다.

DB의 다중화는 사용자가 이용하는 프로그램의 동작을 분산하고자 하는 목적도 있지만, 서비스 중에 발생한 데이터를 보호하는 것이 주 목적입니다. 그래서두 개의 DB 서버에 부하를 분산시키는 개념이 아니라, 하나의 DB 서버가 정상적으로 작동하고 다른 하나의 DB 서버는 동작 중인 서버의 정보를 실시간으로 복사하여, 운영 중인 DB 서버가 망가지더라도 그 안의 데이터를 최신화 상태로보호할 수 있노록 합니다.

이처럼 대기 중인 DB 서버가 운영 중인 DB 서버를 실시간으로 거울을 비추듯이 복제하는 것을 미러링이라고 합니다. 즉, DB 서버의 이중화는 데이터의 미러링과 동시에 액티브 상태인 DB 서버에 문제가 생기면 미러링으로 복제 중인 스탠바이 DB 서버가 바로 동작하도록 합니다. 이때 두 서버의 앞에서 이러한 관리를 해 주는 장비가 있는데, 이 장비를 HA(High Availability) 장비라고 합니다.

기능적인 서버의 구분과 다중화의 개념을 설명했습니다. PM은 이 단계에서 개발 리더와 함께 H/W 설계를 검토합니다. 그리고 성능과 비용을 고려한 최종 H/W 구성을 고객과 협의하고, 이후 H/W 장비의 발주 및 설치 과정을 모니터링합니다. 이때 계약의 구조에 따라서 해야 할 일이 조금씩 다릅니다.

H/W 구성이 사업 내에 포함되어 있는 경우, PM은 자사의 영업 담당 혹은 사업 관리 담당과 역할을 나누고 H/W 견적, 구매, 도입, 설치까지 모든 과정을 주도적으로 관리해서 빠르게 구성되도록 해야 합니다.

H/W 구성이 사업에 포함되어 있지 않고 고객사가 신규로 구매할 경우, PM은 고객이 빨리 H/W를 준비할 수 있도록 고객과 H/W 구성 협의를 진행해야 합니다. 그리고 고객이 H/W를 발주하고 도입하는 과정을 계속 지켜보며 일정에 이상이 생기는지 모니터링합니다. 이 과정에서 고객이 문의하거나 요청하는 상황에 빠르게 대응해야 합니다.

고객이 이미 H/W를 준비해 두고 있는 경우, PM은 고객이 준비한 H/W에 시스템을 어떻게 설치할지 검토합니다. 문제가 없다면 개발 환경 구축 준비를 하고, 문제가 있다면 고객에게 의견을 전달해서 H/W를 추가 확보하거나, 현재의 H/W로 서비스를 할 경우 생길 수 있는 문제점을 공유합니다.

H/W는 향후 프로그램의 성능과 직접적인 관계가 있습니다. 이 단계에서 PM은 현재의 구성에서 발생할 수 있는 이슈와 고려 사항을 분석하고, 해당 의견을 메일로 전달하여 공식적인 의견을 남기는 것이 좋습니다.

● 개발 작업 관리

네트워크와 H/W의 구성이 완료되면, 본격적인 개발 관리를 합니다. 개발 관리 단계에서 PM이 해야 할 가장 중요한 일은 개발자들이 개발을 하는 데 병목이 생기지 않도록 모니터링하며 이 과정에서 확인된 문제를 해결하는 것입니다.

이를 위해서 사전 준비를 철저히 해야 합니다. 개발의 사전 단계인 기획/디자인/퍼블리싱의 결과물이 가능한 한 빨리 나오도록 관리하고, 일정상 전체 작업이 빨리 완료되지 않을 경우 개발 리더와 함께 작업의 우선 순위를 조정한 후 순차적으로 기획/디자인/퍼블리싱의 결과물이 나오도록 해야 합니다. 개발 또한 순차적으로 전달받아서 최대한 빠르게 작업하도록 조정해야 합니다.

개발 병목에는 고객과 협의해야 할 기능에 대한 의사 결정이 늦어지거나, 일정상 준비되어야 할 H/W나 S/W 솔루션의 설치가 지연되거나, 개발자의 상태(건강, 관계, 불만)가 나빠지는 등 다양한 요소가 있습니다. 이런 문제가 발생했을 때 개발자가 PM에게 바로 이야기하고 조치를 받으면 좋지만, 그렇지 않은 경우도 많습니다. 따라서 PM은 꾸준한 모니터링 및 보고 확인을 통해서 이런 문제점을 빨리 해결해 주는 것이 중요합니다.

✦ 기본 개발 진행 순서

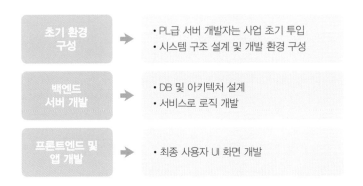

초기 환경 구성	→	• PL급 서버 개발자는 사업 초기 투입 • 시스템 구조 설계 및 개발 환경 구성
백엔드 서버 개발	→	• DB 및 아키텍처 설계 • 서비스로 로직 개발
프론트엔드 및 앱 개발	→	• 최종 사용자 UI 화면 개발

개발이 진행되는 순서와 주의 사항을 알아보며 본 절을 마무리하겠습니다. 일반적인 개발의 진행 순서는 크게 세 단계로 나뉩니다.

첫 번째, 초기 환경 구성은 시스템의 구조를 설계하고 개발 환경을 구축하는 것입니다. PM은 이 작업을 위해서 사업 초기에 PL급 개발 리더를 투입해서, 본 격적으로 개발자들이 투입되기 전에 시스템의 구조 및 개발 환경을 준비합니다.

두 번째, 백엔드 서버 개발은 IA 및 스토리보드를 분석해서 DB 설계를 하고, 기획 문서의 시스템 업무 처리 로직을 개발하는 것입니다. 백엔드는 디자인/퍼 블리싱의 결과물이 나오기 전에 기획서를 바탕으로 미리 작업이 가능합니다. 일 정에 여유가 있다면 프론트엔드와 백엔드를 함께 개발하는 것이 가장 효율적이 지만, 디자인/퍼블리싱 결과물이 나오는 일정이 빠듯하거나 지연이 예상될 경우 에는 백엔드 개발을 먼저 진행해서 일정을 최대한 맞춰야 합니다.

세 번째, 프론트엔드 및 앱 개발은 설계 문서와 디자인/퍼블리싱 결과물을 기반으로 화면의 기능을 순차적으로 개발하는 것입니다. 백엔드에서 만든 기능 과 디자인/퍼블리싱 결과물을 연결시켜 프로그램을 동작시켜야 하므로, 개발 시 가장 뒤에 처리되는 개발입니다. 프론트엔드는 디자인/퍼블리싱 결과물이 나온 이후 작업하는 것이 가장 효율적입니다. 하지만 앞에서 일정이 많이 지연 될 경우, 프론트엔드 개발자와 협의하여 디자인/퍼블리싱 결과물이 없어도 할 수 있는 작업을 우선 해 두고, 자료가 나오면 바로 연결하는 작업을 하는 것도 하나의 방법입니다.

테스트 및 오픈 안정화 관리 방법

프로그램 개발이 완료되고 나면 안정적인 서비스 오픈을 위한 테스트 및 오픈 안정화 과정이 진행됩니다. 테스트 단계에서 PM은 각 테스트의 목적을 명확히 알고 관리해야 하고, 오픈 및 안정화 과정에 대응해야 합니다. 이번 절에서는 이에 대해 알아봅니다.

✦ 테스트란?

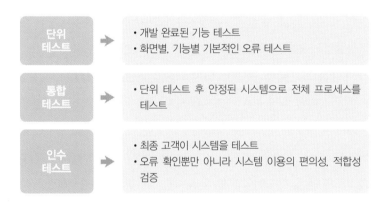

테스트는 개발이 완료된 프로그램을 정상적으로 서비스할 수 있도록 검증하고 보완하는 단계입니다. 테스트는 세 단계로 진행됩니다.

단위 테스트는 개발이 완료되면 1차적으로 진행하는 테스트로, 개발된 각 화면 및 기능에 오류가 발생하지 않는지 검증합니다. 개발을 담당한 개발자와 프로젝트 팀 내에 있는 품질 관리 혹은 사업 지원 담당자가 진행합니다. 테스트는 단순히 오류를 확인하는 과정이 아니라, 확인된 오류의 수정 및 보완까지 포함합니다. 단위 테스트에서 발견한 오류를 수정한 후에 통합 테스트를 진행합니다.

통합 테스트는 단위 테스트가 완료되면 진행하는 테스트입니다. 단위 테스트가 기본적인 기능에 대한 테스트였다면, 통합 테스트는 개발된 시스템의 전체 프로세스를 테스트하는 것입니다. 업무 처리용 시스템이라면 업무의 흐름에 따른, 사용자 시스템이라면 사용자의 이용 흐름에 따른 테스트입니다. 이 과정은 단위 테스트를 진행했던 멤버 외에 고객사의 업무 담당자가 추가로 테스트를 하며, 프로젝트를 진행한 TFT 멤버 혹은 해당 멤버가 구성한 테스트 담당자들이 진행합니다.

인수 테스트는 단위 테스트와 통합 테스트를 통해 기능상 오류가 없음을 확인한 후에, 실제 시스템이나 서비스를 이용할 사람들이 진행하는 테스트입니다. 이 과정에서 단위 테스트나 통합 테스트처럼 오류를 확인하기도 하지만, 그보다 중요한 것은 최종 고객 입장에서 시스템이 제대로 만들어졌는지 확인하는 것입니다. 실제 업무 진행 시 문제가 예상된다거나, 사용에 불편함이 있는 등 최종 사용자 입장에서 오류 외의 문제를 찾아내는 데 목적이 있습니다.

IT 현장에서는 기본적으로 위의 방식으로 테스트를 진행하지만, 프로젝트의 규모나 현장 상황에 따라 인수 테스트를 하지 않고 통합 테스트로 대신하는 등 다양한 접근 방법이 있으니 참고 바랍니다.

본격적인 테스트 관리 방법에 대해 설명하기 전에 간단한 예시를 통해서 세 가지 테스트의 개념과 목적을 한 번 더 명확히 정리하겠습니다. 학생 관리 시스템을 개발하는 예를 들겠습니다.

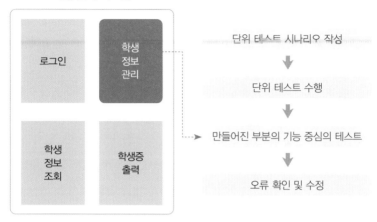

학생 관리 시스템

단위 테스트 시나리오 작성
↓
단위 테스트 수행
↓
만들어진 부분의 기능 중심의 테스트
↓
오류 확인 및 수정

학생 관리 시스템을 만들 때 로그인 기능, 학생 정보 관리 기능(등록, 수정, 삭제), 학생 정보 조회 기능, 학생증 출력 기능 등 네 가지 기능이 있다고 가정합니다. 단위 테스트는 로그인이 잘 되는지, 학생 정보 관리의 등록, 수정, 삭제 기능이 정상 동작하는지 등의 주요 기능에 대한 테스트를 진행하는 것입니다. 각 기능을 개발한 개발자와 품질 관리 담당자가 기능을 검증해서 정상 동작을 확인하고 기초적인 오류를 수정하는 과정입니다.

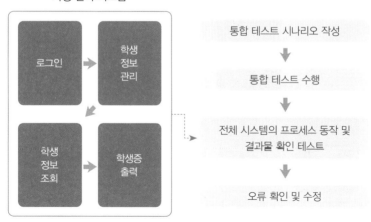

학생 관리 시스템

통합 테스트 시나리오 작성
↓
통합 테스트 수행
↓
전체 시스템의 프로세스 동작 및
결과물 확인 테스트
↓
오류 확인 및 수정

통합 테스트는 전체적인 프로세스를 확인하는 테스트입니다. 신입생이 새롭게 들어온 경우, 관리 담당자가 시스템에 로그인해서 해당 학생의 정보를 등록하고, 조회하고, 학생증을 출력하는 과정을 한번에 순차적으로 점검하는 것입니다. 그런데 분명 단위 테스트에서 확인되지 않았던 오류가 여기서 발견되기도 합니다. 예를 들면, 학생 정보 등록 기능을 개발하는 개발자는 학번을 7자리 숫자로 개발했는데, 기획자의 실수로 인해 학생 정보 조회 기능을 개발하는 개발자는 6자리 숫자로 학생 정보 조회 기능을 만들 경우, 단위 테스트에서 학생 정보 등록 기능은 7자리로만 테스트를 하기 때문에 오류가 없고, 학생 정보 조회 기능은 6자리로만 테스트를 하기 때문에 오류가 없습니다. 하지만 통합 테스트를 진행해 보면, 7자리로 등록된 학번이 조회 기능에서 6자리로 처리되어 오류가 발생합니다. 다소 극단적인 예시이지만, 실제 개발에서 유사한 경우가 많이 발생합니다.

시스템은 전체 프로세스가 연결되어 있습니다. 그래서 개발자들이 개발을 할 때는 각자 맡은 기능을 개발하면서 연관된 기능도 점검해야 하지만, 바쁜 일정으로 인해 연결되는 프로세스까지 검증할 여유가 없는 경우가 많습니다. 그래서 통합 테스트를 통해 프로세스에 따른 검증까지 하는 것입니다.

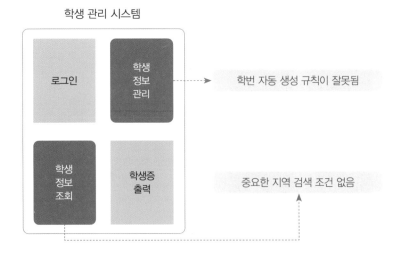

학생 관리 시스템

로그인

학생 정보 관리 ┄┄▶ 학번 자동 생성 규칙이 잘못됨

학생 정보 조회

학생증 출력

중요한 지역 검색 조건 없음

인수 테스트는 단위 테스트와 통합 테스트가 완료되면, 대부분의 오류가 해결된 상태에서 업무 담당자가 진행하는 테스트입니다. 시스템 오류가 없는 정상적인 상황에서 내용 오류, 서비스의 불편함, 개선되어야 할 부분 등을 짐검합니다. 학생 정보 관리 시스템에서 학생 정보를 등록할 때는 오류가 없었지만 학번이 자동으로 생성될 때 원래의 기준과 다르게 생성되는 내용적인 오류, 학생 정보 조회 시 학생의 출신 지역으로 검색을 해야 하는데 현재 화면에는 지역 검색 조건이 없는 불편함 등을 확인하는 것입니다. 이는 내용을 잘 아는 업무 담당자가 확인할 수 있기 때문에, 반드시 고객사의 현업 담당자가 테스트를 진행해야 합니다. 인수 테스트의 결과는 아래와 같이 몇 가지로 구분됩니다.

- 내용 오류: 시스템 기능 오류와 동일하게 최대한 빠르게 처리해야 함
- 서비스의 불편함: 확인된 내용의 중요성과 수정 보완에 소요되는 개발 공수를 고려하여, 중요도가 높고 개발 난이도가 낮다면 최대한 빠르게 처리하고, 중요도가 낮고 개발 난이도가 높다면 오픈 이후 운영하며 보완하도록 협의
- 개선 사항: 기능이 협의한 대로 개발되지 않았을 경우, 가능한 한 빠른 수정 및 대응. 특정 사용자의 개선 요청이 들어올 경우, 사용자의 개선 요구가 합당한 것인지 확인한 후 현업 TFT 담당자와 협의를 통한 대응. 기획/설계대로 개발을 잘했다면 프로젝트에서는 책임질 의무가 없으므로 이후 안정화 및 운영 기간을 활용한 대응으로 넘어가도록 관리

참고로 인수 테스트에서는 사용자의 다양한 요구 사항이 들어옵니다. 이때 누가 봐도 문제인 오류를 제외한 수정 및 보완 의견은 전체 사용자의 의견이 아닌 개인의 의견일 경우가 많습니다. 따라서 인수 테스트 결과 중 오류를 제외한 불편함 및 개선 사항은 고객사의 TFT 멤버와 검토 후 대응해야 합니다. 그렇지 않을 경우 사용자 요청에 따라 수정한 후 다시 원래대로 복구를 해야 하는 경우가 발생할 수도 있습니다.

테스트 계획서 작성
– 테스트 진행에 대한 계획을 수립

테스트 케이스 작성
– 테스트를 위한 대상 및 진행 케이스 정리

테스트 시나리오 작성(단위, 통합, 인수)
– 테스트 케이스를 기초로 진행 시나리오 작성

테스트 진행
– 최종 테스트 수행 및 보완

테스트 진행을 하는 데에는 네 개의 과정을 거쳐야 합니다.

첫 번째로 테스트 계획서를 작성합니다. 테스트를 어떤 식으로 진행할지 계획을 수립하는 것입니다. 언제 누구와 어떤 방식으로 진행하며, 어떻게 대응할지를 계획합니다.

두 번째로 테스트 케이스를 작성합니다. 단위/통합/인수 테스트 진행 시 어떠한 대상을 기준으로 테스트를 할 것인지 정리하는 것입니다.

세 번째로 테스트 시나리오를 작성합니다. 테스트 케이스를 기준으로 실제로 어떻게 테스트할지를 상세하게 정리하고, 테스트를 진행한 결과를 관리하는 시나리오를 작성합니다.

네 번째로 테스트를 진행합니다. 테스트 계획서의 계획대로 테스트를 진행하고, 단계별로 확인된 오류를 수정합니다.

위의 흐름으로 테스트 업무가 진행되며, 각각에 대해서 자세히 알아보겠습니다.

● 테스트 계획서 작성

테스트 개요	➡	• 테스트 진행과 관련된 개요
테스트 절차	➡	• 테스트 진행을 위한 절차
테스트 일정	➡	• 테스트 절차에 따른 실제 일정 계획
테스트 대상	➡	• 실제 테스트를 진행할 대상
테스트 보완	➡	• 테스트 결과에 대한 보완 방법

테스트 계획서는 테스트를 위한 계획을 정리하는 것으로, 가능하다면 사업 초기에 미리 PM이 주도해서 앞으로 있을 테스트를 어떤 방식으로 진행할 것인지 계획하는 것이 좋습니다. 테스트 계획서에 작성되는 주요 내용과 각 내용을 작성하는 방법은 아래와 같습니다.

[테스트 개요]는 테스트 진행의 목적을 정리합니다. 본 사업의 개요와 테스트를 진행하는 핵심 목적 및 목표를 작성합니다.

[테스트 절차]는 테스트를 어떠한 절차로 진행할지를 정리합니다. 예를 들면, 테스트는 단위 테스트, 통합 테스트, 인수 테스트의 순서로 진행하고, 단위 테스트는 테스트 진행 후 PM이 오류를 검토하고 관리하여 수정 배포, 인수 테스트는 사용자의 보완 요청 등이 포함된 테스트 결과를 고객사의 TFT와 검토 후 협의된 방식으로 처리 등의 절차를 표 혹은 순서도 형태로 정리합니다. 또한, 단계별로 실제 테스트를 진행하거나 관련 협의를 할 대상을 명확히 정리해야 합니다. 감리 등 관리가 철저한 프로젝트는 고객과 상세하게 협의하고 해당 내용을 정확하게 작성해야 합니다. 이때 단위 테스트와 통합 테스트만 진행할 것인지, 인수 테스트까지 진행할 것인지, 테스트 방법은 어떻게 할 것인지, 결과 반영 시 검토는 어떻게 할 것인지 등의 내용을 고객과 상세하게 협의합니다.

[테스트 일정]은 테스트 절차가 확정되면 각 절차를 진행하기 위한 일정을 정리합니다.

[테스트 대상]은 테스트를 할 대상을 명확히 정의하는 것으로, 시스템의 종류, 주요 기능 등을 표시합니다. 외부 연계와 같은 작업이 있는 경우에는 어떤 범위까지 테스트 범위로 넣을지, 특정 솔루션을 도입했을 경우 어디까지 테스트의 책임이 있는지 등 대상을 명확히 해야 합니다.

[테스트 보완]은 테스트 이후 결과에 따라 보완(오류 수정)을 위한 담당자가 누구이며, 어떠한 절차로 진행할지에 대해서 정리합니다.

사업 초반에 테스트 계획을 작성하고 나면 각각의 일정에 따라 테스트를 진행합니다.

● 테스트 케이스 작성

테스트 계획에 따라서 진행할 시점이 다가오면 가장 먼저 테스트 케이스를 작성해야 합니다. 테스트 케이스는 무엇을 대상으로 테스트를 진행할지에 대한 구분입니다. 이때 구분 기준은 진행되는 상황에 따라 다를 수 있습니다. 몇 가지 사례를 들어 보겠습니다.

구축하는 시스템의 규모가 작고 화면 혹은 기능간의 연관성이 떨어진다면, 테스트 케이스를 메뉴 기준으로 나누어 각 메뉴가 정상 동작하는지 점검합니다 (ex. 회원 가입: 회원 정보를 입력하고 회원 가입이 정상적으로 되는지 확인).

구축하는 시스템의 규모가 크지만 화면간의 연계성이 높지 않다면, 테스트 케이스를 각 화면에 적용되는 기능 하나하나 작성합니다(ex. 회원 가입 > 주민번호 확인: 회원가입 화면에서 주민번호를 입력하고, 주민번호 확인 버튼 클릭 시 주민번호 정합성 검증이 잘 되는지 확인).

구축하는 시스템의 규모는 작지만 기능 간의 연계성이 높다면, 테스트 케이스를 단위 업무 기준으로 정리합니다(ex. 회원 가입: 사용자가 홈페이지 메인 화면에서 회원 가입 버튼을 클릭하고 주민번호 정합성 검증을 통과한 후, 회원 정보를 입력하고 정상적으로 가입이 되는지 확인).

구축하는 시스템의 규모도 크고 기능간의 연계성이 높다면, 테스트 케이스를 다양한 사례를 포함한 상세 업무 기준으로 정리합니다(ex. 외국인 회원 가입 예외 처리 업무: 외국인 사용자가 회원 가입 시, 외국인 회원 가입을 선택하여 회원 가입 화면으로 이동 후 가입 진행. 이때 외국인 등록 번호를 입력하고 검증 버튼 클릭 시, 어떤 조건에 맞지 않다면 회원 가입이 불가하다는 메시지 처리).

위에서 설명한 사례 외에도 다양한 적용 케이스를 만들 수 있습니다. 이와 같이 테스트 대상을 적용하는 방법은 프로젝트에 따라서 다양함을 기억하길 바랍니다.

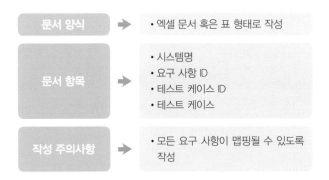

문서 양식	→	• 엑셀 문서 혹은 표 형태로 작성
문서 항목	→	• 시스템명 • 요구 사항 ID • 테스트 케이스 ID • 테스트 케이스
작성 주의사항	→	• 모든 요구 사항이 맵핑될 수 있도록 작성

테스트 케이스를 작성할 때, 다양한 방법이 있겠지만 일반적으로는 엑셀을 기반으로 작성합니다. 엑셀 문서에는 아래와 같은 항목을 정리합니다.

- 시스템명: 테스트를 하는 시스템의 이름(보통 엑셀의 상단에 표시)
- 요구 사항 ID: 요구 사항 분석 단계에서 고객이 요청한 요구 사항이 반영된 케이스를 확인하기 위해서, 요구 사항 ID를 표시. 민간사업에서는 필요 없는 경우도 많지만, 공공사업은 요구 사항의 반영 및 추적을 위해 필수인 항목
- 테스트 케이스 ID: 테스트 케이스를 구분하기 위한 기본 ID 정보(ID 채번은 회사 방침에 따라 하되, ID에 일관적인 규칙이 적용되어야 함)
- 테스트 케이스: 앞서 설명한 다양한 기준에 따른 테스트 케이스 정리(ex. 화면 기능 기준: 대메뉴, 소메뉴, 중메뉴, 화면, 기능)

이와 같이 정리할 때, 주의해야 할 사항이 있습니다. 앞서 간단히 얘기했지만, 공공사업은 RFP의 요구 사항이 정상 개발되었고 테스트까지 잘 되었다는 확인 및 증빙이 반드시 필요합니다. 그래서 테스트 케이스에 고객의 요구 사항을 맵핑해 두어 고객이 원하는 기능을 빠짐없이 개발하고 점검했음을 정리하는 게 좋습니다.

참고로 프로젝트에 따라서 테스트 케이스를 별도로 정리하지 않고 테스트 시나리오를 바로 작성하는 경우도 많습니다.

● 단위 테스트 시나리오 작성

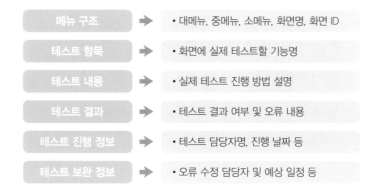

단위 테스트는 앞서 설명했듯이 시스템의 단위 기능이 정상적으로 동작하는지 확인하는 과정입니다. 테스트 시나리오는 테스트 케이스를 기준으로 작성합니다. 이때 시나리오라는 용어를 사용하는 이유는 시나리오가 영화나 드라마에서 장면, 진행 과정이라는 의미인 것과 같이, 테스트를 할 때 어떤 장면(케이스)에서 어떤 진행 과정(진행 방법, 그 이후 결과)으로 진행할지 정리한 문서이기 때문입니다. 단위 테스트의 테스트 시나리오는 다음과 같은 항목으로 구성됩니다.

– 메뉴 구조: 테스트 케이스에 따라 테스트를 진행할 기능이 어떠한 메뉴 순서에 있는지 표시

– 테스트 항목: 화면에서 실제로 테스트를 할 기능명으로, 테스트 케이스 작성 시 정리한 명칭을 사용해도 무관

- 테스트 내용: 실제 테스트를 진행하는 방법과 정상적으로 처리 시 예상되는 결과를 상세하게 설명
- 테스트 결과: 테스트 내용대로 테스트한 결과를 정상/비정상으로 표시. 비정상일 경우 상세한 오류 내용을 설명할 수 있도록 입력 필드 준비
- 테스트 진행 정보: 테스트 담당자, 진행 날짜 기재
- 테스트 보완 정보: 오류 담당자, 처리된 결과 및 처리 일정 등을 관리

이렇게 테스트 시나리오가 작성되면 일정에 맞춰 단위 테스트를 진행하고 오류를 수정하여 단위 기능상 오류가 거의 없을 때 통합 테스트를 진행합니다. 참고로 단위 테스트의 오류가 정상적으로 수정되지 않으면 통합 테스트 진행이 불가한 경우도 있으니 반드시 일정 수준 이상의 완성도를 갖춘 이후 통합 테스트를 진행해야 합니다.

● 통합 테스트 시나리오 작성

통합 테스트는 개발한 시스템의 전체적인 프로세스 흐름에 이상이 없는지 확인하는 테스트로, 단위 테스트와 별도의 테스트 시나리오를 작성해서 진행해야 합니다. 현장에서는 상황에 따라 다양한 적용 방법이 있어서 현장 사례 중심으로 설명하겠습니다.

첫 번째는 단위 테스트 시나리오를 재활용하는 방법입니다. 통합 테스트를 단위 테스트 시나리오와 동일한 내용으로 문서 이름만 바꿔서 진행하는 방식입니다. 상당히 많은 프로젝트에서 이 방식을 사용하며, 이때 테스트를 진행하는 대상이 단위 테스트에서는 개발팀 내부 인력 중심이었다면, 통합 테스트에서는 고객사 업무 담당자 중심입니다. 단위 테스트와 차별성을 주기 위해서 단위 테스트 시나리오를 기준으로 하되 항목을 더 상세히 나누거나, 프로세스 확인을 위해 실제 연속성이 있는 데이터(입력 정보)를 시나리오에 추가하기도 합니다.

두 번째는 통합 테스트 시나리오를 별도로 작성하는 방법입니다. 시나리오 작성하기 이전에 케이스를 단위 테스트와 통합 테스트로 나누어 작성하며, 통합 테스트의 목적에 따라 기능이 아닌 업무나 내용 중심으로 작성합니다. 저는 사

우디아라비아의 큰 병원에 HIS(통합의료정보) 시스템 구축 프로젝트 멤버로 일했을 때, 통합 테스트에 200명의 모의 환자를 만들고 환자당 별도의 통합 테스트 시나리오를 작성해서, 테스트 당일 200명의 모의 환자가 테스트 시나리오를 들고 병원을 돌아다니며 접수부터 진료, 검사, 투약 등 환자 역할을 진행한 경우도 있었습니다.

● 인수 테스트 시나리오 작성

통합 테스트가 완료되면 인수 테스트를 진행합니다. 인수 테스트는 오류 확인의 목적보다는 개발된 기능이 고객이 원하는 대로 잘 만들어졌는지를 검증하는 목적이 큽니다. 하지만 오류 점검을 하지 않는다는 의미는 아닙니다. 인수 테스트는 고객사의 실사용자가 테스트를 진행하기 때문에, 문제 없이 전체 기능을 점검할 수준으로 만들어 두고 테스트를 해야 합니다. 현장 업무에 바쁜 사용자들이 시간을 내서 테스트를 할 때, 기능에 오류가 많으면 테스트 자체가 불가하다고 여기는 경우가 많기 때문입니다.

인수 테스트는 통합 테스트 시나리오를 이용하여 진행합니다. 물론 별도의 인수 테스트 시나리오를 작성할 수도 있으나, 진행하는 상황에 따라 다르기 때문에 별도의 가이드를 주기는 어렵습니다.

인수 테스트를 위해서는 고객사 TFT 담당자와 상의하여 테스트를 수행할 사람 및 일정을 사전에 준비해야 합니다. 종종 인수 테스트 일정을 바로 앞에 두고 테스트 담당자를 선정하거나 일정을 협의하는 경우가 있는데, 고객사의 상황에 따라 일정에 지장을 줄 수도 있으니 반드시 사전에 준비해야 합니다.

인수 테스트 관리의 가장 중요한 점은 테스트를 진행한 사용자가 오류 외의 의견을 전달할 경우, 고객사 담당자와 검토하여 어떻게 대응할지를 협의하는 것입니다. 이때 사용자의 요구 사항이 타당한 것인지 검증하고, 타당하다고 판단되었을 때 이를 바로 수정할지, 오픈 이후 안정화 기간에 대응할지, 기능 요구 사항이 커서 별도의 개발로 진행해야 할지 등에 대한 협의를 해야 합니다.

현장에서는 규모가 매우 크고 시스템이 복잡한 차세대급 프로젝트를 제외한 대부분의 프로젝트에서는 단위 테스트, 통합 테스트, 인수 테스트를 동일한 시나리오로, 메뉴 기능 단위의 케이스를 기준으로 진행합니다. 그리고 고객과 협의를 통해 통합 테스트와 인수 테스트를 별도로 나누지 않고 한 번에 진행하는 경우도 많으니 참고 바랍니다.

지금까지 테스트 과정에 대해서 설명했습니다. PM은 이 과정에서 각 테스트의 개념과 목적을 잘 이해하여 테스트 계획을 주도해야 합니다. 또한, 고객과 협의를 통해서 불필요한 것은 간소화하고 필요한 부분은 점검을 강화하여, 테스트가 형식적인 과정이 아니라 효율성 높은 과정으로 진행되도록 해야 합니다.

✦ 오픈 및 안정화 방법

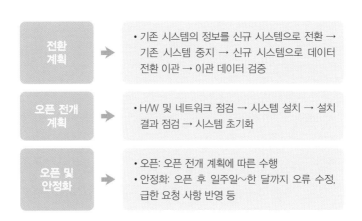

전환 계획	→	• 기존 시스템의 정보를 신규 시스템으로 전환 → 기존 시스템 중지 → 신규 시스템으로 데이터 전환 이관 → 이관 데이터 검증
오픈 전개 계획	→	• H/W 및 네트워크 점검 → 시스템 설치 → 설치 결과 점검 → 시스템 초기화
오픈 및 안정화	→	• 오픈: 오픈 전개 계획에 따른 수행 • 안정화: 오픈 후 일주일~한 달까지 오류 수정, 급한 요청 사항 반영 등

테스트가 완료되어 시스템이 준비되면, 그 다음은 사용자가 시스템을 사용할 수 있도록 해야 합니다. 이를 시스템 오픈 혹은 오픈이라고 합니다. 이 과정은 전환 계획, 오픈 전개 계획, 오픈 및 안정화 단계로 나누어 작업을 합니다.

첫 번째는 전환 계획입니다. 이 작업은 신규 시스템 오픈의 경우에는 해당 사항이 없으며, 리뉴얼이나 차세대 전환 같이 기존의 노후화된 시스템을 새롭게 만드는 경우에만 해당합니다. 이 경우에는 기존에 사용하던 데이터가 있기 때문에, 새롭게 오픈하는 시스템에 기존의 데이터가 잘 전환되도록 해야 합니다. 이때 기존의 시스템을 중단하여 데이터를 신규 시스템으로 이관하고, 이관된 데이터에 이상이 없는지 점검합니다. PM은 이를 위해 전환 준비부터 전환 진행까지 상세하게 계획하고 검토합니다. 전환은 회사의 규모에 따라 별도의 기술지원팀이 있다면 이 팀에서 진행하고, 없는 경우에는 PM이 개발 리더와 함께 진행합니다. 전환 작업에는 데이터를 옮기는 시간, 검증하는 시간 등 많은 시간이 소요됩니다. 그리고 전환 기간 동안에는 시스템을 사용할 수 없습니다. 따라서 PM은 전환 작업에 걸리는 시간을 고려하여, 시스템이 중단되고 오픈되는 일정을 충분히 확보해야 합니다.

두 번째는 오픈 전개 계획입니다. 시스템 오픈을 위해서 설치 및 배포를 하고 점검을 해야 하는데, 보통 아래의 과정으로 진행합니다.

- H/W 및 네트워크 점검: 최종 오픈하려는 H/W에 이상은 없는지, 네트워크에 문제는 없는지 점검합니다.
- 시스템 설치: 운영 서버 및 장비에 개발이 완료된 S/W를 설치합니다.
- 설치 결과 점검: 설치한 후 기능이 정상 동작하는지 최종 점검 시나리오를 준비해서 확인합니다.
- 시스템 초기화: 설치 결과 점검을 하면 점검 중 발생한 테스트 데이터가 DB에 남게 되는데, 최종 오픈 전에 이 데이터를 초기화하는 작업이 필요합니다. 이때 DB 담당자가 기록을 하나하나 지우는 것이 아니라 사전에 이런 과정을 처리할 스크립트를 작성해 두고 충분한 테스트를 진행합니다.

세 번째는 오픈 및 안정화입니다. 오픈 전개 계획대로 오픈이 준비되면, 실제 계획에 따라 사용자가 서비스를 이용할 수 있도록 오픈합니다. 이때 오픈이 되었다고 개발자를 철수시키는 것이 아니라, 오픈 이후 일정 기간 동안 서비스가 안정적으로 진행되도록 지원을 하는데, 이를 안정화라고 합니다. 프로젝트의 규모와 종류에 따라서 최소 일주일에서 한 달까지 안정화를 진행합니다. 안정화는 시스템의 안정성이 높으면 짧게 진행될 수도 있고, 시스템이 불안할 경우 긴 시간을 대응할 수도 있습니다. 이 기간에는 오류 수정과 긴급한 개발 요청 정도만 수행합니다. 기능상의 불편함이나 개선 요청은 정리만 해 두고, 관련 대응은 고객사 TFT 담당자와 별도로 협의하여 진행합니다. PM은 이 과정에서 오류 및 급한 요청이 우선 처리되도록 하고, 고객사의 다소 무리한 요청에는 적절한 대응이 필요합니다.

✦ 검수 방법

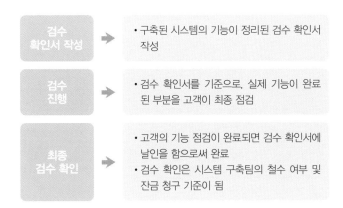

시스템 오픈 및 안정화가 완료되는 시점에 진행하는 업무가 검수입니다. 검수는 구축된 시스템에 대해서 고객에게 최종적으로 완료를 확인받는 것입니다. 검수 작업은 세 단계로 진행되며, PM이 주도하여 진행합니다.

첫 번째로 검수 확인서를 작성합니다. 검수했다는 증명을 받기 위한 확인서로, 개발 기능을 대메뉴 수준으로 정리하고, 각각의 기능이 정상 완료되었음을 고객이 최종 확인하여 날인합니다.

두 번째로 검수를 진행합니다. 고객사에서 실제 시스템이 정상 개발 완료되었는지 점검합니다. 고객사 담당자는 검수 확인서를 보며 각 기능이 이상 없이 개발되었는지 본인이 직접 확인하기도 하고, 각각의 기능과 관련된 업무 담당자가 확인하기도 합니다.

마지막으로 최종 검수를 확인합니다. 고객이 기능 점검을 완료하고 검수 확인서에 최종 날인을 함으로써 검수 작업이 완료됩니다. 종종 개발 중 일부 기능이 고객사 입장에서 만족스럽지 않게 개발되거나 어떠한 사유로 인해서 개발이 덜 진행되는 경우가 있습니다. 이때 고객사는 날인을 하면 더 이상 개발 업체로부터 지원을 받기 어렵기 때문에 쉽게 날인을 하지 못합니다. 하지만 PM은 검수 확인을 통해서 프로젝트의 최종 잔금을 청구할 권리가 생기기 때문에, 최대한 빠르게 날인을 받아야 합니다. 이럴 때, 검수 확인서의 기능란에 비고를 두고 이슈 사항을 고객이 합의할 만한 수준으로 정리한 후, 검수 확인서에 날인을 받습니다. 그러면 수행사는 잔금을 청구할 수 있고, 고객사는 비고의 내용대로 지원을 요청할 권리를 가질 수 있게 됩니다.

이렇게 검수가 끝나면 PM이 해야 할 공식적인 프로젝트 관리 업무는 완료가 됩니다.

—

PM
실무
필수 정보

—

지난 파트에서 IT 프로젝트 진행 관리를 위해 필요한 지식과
PM으로서의 업무를 배웠습니다. 이번 파트는 PM으로서 알아 두면
유용하게 쓸 수 있는 필수 실무 정보를 소개합니다.
PM으로서의 상식 향상과 업무 활용을 위한
지식 습득에 집중하길 바랍니다.

4.1 PM이 알아야 할 업무 관계자

PM은 프로젝트를 관리하면서 진행과 관련된 다양한 업무 담당자와 커뮤니케이션을 하는 것이 메인 업무 중 하나입니다. 따라서 어떤 사람들과 어떻게 소통해야 하는지 알아야 합니다. 이번 절에서는 PM으로서 만나게 될 주요 업무 관계자와 그들의 역할에 대해서 설명하고, 어떤 방법으로 소통해야 하는지 알아보겠습니다.

✦ 주요 업무 관계자

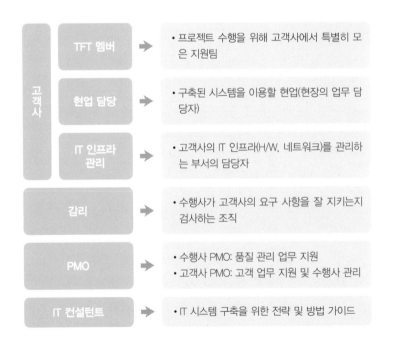

고객사	TFT 멤버	➡	• 프로젝트 수행을 위해 고객사에서 특별히 모은 지원팀
	현업 담당	➡	• 구축된 시스템을 이용할 현업(현장의 업무 담당자)
	IT 인프라 관리	➡	• 고객사의 IT 인프라(H/W, 네트워크)를 관리하는 부서의 담당자
감리		➡	• 수행사가 고객사의 요구 사항을 잘 지키는지 검사하는 조직
PMO		➡	• 수행사 PMO: 품질 관리 업무 지원 • 고객사 PMO: 고객 업무 지원 및 수행사 관리
IT 컨설턴트		➡	• IT 시스템 구축을 위한 전략 및 방법 가이드

PM이 프로젝트 중에 만날 수 있는 대상을 여섯 가지로 분류해 보았습니다. 뒤에서 담당자 그룹별로 상세한 설명을 하므로, 여기서는 관계자 그룹을 큰 그림으로 보겠습니다.

첫 번째는 [고객사 TFT 멤버]입니다. 프로젝트 수행을 위해서 고객사에서 적극적인 업무 지원 담당자를 모아 팀을 구성하는데, 이를 고객사 TFT라고 합니다.

두 번째는 [고객사 현업 담당자]입니다. 프로젝트를 통해 구축될 시스템을 이용할 현장의 업무 담당자를 말합니다.

세 번째는 [고객사 IT 인프라 관리 담당자]입니다. 대부분의 고객사에는 시스템을 운영 관리하는 담당자가 있으며, 회사마다 다른 이름을 쓰지만 보통은 IT 인프라 관리 담당자라고 합니다.

네 번째는 [감리 담당자]입니다. 고객사에서 개발이 잘 진행되는지 확인하기 위해서 감시 및 관리를 위한 조직을 투입하는데, 이를 감리 담당자라고 합니다.

다섯 번째는 [PMO]입니다. PMO는 Project Management Office의 약어입니다. 사업을 지원하는 역할을 하며, 수행사와 고객사에서 모두 투입할 수 있습니다. 수행사에서 투입한 PMO는 수행사의 사업 품질 관리 및 업무 지원에 집중하며, 고객사에서 투입한 PMO는 고객의 업무 지원 및 수행사의 업무 지원이나 관리를 진행합니다.

여섯 번째는 [IT 컨설턴트]입니다. 고객사에 IT 시스템 구축을 위한 전략이나 구체적인 개발 방법을 가이드합니다.

지금부터 각 담당자의 역할, 구성, 소통 내용, 소통 방법을 설명하겠습니다.

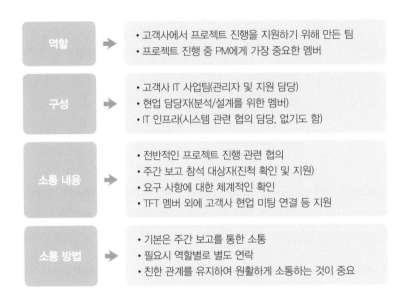

✦ 고객사 TFT 멤버

역할	• 고객사에서 프로젝트 진행을 지원하기 위해 만든 팀 • 프로젝트 진행 중 PM에게 가장 중요한 멤버
구성	• 고객사 IT 사업팀(관리자 및 지원 담당) • 현업 담당자(분석/설계를 위한 멤버) • IT 인프라(시스템 관련 협의 담당, 없기도 함)
소통 내용	• 전반적인 프로젝트 진행 관련 협의 • 주간 보고 참석 대상자(진척 확인 및 지원) • 요구 사항에 대한 체계적인 확인 • TFT 멤버 외에 고객사 현업 미팅 연결 등 지원
소통 방법	• 기본은 주간 보고를 통한 소통 • 필요시 역할별로 별도 연락 • 친한 관계를 유지하여 원활하게 소통하는 것이 중요

● 역할

TFT는 [Task Force Team]의 약어입니다. 고객사에서 프로젝트를 발주할 때, 프로젝트를 잘 수행할 수 있도록 핵심 지원 담당자를 사전에 준비해 두는데, 이를 고객사 TFT라고 합니다. 프로젝트 진행 중 PM에게 있어 가장 중요한 핵심 멤버입니다.

● 구성

고객사의 IT 사업 관리 팀원 중 본 사업을 핵심으로 관리 및 지원할 담당자로 구성됩니다. 보통 프로젝트 발주 과정에 참여했던 담당자 중심으로 구성됩니다. 고객사의 상황에 따라 현업 담당자 혹은 IT 인프라 담당자 중 대표를 선정해서 적극 지원할 수 있도록 TFT에 포함하는 경우도 있습니다.

● 소통 내용

고객사 TFT와는 프로젝트 진행과 관련된 전반적인 협의를 합니다. 최초 요구 사항 정리, 일정 협의, WBS 검토 등을 하고, 매주 진행되는 주간 보고에 참석하여 진척 사항을 확인하며, 이슈 관리 및 업무 지원 등을 합니다. 이들의 중요한 업무 중 하나는 요구 사항을 체계적으로 확인하고, 현업 담당자의 상세 요구 사항 중 협의가 필요하거나 확정이 필요한 부분을 직접 확정하거나, 확정할 수 있도록 지원하는 것입니다. 그리고 프로젝트 진행 중 TFT 멤버 외의 고객사 담당자와 소통이 필요할 경우 소통을 지원해 줍니다.

● 소통 방법

기본적으로는 주간 보고를 통해서 소통하며, 필요할 경우 TFT 멤버의 역할에 따라서 별도로 소통합니다. 예를 들면, 업무 담당자에게는 주요 의사 결정을 위한 요청을, IT 담당자에게는 시스템 구축과 관련된 업무 요청을 하는 것입니다. 가능하면 고객사 TFT 멤버와는 친한 관계를 유지해서 지원과 소통이 필요할 때 원활하게 진행될 수 있도록 해야 합니다. 그리고 TFT 멤버와 협의를 통해 결정된 사항은 주간 보고, 별도 회의록 혹은 메일로 항상 기록을 남겨 두어야 합니다. 내부의 정보 공유라는 목적과 함께 외부의 감리가 진행될 때 TFT 멤버와 협의한 기록이 필요하기 때문입니다.

고객사는 프로젝트를 발주할 당시 TFT를 구성해 둡니다. 하지만 고객사가 IT 프로젝트를 진행해 본 경험이 부족할 경우, TFT의 개념 자체를 모르는 경우가 있습니다. 이럴 때 PM은 빠르게 고객사의 관련 담당자에게 TFT의 필요성과 역할, 구성에 대해 설명하고 공식적인 TFT 구성을 요청해야 합니다. 그리고 TFT 구성이 되었다고 하더라도 구성이 미흡한 경우 프로젝트에 따라 필요한 멤버에 대한 의견을 전달하여 조정해야 합니다.

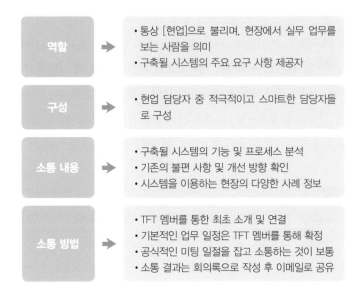

- **역할** → • 통상 [현업]으로 불리며, 현장에서 실무 업무를 보는 사람을 의미
  • 구축될 시스템의 주요 요구 사항 제공자
- **구성** → • 현업 담당자 중 적극적이고 스마트한 담당자들로 구성
- **소통 내용** → • 구축될 시스템의 기능 및 프로세스 분석
  • 기존의 불편 사항 및 개선 방향 확인
  • 시스템을 이용하는 현장의 다양한 사례 정보
- **소통 방법** → • TFT 멤버를 통한 최초 소개 및 연결
  • 기본적인 업무 일정은 TFT 멤버를 통해 확정
  • 공식적인 미팅 일절을 잡고 소통하는 것이 보통
  • 소통 결과는 회의록으로 작성 후 이메일로 공유

● **역할**

보통 현장에서 현업이라는 표현을 많이 쓰는데, 현장에서 실무 업무를 보는 담당자라는 의미입니다. 구축될 시스템에 필요한 요구 사항을 제공하는 담당자입니다.

● **구성**

구축될 시스템에 필요한 요구 사항을 제공하는 역할을 하려면 당연히 현장에서 실제 업무를 진행하는 담당자로 구성해야 합니다. 이때 현업 담당자 중 적극적이고 스마트한 사람을 메인으로 지정하고, 그 외에는 지원 그룹의 형태로 구성됩니다. 메인 담당자는 업무 중 일부를 공식적으로 할당받아서 지원하고, 지원 그룹은 필요시 지원하는 형태로 구성되는 경우가 많습니다.

● 소통 내용

현업 담당자를 통해 구축될 시스템의 기능에 대한 요구 사항과 상세 프로세스를 듣는 것이 메인 소통 내용입니다. 이와 함께 시스템을 더 잘 만들기 위해서 기존의 시스템 혹은 기존의 업무에서 불편한 사항이 무엇이었는지, 개선이 필요한 사항이 무엇인지 등을 듣고, 시스템을 이용하는 현장의 상세한 사례와 정보를 듣습니다.

● 소통 방법

현업 담당자는 최초 고객사 TFT 멤버를 통해 연결됩니다. 그리고 기본적인 요구 사항 분석과 같은 업무는 TFT 멤버와 확정하고, 일정에 따라 업무를 진행하며 필요시에 현업 담당자와 수시로 미팅을 하거나 문의를 해서 정보를 얻습니다. 이때 전달받은 내용은 반드시 회의록이나 요구 사항 정의 문서에 정리하고, 관련 담당자에게 메일로 공유해야 합니다.

현업 담당자와 소통할 때는 그들의 말을 잘 들어 주고 항상 존중하는 태도를 유지하는 것이 중요합니다. 현업 담당자는 프로젝트 진행 중에는 요구 사항 제공자이지만, 프로젝트 후반부가 되면 구축될 시스템의 이용자가 됩니다. 사전에 충분히 존중하는 태도를 유지하면 나중에 개발에 미흡한 부분이 나오더라도 PM 및 프로젝트 담당자들이 최선을 다했다는 인식이 있어 유연함이 생기지만, 그렇지 않다면 냉정하고 객관적인 이용자로서 시스템 구축 결과를 평가하여 어려움을 주기도 합니다.

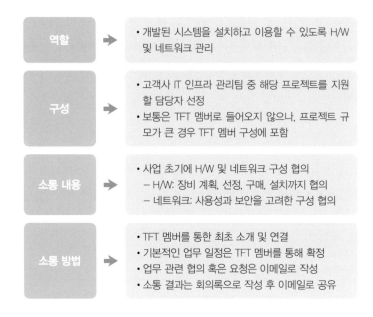

● 역할

고객사의 IT 시스템 관리 담당자입니다. 프로젝트 진행 시에는 H/W 및 네트워크 구성에 관한 의견을 주고, H/W 및 네트워크 구성이 완료되면 개발된 시스템을 설치하고 관리할 수 있는 환경을 제공해 줍니다.

● 구성

기본은 고객사 IT 인프라 관리팀 중 프로젝트를 지원할 전담자를 선정합니다. 하지만 상황에 따라서는 별도의 담당자를 지정하지 않고, 지원 요청이 있는 경우에 고객사 TFT 멤버를 통해서 지원받는 경우도 있습니다. 프로젝트의 규모가 크면 고객사 TFT 멤버의 구성원으로서 업무를 적극 지원하기도 하고, 규모가 작으면 대표 담당자를 지정해서 필요시 업무 지원을 받기도 합니다.

● 소통 내용

　사업 초기에 H/W 및 네트워크 구성을 협의할 때 고객사 입장을 대변해서 업무 협의를 합니다. 계약 상황에 따라 H/W 장비의 계획 및 선정, 구매 업무까지 주도적으로 하는 경우도 있고, 수행사가 H/W 장비를 구매할 경우 장비 도입 계획의 검토 및 H/W 장비 설치 지원 등을 합니다. 그리고 네트워크는 보안까지 포함하여 사용성과 보안을 고려한 구성을 협의하고, 실제 방화벽 오픈 등 네트워크 관련 업무를 지원합니다.

● 소통 방법

　처음에는 고객사 TFT를 통해서 소개받습니다. 기본 업무는 TFT 멤버와 공식적으로 계획한 일정대로 진행합니다. 이 그룹은 수행사에서 H/W 설치 지원, 방화벽 오픈 요청 등 다양한 지원 요청을 많이 해야 하는 그룹입니다. 그리고 이러한 요청은 H/W 설치 정보, 방화벽 오픈 시 Source- Destination 정보 등의 상세한 내용을 필요로 합니다. 대부분의 IT 인프라 담당자는 이러한 요청을 단순한 구두가 아니라 이메일로 요청받고, 추가적인 설명이나 확인이 필요할 때는 대면 미팅이나 전화 연락 등을 통해서 하는 것을 선호합니다. 따라서 모든 요청은 정확한 내용을 정리하여 이메일로 전달하고, 처리된 결과나 협의된 결과 또한 반드시 IT 인프라 관리 담당자와 고객사 TFT 멤버에게 공유해야 합니다.

　IT 인프라 관리 담당자는 프로젝트 진행 중 소통하는 데 많은 시간을 할애하는 관계는 아닙니다. 하지만 업무 특성상 PM은 이 담당자에게 무언가 요청해야 하는 업무가 많습니다. 이때 관계에 문제가 생길 경우 협조를 받는 데 상당한 어려움을 가질 수 있습니다. PM은 항상 좋은 관계를 유지하기 위해 노력하고, 이해할 수 없는 보안 정책이 있거나 내부 정책으로 간단하게 끝낼 수 있는 일을 어렵게 하더라도 불만을 표현하기보다는 존중해 가며 진행하는 것을 추천합니다.

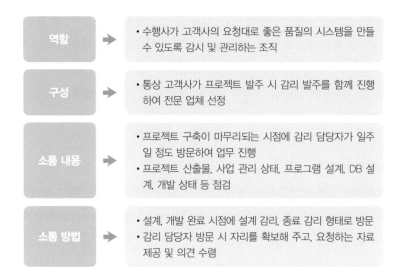

✦ 감리

역할	→	• 수행사가 고객사의 요청대로 좋은 품질의 시스템을 만들 수 있도록 감시 및 관리하는 조직
구성	→	• 통상 고객사가 프로젝트 발주 시 감리 발주를 함께 진행하여 전문 업체 선정
소통 내용	→	• 프로젝트 구축이 마무리되는 시점에 감리 담당자가 일주일 정도 방문하여 업무 진행 • 프로젝트 산출물, 사업 관리 상태, 프로그램 설계, DB 설계, 개발 상태 등 점검
소통 방법	→	• 설계, 개발 완료 시점에 설계 감리, 종료 감리 형태로 방문 • 감리 담당자 방문 시 자리를 확보해 주고, 요청하는 자료 제공 및 의견 수렴

● 역할

수행사가 고객사의 요청대로 좋은 품질의 시스템을 만들 수 있도록 감시하고 관리하는 조직입니다. 민간의 경우 규모가 큰 개발 사업에서 진행되며, 공공의 경우는 필수로 진행됩니다.

● 구성

고객사가 프로젝트 사업을 발주할 때, 감리도 함께 발주하여 감리 전문 업체를 선정합니다. 감리 총괄 담당자와 파트별 담당자들로 구성됩니다.

● 소통 내용

감리는 프로젝트의 주요 단계가 끝나는 시점에 감리 담당자가 방문해서 일주일 정도 진행합니다. 설계 단계가 끝나고 진행되는 설계 감리, 프로젝트 종료 시점에 방문하는 종료 감리가 일반적이고, 프로젝트 규모가 큰 경우 요구 사항이 정리되는 시점에 요구 사항 단계 감리가 진행되기도 합니다. 감리 담당자는 프로젝트의 관리 및 감시 역할로서 하나하나 점검하며, PM은 이들이 감리를 잘 수행할 수 있도록 필요한 자료와 정보를 제공하고, 감리가 끝난 후 결과를 전달받으면 해당 결과를 보완해야 합니다. 프로젝트 산출물, 사업의 관리 상태, 프로그램 설계, DB 설계, 개발 상태 등을 점검합니다.

● **소통 방법**

감리 담당자가 방문하기 전에 감리 업무를 볼 수 있는 장소를 준비해야 합니다. 프로젝트 장소 내부에 회의실이나 별도 공간을 마련하는 것이 일반적입니다. 그리고 그들이 필요로 하는 자료를 제출하고, 감리 중 나온 지적 사항에 대응해야 합니다. 프로젝트를 진행하는 PM 입장에서는 감시자로 온 사람들이 편할 수는 없고, 그들이 지적하는 사항을 이해하기 어려운 경우도 많습니다. 하지만 그렇다고 불편하게 대하면 결국은 PM을 포함한 프로젝트팀이 힘들어지므로, 최대한 유연하게 대응하고 무리한 상황이 발생했을 때는 PM이 감리 총괄 담당과 적절한 협의를 해야 합니다.

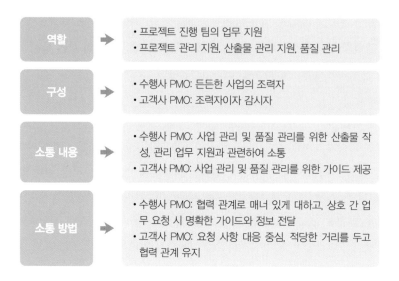

✦ PMO

역할	➡	• 프로젝트 진행 팀의 업무 지원 • 프로젝트 관리 지원, 산출물 관리 지원, 품질 관리
구성	➡	• 수행사 PMO: 든든한 사업의 조력자 • 고객사 PMO: 조력자이자 감시자
소통 내용	➡	• 수행사 PMO: 사업 관리 및 품질 관리를 위한 산출물 작성, 관리 업무 지원과 관련하여 소통 • 고객사 PMO: 사업 관리 및 품질 관리를 위한 가이드 제공
소통 방법	➡	• 수행사 PMO: 협력 관계로 매너 있게 대하고, 상호 간 업무 요청 시 명확한 가이드와 정보 전달 • 고객사 PMO: 요청 사항 대응 중심, 적당한 거리를 두고 협력 관계 유지

● 역할

PMO는 Project Management Office의 약어로, 프로젝트를 진행하는 팀을 지원합니다. 보통 프로젝트 중 발생하는 개발 외의 업무 관리나 산출물 관리, 프로젝트 사업 품질 관리 등의 업무를 지원합니다.

● 구성

PMO는 PA(Project Assistant), 사업 지원, 사업 관리, QA 등 사업을 지원하는 업무 담당자와 역할이 회사마다 조금씩 다릅니다. 하지만 기본은 프로젝트를 수행하는 팀이 일을 잘할 수 있도록 지원하는 역할을 합니다. 이때 수행사에서 PMO 조직을 구성하는 경우, 같은 프로젝트 팀원으로서 업무를 지원하는 든든한 조력자가 되며, 고객사에서 PMO 조직을 구성하는 경우, 조력자로서 고객사에서 지원할 수 있는 것들을 지원하지만 감시자의 역할을 하는 경우도 종종 있습니다.

● 소통 내용

수행사의 PMO는 사업 관리 및 품질 관리를 위한 산출물 작성, 업무와 관련된 지원을 요청하고 진행하기 위한 소통을 합니다. 고객사의 PMO는 고객사 TFT 담당자에게 요청할 업무의 대리인으로서 업무를 지원하기도 하고, 상황에 따라 수행사의 사업 관리 및 품질 관리를 검토하고 가이드하기도 합니다.

● 소통 방법

수행사의 PMO와는 협력 관계를 가지고 명확한 업무 가이드를 통해 업무를 지원받는 것이 좋습니다. 고객사 PMO의 경우, 고객사와 협의가 이뤄진 역할을 확인하고 해당 역할에 따라 대응하되, 너무 가까운 관계를 유지하는 것은 권장하지 않습니다.

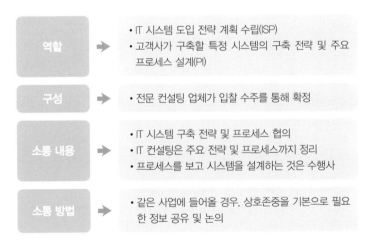

✦ IT 컨설팅

역할	• IT 시스템 도입 전략 계획 수립(ISP) • 고객사가 구축할 특정 시스템의 구축 전략 및 주요 프로세스 설계(PI)
구성	• 전문 컨설팅 업체가 입찰 수주를 통해 확정
소통 내용	• IT 시스템 구축 전략 및 프로세스 협의 • IT 컨설팅은 주요 전략 및 프로세스까지 정리 • 프로세스를 보고 시스템을 설계하는 것은 수행사
소통 방법	• 같은 사업에 들어올 경우, 상호존중을 기본으로 필요한 정보 공유 및 논의

● 역할

IT 시스템 구축을 위한 컨설팅 업무를 합니다. 고객사가 앞으로 어떤 IT 시스템을 전략적으로 도입하고 성장시킬지에 대한 전략 계획을 수립하고(ISP), 고객사가 구축하고자 하는 특정 IT 시스템에 필요한 기능 사항 및 시스템 구축에 필요한 상세한 프로세스를 정리해서 기본 설계를 해 주는 업무(PI)를 진행합니다.

● 구성

고객사에서 컨설팅 발주를 하면, IT 컨설팅 전문 업체가 입찰을 통해 선정됩니다. 상황에 따라서 IT 컨설팅 업체가 먼저 고객사에 ISP나 PI 등의 컨설팅을 진행한 후에 개발 업체가 들어와서 일을 하는 경우도 있고, 개발 업체와 함께 들어와서 구축할 시스템을 분석/설계하기도 합니다.

● 소통 내용

IT 컨설턴트와 직접적으로 소통하는 경우는 많지 않습니다. 대부분 사전에 컨설팅 진행 결과물을 전달받은 후 개발합니다. 하지만 함께 진행할 경우, 구축할 시스템의 전략 및 프로세스를 협의하고, IT 컨설팅에서 설계한 내용을 기초로 시스템을 상세 설계 및 개발합니다.

● 소통 방법

함께 들어와서 진행할 경우에는 서로 존중하는 마음으로 정보를 공유해야 합니다.

IT 컨설팅 담당자와 일을 할 때 PM이 가장 주의하고 사전에 잘 정리해야 하는 것이 R&R입니다. IT 컨설팅 담당자는 고객과 회의를 통해서 구축할 시스템의 주요 정책과 전략을 수립하고, 프로세스를 정리합니다. 이때 정책 및 전략 수립과 프로세스 정리를 기획자 수준의 화면 설계 및 프로세스 설계로 하는 경우도 있고, 개념적인 정리만 하고 상세한 설계는 수행사의 기획자가 해야 하는 경우도 있습니다. 이 부분을 사업 초기에 PM이 명확히 정리해 두지 않으면 이후 설계가 끝나고 본격적인 개발을 해야 할 시기에, 기획자와 컨설팅 담당자 모두 이 부분은 본인 영역이 아니라서 하지 않았다고 말하는 상황이 발생할 수도 있습니다. PM은 이러한 역할을 조정할 때, 양쪽 회사가 가지고 있는 산출물을 설명하고 해당 산출물을 기준으로 어디까지 작업할지를 구체적으로 협의합니다. 물론 이 과정에서 분쟁이 생길 것으로 예상되는 경우에는 고객사 TFT에 중재 요청을 해서 양쪽 회사의 계약 요건을 확인하고, 고객사 결정에 따라 진행합니다.

PM이 알아야 할 필수 용어

PM은 다양한 담당자들과 소통할 때 프로젝트의 총괄 담당자이자 전문가로서 기본적인 신뢰를 갖춰야 합니다. 하지만 신입 PM 중에 기술적인 지식은 높지만 PM 업무 경험의 부족으로 필수로 알아 두면 좋을 용어를 몰라서 당황하는 경우가 있습니다. 프로젝트 진행 중 나오는 주요 용어는 이미 설명했으므로, 그 외에 자주 나오는 용어를 현장에서 사용되는 의미와 상황 중심으로 설명하겠습니다.

✦ IT 시스템 개선

개비
- 현재 운영 중인 시스템을 고치는 것
- 시스템은 유지, 고치는 사이즈가 작을 때

고도화
- 현재 운영 중인 시스템을 더 좋게 만드는 것
- 시스템은 유지, 고치는 사이즈가 클 때

리뉴얼
- 기존 시스템을 새롭게 만드는 것
  (보통 B2C 기반 소규모 홈페이지 등에 사용)
- 시스템 자체를 바꿈, 사이즈 작을 때 표현

차세대
- 기존 시스템을 새롭게 만드는 것
  (보통 B2B 업무용 시스템 등에 사용)
- 시스템 자체를 바꿈, 사이즈 클 때 표현

● 개비

한자로 [改備: 고칠 개, 갖출 비]입니다. 현장에서는 현재 운영 중인 시스템을 고치는 것을 의미합니다. 단, 시스템을 크게 변경하는 것이 아니라 가볍게 고치거나 변경하는 사이즈가 작을 때 많이 사용합니다. 물론 사용하는 사람에 따라서는 규모와 상관없이 변경되는 부분을 개비로 칭하는 경우도 있지만, 대체로 개비라는 용어는 소규모 변경을 의미합니다. 개비라는 용어를 사용해서 진행되는 개발은 개발의 범위와 공수가 어느 정도 구체적으로 파악되어, 보통은 작업 일정이 합리적으로 잡히는 경우가 많습니다.

● 고도화

고도화 역시 기존에 운영 중인 프로그램을 개선한다는 의미가 있습니다. 이때 기존 기능의 보완이나 안정화 수준이 아닌, 새로운 필요에 의해 대대적인 개선을 한다는 의미로 많이 사용됩니다. 이 경우에도 개선하고자 하는 과제나 기능에 대한 어느 정도의 명확한 목표를 가지고 있어서 일정이 안정적으로 진행됩니다.

● 리뉴얼

리뉴얼은 기존 시스템을 유지하면서 보완하는 것이 아니라, 아예 새롭게 만드는 것을 말합니다. 보통 B2C 기반의 규모가 크지 않는 포털 사이트 등을 새롭게 만들 때 많이 사용합니다. 리뉴얼 프로젝트는 프로젝트 규모가 크지 않아서 대부분 일정이 무리하지 않게 잡히지만, 상황에 따라서는 힘든 프로젝트가 되는 경우도 있습니다.

● 차세대

리뉴얼과 동일하게 기존 시스템을 아예 새롭게 만드는 것을 말합니다. 리뉴얼이 B2C 기반의 소규모 작업을 말한다면, 차세대는 B2B 기반의 대형 프로젝트에서 많이 사용됩니다. 예를 들면 은행의 업무 시스템 차세대 구축 등과 같은 경우입니다. 차세대는 규모가 워낙 크기 때문에 사업의 구상 단계에서 정확한 개발 규모를 파악하기가 어려운 편으로, 프로젝트 초반에는 예상보다 분석 설계의 기간이 길어 여유 있고, 프로젝트 막바지에는 앞에서 지연된 일정을 맞추기 위해서 무리한 일정을 소화하는 경우가 많습니다.

✦ IT 입찰 방식

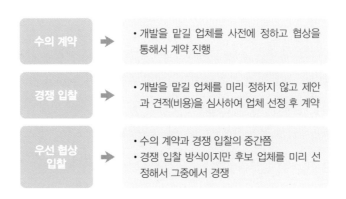

● 수의 계약

사업을 발주할 당시 개발을 맡길 업체를 사전에 정하고 협상을 통해서 계약을 진행하는 방식입니다. 보통 민간 IT 사업에서 프로젝트의 규모가 작거나, 전략적인 개발 파트너 회사 혹은 용역 업체와 계약하는 방식으로 진행됩니다.

● 경쟁 입찰

경쟁 입찰은 수의 계약과 반대 개념입니다. 사전에 개발을 맡길 업체를 선정하지 않고 사업을 발주하는 방식입니다. 사업 공고가 나오면 개발 업체들이 해당 공고를 보고 지원하여 제안서 작성 및 발표를 하고, 그 내용을 토대로 업체를 선정하는 방식입니다. 민간의 경우, 프로젝트 사이즈가 크거나 사업을 발주하는 기업이 큰 기업일 때 많이 이용하는 방식이며, 법 규제에 따라 의무화 혹은 자율

화되기도 합니다. 공공의 경우는 기본적으로 경쟁 입찰을 합니다. 민간과 다른 점이라면, 민간은 사업을 발주한 업체가 입찰에 들어온 업체를 평가하여 선정하는 반면, 공공은 사업 발주 기관이 아닌 별도의 평가 그룹이 선정합니다.

● 우선 협상 입찰

　수의 계약과 경쟁 입찰의 중간 방식으로 이해할 수 있습니다. 기본적으로는 경쟁 입찰 방식이지만, 아무나 지원하는 것이 아닌 입찰에 참여할 후보 업체를 사전에 선정하고, 선정된 우선 협상 업체 간의 경쟁으로 진행되는 방식입니다. 이 방식은 일반적인 개발보다는 특별한 솔루션이나 전문적인 기능을 개발해야 할 때, 일반 개발사가 아닌 해당 분야의 전문업체 간 경쟁을 통해 좋은 업체를 선정하기 위해서 자주 사용하는 방식입니다.

✦ IT 계약 관련

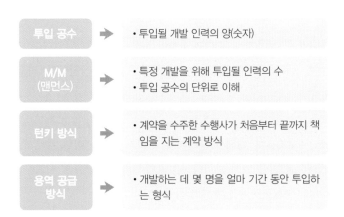

투입 공수	→	• 투입될 개발 인력의 양(숫자)
M/M (맨먼스)	→	• 특정 개발을 위해 투입될 인력의 수 • 투입 공수의 단위로 이해
턴키 방식	→	• 계약을 수주한 수행사가 처음부터 끝까지 책임을 지는 계약 방식
용역 공급 방식	→	• 개발하는 데 몇 명을 얼마 기간 동안 투입하는 형식

● 투입 공수

시스템을 개발하거나 구축하기 위해서 투입되어야 하는 인력의 양을 의미합니다. 시스템 구축을 위해서 얼마나 많은 인력이 투입되어야 하는지 묻거나 설명할 때 사용하는 용어로, "이번 프로젝트의 투입 공수는 얼마나 될까요?"라고 물어보면 "80M/M(맨먼스) 정도 예상됩니다."라고 답합니다. 답변에서 M/M이라는 용어가 나오는데 이는 아래에서 설명하겠습니다. 참고로 이러한 투입 공수는 시스템을 구축 관리할 PM이나 개발 리더-PM 간 협의를 통해서 산정하는 것이 일반적이며, 얼마나 정확히 산정하고 고객과 합리적으로 협의하느냐에 따라 프로젝트가 안정적 혹은 어렵게 시작될 수 있습니다.

● 맨먼스(M/M)

맨먼스라고 읽으며, 투입 공수를 수치로 나타내기 위한 단위입니다. 간단하게 신규 개발 예를 통해서 알아보겠습니다.

- PM 1명이 5개월 $\Rightarrow$ 1×5 $\Rightarrow$ 5M/M
- 기획자 1명이 2개월 $\Rightarrow$ 1×2 $\Rightarrow$ 2M/M
- 개발자 3명이 4개월 $\Rightarrow$ 3×4 $\Rightarrow$ 12M/M

여기서 투입 공수는 가장 오른쪽 숫자인 5+2+12=19M/M입니다. 그리고 읽을 때는 "이번 프로젝트에는 총 19맨먼스 정도 투입이 예상됩니다."라고 합니다.

● 턴키 방식

현장에서 프로젝트에 대해서 문의하거나 얘기할 때, "이번 프로젝트는 턴키 방식이죠?"라는 얘기를 많이 합니다. 턴키 방식은 프로젝트의 시작부터 끝까지 계약한 회사에서 모두 책임을 지는 방식입니다.

● 용역 공급 방식

턴키가 프로젝트를 모두 책임지는 거라면, 용역 공급은 해당 업무를 할 인력을 약속된 기간만큼 투입하는 것으로 책임이 끝납니다.

턴키는 프로젝트가 크고 계약의 대표가 되는 업체가 책임을 져야 하는 경우 진행되는 방식입니다. 책임이라는 말에서 나오는 어려움이 있지만, 잘 수행할 경우 기회 수익이 많이 발생할 수 있습니다. 용역 공급은 일할 사람을 보내고 그 인력이 열심히 일을 하기만 하면 됩니다. 상대적으로 위험 부담이 없기 때문에 투입 인력의 비용만으로 수익을 올리는 방식입니다. 간단한 유지 보수 개발이나 운영 업무 등을 하기 위한 계약 방식에 사용됩니다.

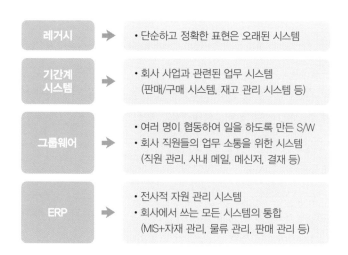

✦ 고객사 시스템

레거시	→	• 단순하고 정확한 표현은 오래된 시스템
기간계 시스템	→	• 회사 사업과 관련된 업무 시스템 (판매/구매 시스템, 재고 관리 시스템 등)
그룹웨어	→	• 여러 명이 협동하여 일을 하도록 만든 S/W • 회사 직원들의 업무 소통을 위한 시스템 (직원 관리, 사내 메일, 메신저, 결재 등)
ERP	→	• 전사적 자원 관리 시스템 • 회사에서 쓰는 모든 시스템의 통합 (MIS+자재 관리, 물류 관리, 판매 관리 등)

● 레거시

레거시 혹은 레거시 시스템이라고 많이 쓰이며, 오래된 시스템을 말합니다. 어떤 시스템이든 오래되면 레거시라고 부릅니다. 상당히 많이 사용되는 용어이므로 개념을 꼭 이해합니다.

● 기간계 시스템

레거시와 더불어 많이 사용되는 용어입니다. 고객사의 핵심 사업과 관련된 업무를 처리하는 시스템을 말합니다. 물건을 사고파는 업체라면 물건 판매 및 구매 관리를 하는 시스템을 말합니다. "우리 기간계 시스템이 노후화되어서 새롭게 바꿔야 해!"라는 식으로 쓰이는데, 이것은 "지금 우리 회사의 메인 업무 시스템이 노후화되어서 새롭게 바꿔야 해!"라고 해석하면 됩니다.

현장에서 레거시와 기간계 시스템을 혼용하는 경우가 생각보다 많습니다. 대부분 업무를 하는 시스템을 기간계라고 부르는데, 이 기간계 시스템은 한 번 구축하면 오랜 기간 이용합니다. 시스템이 오래되면서 이것을 레거시라고 부르게 되는데, 이런 용어를 처음 접하는 사람들은 기간계 시스템 자체를 레거시라고 생각하는 경우가 많으니 이에 주의합니다.

● 그룹웨어

회사에서 일을 할 때 여러 명이 협력하여 일을 할 수 있도록 도와주는 시스템입니다. 직원 관리, 근태 관리, 사내 메일, 메신저, 결재 등 업무를 효율적으로 할 수 있도록 도와줍니다.

● ERP

Enterprise Resource Planning의 약어입니다. 영문을 해석하면 전사적 자원 관리 시스템이라는 뜻으로, 상당히 광범위한 기능을 포함하는 시스템을 말합니다. 회사 전체에서 운영을 위해 필요한 모든 자원을 관리하는 시스템으로, MIS를 포함하여 자재 관리, 물류 관리, 재고 관리, 판매 관리 등을 말합니다.

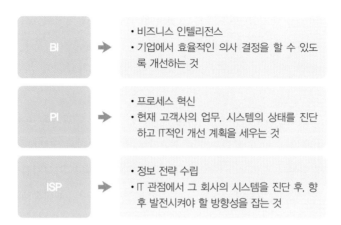

- BI
  - 비즈니스 인텔리전스
  - 기업에서 효율적인 의사 결정을 할 수 있도록 개선하는 것
- PI
  - 프로세스 혁신
  - 현재 고객사의 업무, 시스템의 상태를 진단하고 IT적인 개선 계획을 세우는 것
- ISP
  - 정보 전략 수립
  - IT 관점에서 그 회사의 시스템을 진단 후, 향후 발전시켜야 할 방향성을 잡는 것

● BI

Business Intelligence의 약어입니다. 영문 그대로 해석하면 비즈니스를 지적으로 하는 것입니다. 실제 현장에서 쓰이는 의미는 기업에서 사업 관리나 의사 결정을 효율적으로 할 수 있도록 개선하는 것을 말합니다. 다른 시스템이 급여 지급, 물건 구매 등과 같이 실제 업무 처리를 목적으로 만들어진다면, BI를 위한 시스템은 실제 업무 처리 기능을 제공하지 않습니다. 업무 처리 결과를 분석하여 통계를 내거나, 사업 전략을 위한 정보를 확인하고 의사 결정을 지원하는 시스템입니다. 대표적으로 다각도로 다양한 통계 분석을 할 수 있는 OLAP 솔루션, 의사 결정을 지원하는 빅데이터 기반 AI 등이 이러한 BI를 위한 솔루션 혹은 시스템의 사례입니다.

● PI

Process Innovation의 약어입니다. 영문 그대로 해석하면 처리 절차를 혁신하는 것입니다. 현재 고객사가 하는 업무, 시스템의 상태를 진단하고 IT를 통해 더 효율적인 업무를 할 수 있도록 개선하는 계획을 세우는 것입니다. 예를 들어 원자재 유통 회사의 경우, 유통과 관련된 업무를 기존에 엑셀 등 수기 작업으로 했다면, PI를 통해서 유통 관리 시스템을 구축할 수 있으며, 유통 관리 시스템은 어떤 기능을 가지고 있어야 하고, 어떠한 프로세스로 처리되도록 만들어야 한다는 등의 계획을 상세하게 정리하는 것입니다.

● ISP

Information Strategy Planning의 약어로, 정보 전략 계획이라는 의미입니다. 이 용어는 PI와 콘셉트가 비슷합니다. IT 관점에서 고객사를 전체 진단 후, 현재 업무나 프로세스 중에서 IT를 통해서 개선해야 할 사항들이 무엇인지 계획을 세우는 것입니다. PI가 특정 시스템에 국한하여 그 시스템을 상세하게 구축하는 전략을 수립하는 것이라면, ISP는 장기적인 안목으로 올해는 A 시스템, 내년에는 B 시스템을 계획하고 10년 후에는 이런 시스템을 도입해서 개선해야 한다는 식의 장기적인 IT 시스템 구축 전략 계획을 세우는 것입니다. 이를 위해서 고객사에 구축해야 할 시스템이 무엇이며, 업무를 어떤 식으로 개선해야 하는지 등을 정리합니다. 구축할 시스템의 기능 정의는 나오지만, PI 수준의 상세한 정보를 내지는 않는 편입니다.

✦ 평가

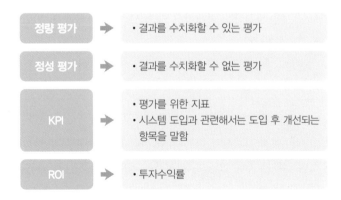

정량 평가	➡	• 결과를 수치화할 수 있는 평가
정성 평가	➡	• 결과를 수치화할 수 없는 평가
KPI	➡	• 평가를 위한 지표 • 시스템 도입과 관련해서는 도입 후 개선되는 항목을 말함
ROI	➡	• 투자수익률

● 정량 평가

"이번에 개선된 성과를 정량적인 평가 기준으로 보고할 수 있을까요?"라는 식으로 사용됩니다. 이때 정량적은 숫자(수치)로 표현할 수 있는 것을 의미합니다. 예를 들면 고객사에서 신규 판매 시스템을 도입하는 경우, 시스템 도입 전의 매출과 도입 후의 매출을 비교해서 성장률을 추출하거나, 고객 포털 리뉴얼을 통해서 기존과 비교해 접속자의 수나 접속 빈도가 높아졌다는 것을 숫자로 표현하는 것을 말합니다. DAU(Daily Active User), WAU(Weekly Active User), MAU(Monthly Active User) 등이 정량적인 평가 기준입니다.

● 정성 평가

"이번에 도입한 시스템은 정량적으로 평가가 어려우니, 정성적인 평가 기준으로 도입 효과를 나타낼 수 있을까요?"라는 식으로 사용됩니다. 예를 들면, 업무 시스템을 새로 도입하는 경우, 이 시스템을 통해 전반적인 업무 효율은 좋아질 수 있지만, 갑자기 판매 실적이 오른다거나 고객이 많이 접속하는 것은 아닙니다. 이런 경우 실제 도입 효과를 정량적으로 표현하기 어려운데, 숫자로 표현할 수 없는 것을 평가 혹은 효과로 나타낼 때 정성 평가를 사용합니다. 이때, "무조건 이런 점이 개선되어서 좋아집니다."라고 하는 것보다 "기존에 이런 문제점, 저런 문제점이 있었는데, 이렇게 저렇게 개선되었으며, 실제 이용자가 해당 업무를 하는 데 기존에는 100의 노력을 했으면, 현재는 10의 노력 정도로도 업무 처리가 가능합니다."라는 식으로 좋아진 내용에 대해 구체적으로 정리하고, 정리된 결과에 따른 효과를 기존과 비교해 최소화된 정량적 표현을 쓰는 것이 효과적입니다.

● KPI

Key Performance Indicator의 약어로, 평가를 위한 지표를 말합니다. "이번 시스템 도입에 따른 KPI를 무엇으로 하면 좋을까요?"라는 식의 질문을 받을 수 있으며, 이때 "고객의 매출보다 접속자 및 접속량의 증가를 가져오는 시스템이니 KPI를 DAU, WAU, MAU로 하는 것이 좋겠습니다."라고 답변할 수 있습니다. KPI는 도입되는 시스템의 종류에 따라서 매출, 순이익, 이용자 증감률 등 다양한 지표가 있습니다. 또한 시스템 도입 성과뿐만 아니라, 직원 인사 평가, 기업의 사업부별 실적 평가 등 다양한 분야에서 평가의 지표로 이용됩니다.

● ROI

Return On Investment의 약어입니다. 해석 그대로 투자 대비 돌아오는 것, 즉 투자 수익률을 말합니다. "이번 시스템 도입에 비용이 얼마만큼 들어갔으니, 그에 해당하는 ROI가 나오도록 잘 구축하길 바랍니다."라는 식으로 사용됩니다. 높은 투자금으로 시스템을 도입했으니, 시스템을 운영하는 동안 해당 투자에 대한 효과를 보게 해 달라는 말입니다. 이 경우, 즉시 매출에 기여해 결과를 보이는 시스템도 있지만, 업무 시스템 개선 등은 즉시 매출이 아니라 업무자 효율을 향상하는 시스템이기 때문에 내부에서 소모되는 판관비 절감이나, 업무 효율 증가에 따른 새로운 효과를 통해서 정량화하는 경우가 많습니다.

✦ 의사 소통

아삽(ASAP)	→	• As Soon As Possible의 약어 • 가능한 한 빨리
AS-IS vs TO-BE	→	• AS-IS: 지금은 이렇게 하고 있는데 • TO-BE: 앞으로 이렇게 하면 해결
피드백	→	• 협의한 것에 대해 결과를 돌려주는 것 • 바로 대답하지 않고 고민 후 답을 주는 사안
컨센서스 (Consensus)	→	• 의견이 일치하는 것이라는 용어 • 특정 대기업에서 많이 사용

● 아삽(ASAP)

As Soon As Possible의 약어입니다. 고객이 어떤 업무 요청을 할 때, 언제까지 해야 하는지 물어보면 "아삽이요."라고 하는 경우가 있습니다. 이는 As Soon As Possible 해석 그대로 가능한 빨리 해 달라는 의미입니다. 고객이 아삽으로 해 달라고 요청할 때, 명확한 대응 일정이 없는 상태라면 가능한 한 빨리 작업을 하되 무리하게 할 필요는 없습니다. 종종 무리하게 빨리 대응하면 고객은 그 대응 시간이 당연하다고 인지하고 이후로도 동일하게 무리한 일정을 요청할 가능성이 높아지기 때문입니다.

● AS-IS vs TO-BE

IT 시스템 구축에서 "AS-IS(현재)는 시스템이 이렇게 불편한데, TO-BE(앞으로는, 시스템 구축 후에는) 시스템이 이렇게 편해집니다."라고 표현합니다. 보통 제안 자료, 착수/중간/종료 보고 등 주요 보고 자료에 상당히 많이 나오는 표현이며, 고객과 대화할 때도 "AS-IS에서 문제가 되었던 이 사안을 TO-BE에서 어떻게 개선하기로 했죠?" 등과 같이 사용합니다.

● 피드백

IT 분야에서만 사용되는 용어는 아니지만, IT 개발에서는 다양한 요청, 요청에 따른 기획, 기획에 따른 개발 등 다양한 분야의 사람과 소통하며 이에 따른 결과를 제대로 전해 주는 것이 중요합니다. 이런 협의나 요청에 대해 검토 후 그 결과를 전달해 줄 때 많이 사용되는 표현입니다.

● 컨센선스

이 용어는 의견이 일치하는 것이라는 의미입니다. 실제로 많이 쓰지는 않는 표현인데, 특정 대기업에서 이 용어를 자주 사용합니다. 좀처럼 이루어지지 않는 어려운 협의를 겨우 끌어내었을 때 사용하는데, "이 문제를 계속 협의하지 못하고 있다가, 이번에 컨센서스를 이루었으니 잘 진행해 주시기를 바랍니다."와 같이 사용됩니다.

4.3 시스템 연계 협의 방법

프로젝트 진행 중 특정한 이유로 외부 시스템과 연계 개발을 하는 경우가 있습니다. 연계 개발의 중요한 포인트는 협의하는 대상이 프로젝트 내부 담당자가 아니라 외부 시스템을 운영하거나 구축하는 담당자라는 것입니다. 이때 소통을 PM이 주도해야 하는데, 외부 담당자와 소통 시 연계 협의 방법을 잘 모를 경우 난감한 상황이 발생합니다. 이번 절에서는 연계의 종류와 연계 협의를 진행하는 방법에 대해서 설명합니다.

✦ SSO

SSO (Single Sign-On)
- 한번의 인증으로 여러 시스템에 로그인

❶

사용자

❷
구글
통합 인증

❸

G-mail

구글
드라이브

유튜브

통합 인증
패밀리

❶ G-mail 접근 시도

❷ 통합 로그인 이동 및 로그인(인증)

❸ 구글 관계 사이트 인증 없이 로그인

본격적으로 연계에 관한 설명을 하기 전에, 관련해서 자주 나오는 SSO라는 개념부터 알아보겠습니다. SSO는 [Single Sign On]의 약어로, 한 번(Single)의 인증(Sign)으로 여러 시스템에 로그인(On)하는 것을 말합니다.

예를 들어, G-mail, 구글 드라이브, 유튜브를 이용한다고 합시다. G-mail 서비스를 이용하기 위해서는 G-mail에 로그인해야 합니다. 이때, G-mail 로그인 버튼을 누르면, G-mail 사이트에서 직접 로그인하는 게 아니라 구글 통합 인증 사이트로 연결되고, 이 통합 인증 사이트에서 로그인을 합니다. 이렇게 로그인이 완료되면 G-mail 화면으로 이동하여 메일 서비스를 받습니다. 이후, G-mail에서 유튜브로 이동하면, 별도의 유튜브 계정 로그인 없이도 자동으로 로그인이 된 상태로 유튜브를 이용할 수 있습니다. 이와 같이 G-mail, 구글 드라이브, 유튜브처럼 완전히 다른 시스템이지만 한 번의 통합 인증을 거쳐 모든 서비스를 받는 것을 SSO라고 합니다.

그런데 SSO가 IT 현장에서 다른 의미와 혼재되어 사용되는 경우도 많습니다. 바로 다른 시스템과 연계 로그인을 하는 것입니다.

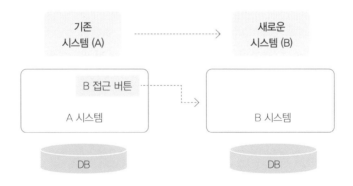

예를 들면, 기존에 A라는 시스템이 있는 회사에 들어가서 새로운 B시스템을 만들었습니다. 그런데 회사의 사용자들이 새롭게 만들어진 B시스템을 이용하려다 보니, A시스템과 B시스템을 따로 로그인해야 하는 불편함이 생깁니다. 그래서 A시스템에 B시스템으로 연결되는 버튼을 만들고, 버튼을 클릭하면 A시스템에서 B시스템으로 연결되면서 자동으로 로그인되도록 만듭니다. 바로 시스템

간의 로그인 연계를 하는 것입니다. 엄밀히 말하면 이는 SSO가 아니지만, IT 현장에서는 이런 로그인 연계를 SSO라고 표현하는 경우가 많으니 참고하길 바랍니다.

로그인 연계에는 다양한 방법이 존재하는데, 다음은 자주 이용되는 몇 가지 방식입니다.

첫 번째, 별다른 제약 없이 시스템 연결 버튼에 이동할 사이트의 주소를 링크하면, 아이디 정보를 넘겨 주면서 B시스템으로 이동하고, B시스템에서는 이것을 바로 로그인 처리해 주는 방식입니다. 이 방식은 간단하지만 보안 측면에서는 상당히 취약합니다. 그래서 일반 인터넷을 이용할 때는 많이 사용하지 않고, 두 시스템이 모두 외부 사람들이 접근하지 못하는 내부의 망 안에 안전하게 있는 경우는 이 방식을 이용해서 간편하게 로그인 연결을 합니다.

두 번째는 별도의 인증 절차를 거치는 방식입니다. 양쪽 시스템 간에 서로 약속된 연결임을 인증해 줄 수 있는 토큰(티켓) 등을 발행함으로써, 아무에게나 로그인 연결을 해 주는 것이 아니라 인증을 받은 시스템 간에만 로그인 연계가 되도록 하는 방식입니다. 여기서 인증 토큰 등의 기술을 상세히 알 필요는 없습니다. 안전한 연계를 위해서 양쪽 시스템 간에 인증을 위한 토큰을 발행하는 기술이 있음을 이해하고, 보안의 정도에 따라 이러한 인증 절차를 거칠지 생각한 후, 개발자가 이를 적용할 수 있도록 협의하면 됩니다.

마지막으로 A-B 양쪽 시스템 간에 ID 정보를 공유하여 DB에 저장해 놓고, 연결 시 암호화된 ID 및 PW 정보를 받아서 해석하고, 우리 쪽 DB에 있는 계정 정보와 동일한지 확인 후 동일한 경우에 자동 로그인을 시켜 주는 방식도 있습니다.

이 외에도 다양한 방법이 있는데, 이 정도의 개념만 이해해도 충분한 협의가 가능합니다.

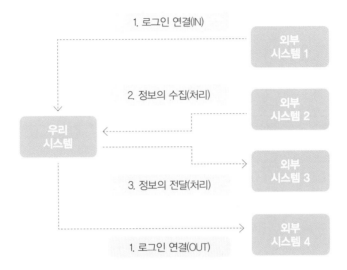

외부 시스템 간의 연계는 다양한 상황과 경우가 있겠지만, 대부분 3가지 기본 구조를 벗어나지 않습니다.

- 첫 번째, 로그인 연결 : SSO 참고
- 두 번째, 정보의 수집 : 외부 시스템으로부터 내가 필요한 정보를 받는 경우
- 세 번째, 정보의 전달 : 외부 시스템에 내가 가지고 있는 정보를 전달하는 경우

위의 내용을 정리하면, 외부 시스템 연계는 결국 시스템 간의 로그인을 연결하거나, 필요에 따라서 정보를 주고받는 연결을 하는 것입니다. 첫 번째 로그인 연결은 앞서 설명하였으므로, 두 번째와 세 번째 부분을 좀 더 자세히 알아보겠습니다.

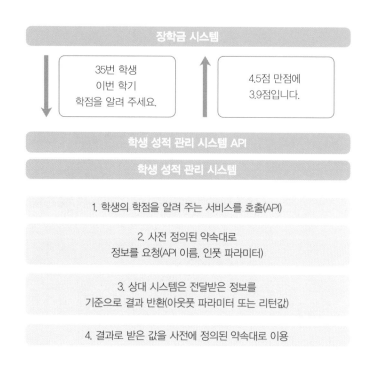

✦ 정보 수집 연계 케이스

장학금 시스템

35번 학생
이번 학기
학점을 알려 주세요.

4.5점 만점에
3.9점입니다.

학생 성적 관리 시스템 API

학생 성적 관리 시스템

1. 학생의 학점을 알려 주는 서비스를 호출(API)

2. 사전 정의된 약속대로
정보를 요청(API 이름, 인풋 파라미터)

3. 상대 시스템은 전달받은 정보를
기준으로 결과 반환(아웃풋 파라미터 또는 리턴값)

4. 결과로 받은 값을 사전에 정의된 약속대로 이용

정보 수집은 외부 시스템으로부터 우리 시스템이 필요로 하는 정보를 받는 경우입니다.

예를 들어 보겠습니다. 학생들에게 장학금을 지급하는 시스템을 만들고 있습니다. 우리 시스템은 학생의 성적을 관리하지는 않고, 단순히 학생 성적에 따라서 장학금을 지급하는 시스템입니다. 이때 장학금을 주려면 당연히 학생들의 성적을 알아야 하는데, 앞서 말한 바와 같이 우리 시스템에는 성적 정보가 없습니다. 그리고 학생의 성적 정보는 기존의 [학생 성적 관리 시스템]에 있습니다. 이때 우리가 만들려는 [장학금 시스템]은 연계를 통해서 [학생 성적 관리 시스템]으로부터 학생의 성적 정보를 받아야 합니다. 이런 경우가 바로 정보를 수집하는 연계를 필요로 하는 상황입니다.

그러면 정보를 어떻게 수집할까요?

먼저 [장학금 시스템]에서 [학생 성적 관리 시스템]에게 "35번 학생의 이번 학기 학점을 알려 주세요!"와 같이 우리가 필요로 하는 정보를 요청합니다. 이때, 정보 요청은 마음대로 하는 것이 아니라 사전에 서로 정보를 주고받기로 약속을 정하고, 정해진 약속대로 요청을 합니다. [학생 성적 관리 시스템]은 요청을 받으면, 필요한 정보를 조회한 후 [장학금 시스템]에 정보를 전달합니다. [장학금 시스템]은 전달받은 정보를 확인하여 장학금 지급 업무에 이용합니다.

이렇게 정보를 연계하는 데에는 2가지 방법이 있습니다. 정보를 받는 쪽에서 제공하는 쪽의 DB에 접속해서 정보를 가져오는 방법과, 정보를 제공하는 쪽에서 프로그램을 만들어서 정보를 주는 방법입니다. 그러면 2가지 방법 중 어떤 방법으로 진행해야 할까요? 당연히 두 번째 방법입니다. 첫 번째 방법은 다른 시스템이 마음대로 들어와서 볼 수 있으므로 보안상 위험합니다. 따라서 시스템 연계의 경우, 반드시 정보를 제공하는 쪽에서 정보 제공을 위한 프로그램을 만들어 줘야 합니다.

정보를 제공하기 위해서는 API라는 프로그램을 만들어야 합니다. 정보를 제공하는 쪽에서 API 프로그램의 이름, 인풋 파라미터(입력값), 아웃풋 파라미터(결괏값)를 알려 줘야 정보를 받는 쪽에서 프로그램 이름을 호출하고, 정확한 입력값을 넣고, 결괏값을 제대로 확인할 수 있습니다. 이러한 API의 정의를 명세한 것을 인터페이스(I/F) 정의서라고 합니다. 그러면 인터페이스 정의서에는 어떤 내용이 들어갈까요?

● 인터페이스 문서 구성

인터페이스 정의서는 4가지 정보로 구성됩니다.

첫 번째, 인터페이스를 호출하기 위한 URL 및 인터페이스명 정보입니다. 이 내용을 보고 정보를 요청하는 쪽에서는 필요로 하는 API를 정확하게 호출합니다.

두 번째, 인풋 파라미터(입력값) 정보입니다. 정보를 요청하는 쪽에서 정보를 받기 위한 기준을 전달하는 것입니다. 예를 들면 특정 학번을 가진 학생의 정보가 조건이라면, 인풋 파라미터는 학번이 됩니다.

세 번째, 아웃풋 파라미터(결괏값) 정보입니다. 정보를 요청하는 쪽에서 필요로 하는 결과 정보를 정의한 것입니다. 이 경우에는 학점이 아웃풋 파라미터가 됩니다. 이때, 아웃풋 파라미터는 정상적인 결과와 함께 예외 상황에 대응 가능한 정보를 함께 전달해야 합니다. 예를 들면, 요청한 학번의 학생이 없는 경우, 보내 줄 학점 정보가 없다는 예외 상황에 대한 정보를 전달해야 합니다.

네 번째, 인터페이스 방식입니다. 이 부분은 개발자들이 상호 간에 연계 가능한 방식을 협의하는데, 보통은 Restful API 방식을 많이 사용합니다.

여기서 한 가지 확인할 수 있는 것이 있습니다. 바로 API를 만드는 것은 정보 제공자이지만, 인터페이스 정의서에 들어가는 내용은 정보를 필요로 하는 쪽에서 정해야 한다는 것입니다. 따라서 외부 연계를 위한 인터페이스 정의서 정리를 위해서는 양쪽 시스템의 관리자가 만나서 어떤 정보가 필요하며, 어떻게 만들지를 함께 협의해야 합니다.

● 정보 수집 연계 협의 방안

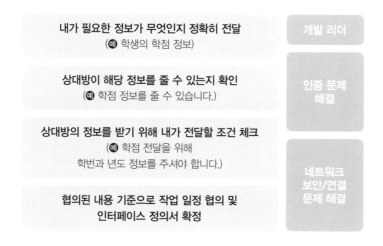

이러한 연계와 관련된 협의 시 어떻게 대응해야 할까요?

정보 수집 연계 협의를 할 때, 정보를 필요로 하는 쪽보다는 정보를 제공하는 쪽에서 개발해야 할 일이 더 많은데, 정보를 제공하는 입장에서는 하지 않아도 될 일을 해야 하는 불편한 상황이 생길 수 있습니다. 원활한 업무 협의를 위해서는 정보를 요청하는 쪽에서 사전에 확실히 준비해서, 정보를 제공하는 쪽이 의사 결정이나 일을 쉽게 할 수 있도록 만들어 줘야 합니다.

연계 협의 진행은 다음과 같은 방법으로 합니다.

첫 번째, 내가 필요한 정보를 사전에 문서 형태로 정리하고 연계 회의 전에 반드시 메일 등을 통해서 전달하여, 정보 제공자가 필요한 내용을 미리 확인할 수 있도록 합니다.

두 번째, 메일 등을 통한 연락 혹은 필요시 미팅을 진행해야 합니다. 이 미팅에서는 내가 필요로 하는 정보를 정확히 설명하고, 상대방이 해당 정보를 제공할 수 있는지를 먼저 확인합니다. 그리고 정보 제공이 가능할 경우, 정보를 주고받기 위한 상세 조건 및 결과를 어떤 식으로 받을지에 대해 협의합니다.

세 번째, 이러한 정보에 대한 업무 협의와 함께, 양쪽 개발 리더 혹은 개발자들은 연계를 위한 개발 요소를 점검해야 합니다. 대표적으로 시스템 연계 시 보안을 위해서 인증을 어떻게 할지, 네트워크 연결에 문제는 없는지 등의 협의를 진행합니다.

네 번째, 업무 협의 및 개발 협의가 완료되면, 해당 작업을 진행할 일정을 정리하여 반드시 회의록으로 공유하고, 회의 내용을 기초로 한 인터페이스 정의서를 확인한 후 개발을 진행합니다.

✦ 정보 전달 연계 케이스

장학금 시스템

장학금 시스템 API

이번 달 장학금
입금해야 할 학생 및
금액 정보 전달 바랍니다.

홍길동 100만원,
김길동 50만원입니다.

계좌 이체 시스템

1. 장학금 정보를 전달할 서비스 준비(API)

2. 호출받은 정보의 확인(API 이름, 인풋 파라미터)

3. 확인받은 정보대로 정보 추출(비즈니스 로직)

4. 약속된 규격대로 정보 전달(아웃풋 파라미터 or 리턴값)

이번에는 정보를 전달하는 상황입니다. 장학금 시스템에서 계좌 이체 시스템으로 실제 장학금을 지급해야 할 학생의 이름과 금액 정보를 전달해야 합니다. 정보를 전달하는 케이스는 정보를 받는 쪽과 주는 쪽의 입장이 수집의 케이스와 반대일 뿐 프로세스는 동일합니다. 우리가 정보를 제공하는 제공자가 되면, 수요자 때와는 다르게 API를 우리 쪽에서 개발해야 하며, 인터페이스 정의서는 정보 요청자 측에서 작성하는 것이 기본입니다. 또한, 우리 시스템의 일부분을 열어서 정보를 제공해야 하기 때문에 보안 문제를 반드시 확인해야 합니다. 정보 제공을 위한 연계 시, 가능한 네트워크 보안 제공 방식이나 제약 사항을 반드시 담당자에게 미리 확인해야 합니다.

인터페이스 연계 진행을 할 때, 반드시 체크해야 될 사항들이 있습니다.

첫 번째, 네트워크 연결 확보입니다. 이는 무조건 먼저 확인해야 할 사항으로, 네트워크 연결에서 방화벽이 오픈되지 않거나 너무 늦게 되어서 일정이 지연되는 경우가 상당히 많이 발생합니다. 따라서 사전에 네트워크 연결성을 확보하고 진행해야 합니다.

두 번째, 정보 보안입니다. 인터페이스를 통해서 정보가 전달될 때, 이 정보가 오픈된 상태로 전달되어도 되는 정보인지 아니면 엄격한 데이터 암호화를 통해 보안 관리되어야 하는 정보인지 잘 확인해야 합니다.

세 번째, 예외 상황에 대한 확실한 협의가 필요합니다. 요청한 정보를 줄 수 없는 상황이나, 한쪽 시스템에 문제가 생겼을 때 상대 시스템에 영향을 주지 않도록 하는 등 예외 상황을 꼼꼼히 체크하지 않으면, 긴급한 상황에 큰일이 벌어질 수도 있습니다.

네 번째, 진행 일정 관리입니다. 연계 개발은 말 그대로 한쪽에서만 개발하는 것이 아니기 때문에, 우리가 일정을 잡고 계획을 철저히 세웠어도 상대방에 문제가 생기면 대기해야 하고, 이렇게 지연되는 만큼 업무에 리스크가 생길 수 있습니다. 따라서 확정된 일정을 주변 관련자에게 전체 공유함으로써, 서로가 일정을 지킬 수 있도록 해야 합니다.

4.4 문서 관리 기본 가이드

IT 프로젝트 진행 중에는 상당히 많은 산출물을 관리합니다. 이러한 문서 관리는 PMO, PA, QA, 사업 지원 등 담당자가 하기 때문에 PM의 핵심 업무는 아닙니다. 하지만 담당자의 경험이 부족할 경우 PM이 리딩해야 하는 상황이 발생할 수 있습니다. 이번 절에서는 PM으로서 문서 관리에 대한 가이드 및 리딩을 잘할 수 있는 지식을 설명합니다.

✦ 문서 관리란?

프로젝트 진행 중 작성하는 문서는 PM이 핵심으로 작성해야 할 문서와 업무 담당자 혹은 사업 지원 담당자가 작성해야 할 문서로 나뉩니다. 각 문서를 관리할 담당자가 일을 잘하면 PM이 신경 쓰지 않아도 되지만, 지원팀 담당자의 전문 지식이 부족한 경우 PM이 전반적인 문서 관리 기준을 설명하고 가이드해야 합니다. 이번 절에서는 문서 관리의 기본이 되는 내용과 전체적인 산출물을 관리하는 방법에 대해서 설명합니다.

✦ 문서 관리 기본

IT 프로젝트에서 작성되는 모든 문서는 관리 기준이 있습니다. 문서는 기본적으로 다음의 내용을 포함합니다.

● 문서 표지

모든 문서의 첫 장에는 해당 문서가 어떤 문서인지 표시하는 표지가 있습니다. 이 표지에는 위의 그림과 같이 상단에 사업명, 하단 좌측에 고객사의 CI, 우측에 수행사의 CI를 표기합니다. 문서의 표지를 보면 이 사업의 이름이 무엇이며, 고객사와 수행사가 누구인지를 확인할 수 있습니다. 그리고 중요한 것은 중간에 보이는 상세 내역 박스입니다. 이곳에는 아래와 같은 문서의 기본적인 관리 정보를 표시합니다.

- 문서 번호: 문서 관리를 위한 고유의 ID 번호 기재
- Version(버전): 문서가 어떤 버전인지 기재
- 개정 일자: 문서가 가장 최근에 변경된 날짜 기재
- 작성자: 문서를 최초 작성하거나 가장 최근에 수정한 사람 기재

● 개정 이력

사업명					문서명	
			제.개정 이력			
버전	개정일자	제.개정	개정사유 및 내용		작성자	승인자
v0.1	2022.05.06	제정	-최초작성		김길동	홍길동
v0.2	2022.05.24	개정	-컨설팅일정내용변경및 주간보고일정변경		김길동	홍길동
v0.3	2022.07.11	개정	-요구단계 감리 일정 및 개인정보 영향평가 (미확정 조정) 일정 반영		김길동	홍길동
v1.0	2022.08.22	개정	-WBS 초안 확정		김길동	홍길동
v1.1	2022.09.26	개정	-중간보고 일정 조정		김길동	홍길동
v1.2	2022.09.30	개정	-DW/OLAP 솔루션 설치 지연으로 인한 실적 기능 개발 일정 조정		김길동	홍길동
v1.3	2022.11.07	개정	-사회보장정보원 연계 및 솔루션 설치 일정등으로 인한 오픈 일정 조정		김길동	홍길동

표지 다음 장에는 개정 이력이 있어야 합니다. 프로젝트의 산출물은 다양한 이유로 수정과 업데이트가 됩니다. 가장 최신의 문서만 관리되어도 되지만, 문서를 누가, 어떤 이유로, 어떻게, 언제 바꿨는지를 알아야 할 때가 있습니다. 이를 위해 개정 이력을 관리하며, 항목은 아래와 같습니다.

- 버전: 수정 당시 버전을 규칙에 따라 업데이트
- 개정 일자: 문서를 수정한 날짜를 업데이트
- 제 · 개정: 문서가 최초 작성된 것인지(제정), 수정된 것인지(개정) 표시
- 개정 사유 및 내용: 문서를 수정하게 된 사유 및 어떤 내용을 수정하였는지 정리
- 작성자: 해당 문서 작성 및 수정 담당자
- 승인자: 이 문서의 작성 및 수정을 승인하는 담당자(보통 PM)

이처럼 상세한 개정 이력을 관리하여, 해당 문서에 속한 업무에 어떤 변경이 있었는지 등의 정보를 쉽게 파악할 수 있습니다. 이렇게 표지와 개정 이력을 작성한 후에는 문서의 목적에 맞는 본문을 작성합니다. 본문은 목차를 작성하고 해당 목차에 따라 본문을 작성하는 것을 기본으로 합니다.

● 버전 관리 규칙

버전 관리 규칙은 표지 및 개정 이력에서 버전을 어떤 기준으로 어떻게 업데이트하는지에 대한 규칙입니다. 문서가 바뀌었다고 큰 의미 없이 버전을 올리는 것이 아니라, 버전만 보고도 해당 문서가 대략 어떤 상태인지 파악하기 위해서 관리합니다. 참고로 문서 관리가 잘 되는 회사의 경우, 각각의 버전을 관리하는 규칙에 대해서 별도의 문서에 정의하고 그 기준을 따라서 작업합니다.

버전 관리의 기준은 회사마다, 사람마다 조금씩 다릅니다. 중요한 것은 일관성입니다. 한 프로젝트에 버전을 관리하는 기준이 정해져 있으면 모든 문서가 동일한 기준을 따라야 한다는 것입니다. 아래는 제가 자주 쓰는 기준입니다. 여러분은 이 기준을 따라도 되고, 다른 기준을 사용하여도 됩니다. 단, 반드시 일관성을 지켜야 합니다.

- 최초 작성은 [v0.1]로 표시합니다. 어떤 문서가 [v0.1]인 경우는 업무 담당자가 문서를 작성했는데 아직 미완성의 초안 상태라는 것을 알 수 있습니다.
- 문서의 초안이 확정되면 [v1.0]로 표시합니다. 어떤 문서가 [v1.0]인 경우는 문서가 1차로 작성이 완료되었으며, PM 혹은 승인자에게 확인받은 상태임을 알 수 있습니다.
- 문서의 변경이 적다면 0.1, 0.2, 0.3~0.9로 버전을 업데이트합니다. 문서 전체 중 30% 미만이라는 기준을 정하는 경우가 많은데, 실제로는 체감상 중요도가 떨어지고 변경 내용이 많지 않은 경우에 해당합니다.
- 문서의 변경이 크다면 앞자리 숫자를 2.0, 3.0 등으로 업데이트합니다. 목적에 따라, 사람마다 업데이트 기준이 다른데, 저는 공공사업에서 감리를 받을 때 감리 준비 과정에 문서의 검토를 완료하고 감리 단계별로 버전을 업데이트하기도 합니다.
- 중요한 문서 중 1.0대의 숫자 변화가 일어나는 경우, 고객에게 문서를 변경한 사유와 변경 문서를 공유합니다.

– 프로젝트 관리 문서 중 요구 사항 정의서, WBS의 경우 고객과의 협의를 바탕으로 요구 사항과 일정을 정리한 것이므로, 이 문서에 변경이 발생할 경우 반드시 고객의 확인을 받고 공유해야 합니다.

✦ 전체적인 산출물 관리 방법

다음은 개별 문서가 아닌 전체적인 산출물을 관리하는 방법입니다.

첫 번째, 사업 관리와 개발 관리 문서는 폴더를 분리합니다. 프로젝트를 진행하면 일정, 보고, 회의, 인력 관리, 사업 품질 관리 등 프로그램 개발과 별도로 사업을 관리하는 문서가 생깁니다. 이러한 사업 관리 문서와 프로그램 개발을 위한 관리 문서를 별도의 폴더로 구분하여 관리하는 것입니다.

두 번째, 업무 단계 순서별로 폴더를 정리합니다. 개발은 분석, 설계, 개발 등 업무 순서별로 나오는 산출물이 다릅니다. 이 산출물들을 하나의 폴더에 두지 않고 단계별로 구분해서 관리합니다.

세 번째, 업무별로 폴더를 관리합니다. [사업 관리 > 단계], [개발 관리 > 단계]로 폴더를 구분한 이후 각 단계에서 발생하는 업무별로 폴더를 구분하는 것입니다. 예를 들면 [개발 관리 > 분석 > 요구 사항 정의], [개발 관리 > 분석 > 요구 사항 분석] 등의 형태입니다.

네 번째, 1,2단계는 [순번-단계명칭-약어] 형태로, 3단계부터는 [순번-업무명칭] 형태로 폴더를 관리합니다.

다섯 번째, 상세 문서는 폴더의 약어를 기반으로 ID를 채번해서 문서를 관리합니다.

다음은 위의 설명 기준으로 한 폴더 및 문서 구조 샘플입니다.

　참고로 최종 문서의 ID는 [사업명-폴더 순서-최종 폴더 순번-문서 이름]의 형태로 채번 관리를 합니다. 이렇게 하면 특정 문서가 어느 위치에서 관리되는지 문서 ID만 보고도 바로 찾을 수 있습니다.

　문서 관리 자체는 PM의 다른 업무에 비해서 중요도가 높지 않지만, 관리의 디테일을 많이 알수록 PM은 더 좋은 평가를 받습니다.

IT 프로젝트를 진행하다 보면 종종 시스템 개발과 함께 고객사에서 도입하는 솔루션을 적용 및 개발해야 하는 경우가 있습니다. 이때 PM은 고객사가 도입하려는 솔루션을 검토하고 적용하는 과정을 진행하므로, 다양한 종류의 솔루션을 알고 있으면 업무에 큰 도움이 됩니다. 이번 절에서는 프로젝트 중 자주 도입되는 솔루션과 관련된 기초 상식을 습득할 수 있습니다.

✦ IT 솔루션이란?

IT 솔루션은 잠재적인 고객이 고민하는 문제를 해결해 주기 위한 대안(솔루션)으로 프로그램을 미리 만들어 놓은 것이라고 설명했습니다. 프로젝트를 진행하다 보면 내가 구축하는 시스템에 특정 솔루션을 도입하거나 연계해서 개발을 진행해야 하는 경우가 발생합니다. 예를 들면, 계약 시스템을 개발하는 프로젝트에서 계약의 관리 기능은 직접 개발하지만, 고객이 최종으로 사인하는 전자 계약서는 보안과 인증을 보증해 주는 전자 문서(e-Form) 솔루션을 도입해서 개발하는 것입니다.

IT 분야에는 매우 다양한 솔루션이 있는데, 만나는 빈도가 높은 몇 가지 솔루션에 대해서 설명하겠습니다. 먼저 솔루션이 어떠한 것인지 소개하고, 해당 솔루션을 이용한 개발을 진행할 때 어떤 식으로 해야 하는지 알아봅니다.

✦ BI 솔루션

BI는 Business Intelligence의 약어로, 업무(Business)를 지적(Intelligence)으로 할 수 있도록 도와주는 솔루션이라는 의미입니다. 보통 IT 시장에서 BI 솔루션은 고객사의 본업을 다양한 각도로 분석하여 효과적인 업무 정책을 만들 수 있도록 도움을 주는 솔루션을 말합니다.

예를 들면, 본업이 물건 판매인 쇼핑몰 회사는 쇼핑몰(B2C)과 함께 물건을 구매하고, 판매하고, 재고를 관리하고, 정산하는 등(B2B)의 시스템이 필요합니다. 이러한 핵심 서비스만 있어도 사업 운영이 가능하지만, 핵심 서비스를 제공하는 기능이 안정적으로 구축되고 나면 보통의 회사는 사업을 더 성장시키기 위해서 사업 진행을 분석합니다. 우리 회사의 매출은 어떤 상황이며, 상품 카테고리 중 매출이 높은 상품과 낮은 상품은 무엇인지, 이것을 개선하기 위해서는 어떻게 해야 할지 고민하는 것입니다.

이처럼 업무(Business)를 위한 시스템이 안정화되면, 사업을 더 크게 성장시키기 위한 지적(Intelligence)인 노력이 필요하며, 이를 지원해 주는 솔루션을 BI 솔루션이라고 합니다. 이때 지적(Intelligence)이라는 단어가 시스템을 통해 분석을 잘하는 것이 될 수도 있고, 시스템이 데이터를 분석해서 좋은 의사 결정을 지원해 주는 것일 수도 있으며, 개선할 문제점을 자동으로 찾아 주는 것이 될 수도 있습니다.

즉, BI 솔루션은 특정 기능을 가진 솔루션 하나에 국한된 것은 아닙니다. 사업을 지적으로 운영할 수 있도록 지원해 주는 다양한 종류의 솔루션을 통칭하는 의미입니다. IT 시장에는 BI 솔루션이라는 의미를 포함한 다양한 솔루션이 있는데, 그중 가장 대표적인 것이 OLAP 솔루션입니다. 최근에는 AI의 발전으로 다양한 의사 결정을 지원하는 BI 솔루션이 생기고 있는데, 사업 발전을 위한 분석에 가장 많이 도입되는 솔루션이 OLAP 솔루션입니다. 시스템을 구축하는 수행사와 밀접한 관계가 있는 솔루션이라서 OLAP 솔루션에 대해 좀 더 자세히 알아보겠습니다.

OLAP은 Online Analytical Processing의 약어로, 온라인을 통해서 정보를 분석 처리해 주는 시스템입니다. 실제 IT 현장에서는 정보를 다양한 각도(다차원)로 분석할 수 있도록 지원해 주는 시스템이라는 의미로 더 많이 사용되고 있습니다. 이때 말하는 다양한 각도가 어떤 의미일지 OLAP에서 제공하는 기준으로 설명하겠습니다.

- 드릴 다운(Drill Down): 정보를 큰 범위에서 작은 범위로 실시간 조회(ex. 전국의 행정구역별 매출 통계를 분석 중 경기도의 매출을 좀 더 자세히 보고 싶을 경우, OLAP 솔루션에서 드릴 다운 기능을 이용하여 경기도를 클릭하면, 경기도 내의 도시별로 상세한 매출 정보를 즉시 볼 수 있도록 하는 기능)
- 롤업(Roll Up): 정보를 작은 범위에서 큰 범위로 실시간 조회. 드릴 다운의 반대 개념
- 피봇팅(Pivoting): 정보 분석의 축을 변경하여 분석 패턴 변경. 같은 정보를 볼 때 가로축에 있는 정보를 세로축으로 이동하여 다양한 관점으로 분석이 가능(ex. 아래 예시 그림 참고)

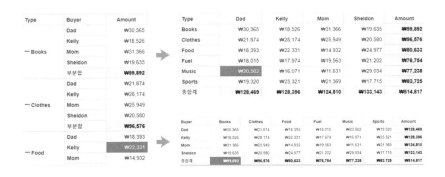

- 그 밖의 분석 기능: 분석하려는 필드(컬럼)를 자유롭게 추가하거나 삭제할 수 있으며, 슬라이스, 다이스 등 다양한 기능이 있음
- 통계 기능: 분석 결과를 쉽게 볼 수 있는 다양한 형태의 그래프, 레포트 등을 제공

OLAP 솔루션의 주요 포인트는 통계나 분석 정보를 고정된 레포트 형태로 보는 것이 아니라 온라인 솔루션을 통해서 해당 정보를 자유롭게 변경 및 조정하면서 분석할 수 있는 것입니다.

기존의 회사 업무 시스템을 리뉴얼(혹은 차세대) 하면서 BI 솔루션을 도입해서 업무 시스템을 개선하고자 하는 경우, 업무 시스템을 개발하는 회사와 BI 솔루션 회사가 함께 프로젝트를 진행해야 합니다. 이런 경우 BI 솔루션은 업무 시스템을 구축하는 쪽에 의존 관계를 가지게 됩니다. 실제 분석할 데이터의 원천 DB 정보가 업무 시스템에 있고, BI 솔루션은 업무 시스템의 원천 DB에서 자신들이 분석할 정보를 가져와야 하기 때문입니다. 이때 업무 시스템을 구축하는 개발업체는 BI 업체와 협의하여 DB 정보를 BI 솔루션에서 사용할 수 있도록 전달해줘야 합니다. 아래는 그 과정을 그림으로 표현한 것입니다.

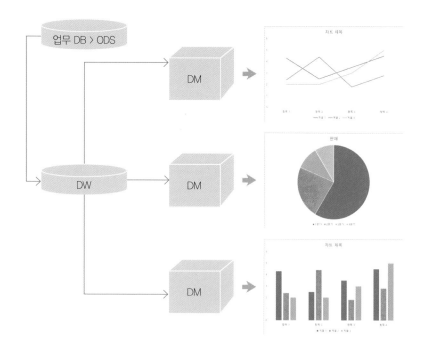

위의 그림은 업무 시스템 DB부터 OLAP 솔루션의 DB까지 정보가 전달되는 과정입니다. 하나씩 자세히 살펴보겠습니다.

첫 번째, [업무 DB > ODS]입니다. 분석하려는 원천 정보는 당연히 업무를 처리하는 시스템 DB에 있습니다. OLAP 분석을 위해서 업무 DB의 정보를 최초로 ODS라는 별도의 DB 저장 공간으로 옮깁니다. 업무 처리가 계속 발생하는 시스템의 DB는 많은 업무 처리를 해야 하므로, 분석에 필요한 정보를 별도의 장소로 옮긴다고 이해하면 됩니다.

두 번째, [ODS > DW]입니다. ODS에 있는 정보를 분석이 편한 형태로 변환하여 분석을 위한 데이터 저장소인 DW(Data Warehouse)로 옮깁니다.

세 번째, [DW > DM]입니다. 분석하려는 상세 정보를 앞서 설명한 다양한 각도로 분석할 수 있도록 DM(Data Mart)을 만들고, DW에 있는 정보를 DM에 맞춰서 옮기고 저장합니다.

네 번째, [DM > OLAP]입니다. DM에 있는 정보를 OLAP 솔루션이 프로그램으로 가져오면, 고객은 다양한 방식으로 분석하고, 분석된 결과를 그래프와 다양한 레포트 양식으로 사용합니다.

이러한 협업이 발생할 경우, 고객사와의 계약 관계에 따라 세 가지 방법으로 진행할 수 있습니다.

첫 번째, 업무 시스템 개발 회사는 OLAP 솔루션 회사에 필요한 DB 설계 정보와 접속 권한만 주고, OLAP 솔루션 회사가 나머지 과정을 알아서 작업합니다. 보통 OLAP 솔루션 회사가 솔루션 판매와 함께 구축까지 진행하는 것으로 계약될 때 사용하는 방법입니다.

두 번째, OLAP 솔루션 회사는 솔루션 설치 및 기술 지원만 하고, 업무 시스템 개발 회사가 OLAP 솔루션을 개발하는 기술 지원을 받아 나머지 전체 과정을 진행합니다. 보통 고객사와 업무 시스템 개발 회사의 계약 시 BI 시스템 구축까지 개발 범위에 있고 고객사가 OLAP 솔루션을 구매 지원만 하는 경우입니다.

세 번째, 업무 시스템 개발 회사가 DM까지 구성하고, OLAP 솔루션 회사는 OLAP 솔루션 설치 및 분석 화면 개발까지 진행하는 경우입니다.

PM은 BI 솔루션의 콘셉트 및 구매가 확정된 OLAP 솔루션이 지원하는 기능과 설치 방법을 개발 리더와 함께 검토하고, 고객사와 협의된 계약 조건에 맞게 업무를 진행해야 합니다.

✦ ETL 솔루션

ETL 솔루션은 IT 프로젝트에서 많이 접하는 솔루션 중 하나입니다. ETL은 추출(Extract), 변환(Transform), 적재(Load)의 합성어로, 각각의 단어 자체가 실제 기능을 그대로 설명합니다. 어떤 시스템의 정보를 추출(Extract)해서, 사용하려는 용도에 맞게 변환(Transform)하고, 변환된 정보를 최종 사용 공간에 적재(Load)하는 솔루션으로, 용도에 따라 원천이 되는 DB로부터 다른 DB로 데이터를 옮길 때 사용하는 솔루션입니다.

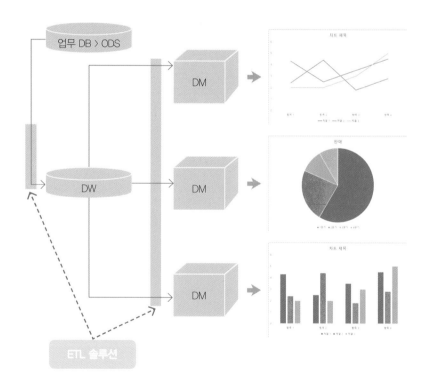

ETL 솔루션을 사용하는 대표적인 예가 앞서 말한 OLAP 시스템 구축입니다. 앞에서 업무 DB부터 ODS를 거쳐 DW, DM으로 데이터가 이동한다고 했습니다. 이동의 과정을 개발자가 모두 개발할 수도 있지만, 보통은 ETL 솔루션을 이용해서 데이터를 이동시킵니다.

ETL 솔루션은 추출, 변환, 적재 작업을 쉽게 할 수 있는 기능을 제공함과 동시에, 원하는 시점에 원하는 규칙에 따라서 데이터가 이동할 수 있도록 하는 스케줄링 기능 등 다양한 기능을 제공합니다.

PM은 기본적으로 ETL 솔루션에 대해 잘 알아 둘 것을 추천합니다. 대규모 프로젝트 혹은 ETL로 작업해야 할 업무량이 많은 경우를 제외하고는 대부분 고객사에서 솔루션을 구매해서 수행사에게 주면, 수행사는 ETL 솔루션 업체로부터 교육을 받아 직접 개발을 진행하는 경우가 많습니다. 물론 솔루션을 이용할 수 있도록 최초 설치 및 교육은 ELT 솔루션 업체에서 진행합니다.

✦ EAI 솔루션

EAI 솔루션은 [Enterprise Application Integration]의 약어로, 기업 어플리케이션 통합 솔루션이라는 의미입니다. 전문적이고 복잡한 단어가 많지만, 이해하기 쉽게 말하면 기업 내에 여러 개의 시스템이 있고, 각각의 시스템 간에 연계 개발이 필요할 경우 연계 작업을 지원해 주는 솔루션입니다.

서로 다른 시스템 간의 정보를 연계하는 간단한 방법은 REST API와 같은 공통 표준에 따른 연계 개발을 진행하는 것입니다. 하지만 연계 개발할 내용이 많고 관리 방법이 복잡하며 보안 등의 이유로 엄격히 관리해야 할 경우, EAI라는 전문적인 솔루션을 이용하기도 합니다.

예를 들어 은행과 결제를 위한 정보를 연계할 때, 수행사가 은행에 개인 정보(고객 카드 정보) 및 민감 정보(결제 내역 등)를 포함한 정보를 전달하면, 은행은 해당 결제를 처리하고 처리 결과를 전달하는 연계를 해야 합니다. 이때 이 중요한 정보를 안전하게 보호하고, 다양한 예외 상황을 처리하며, 정보를 송수신하는 주기와 방법을 모두 안전하게 관리하기 위해서 EAI 솔루션을 사용합니다.

PM은 이러한 연계 관련 협의에서 경우에 따라 고객사에 솔루션 회사의 장단점을 분석하여 결정하는 의견을 제공하거나, 확정된 솔루션의 기능을 분석해서 어떤 식으로 개발에 적용해야 할지를 결정합니다.

지금 설명하는 것은 기본적인 수준의 설명으로, 향후 프로젝트 중 이러한 상황을 만났을 때 대응하는 방법의 가이드 정도입니다. PM은 이러한 상황이 발생했을 때 자세히 검토하고, 의사 결정 및 업무 지원을 해야 합니다. 아래는 EAI 솔루션에 대한 추가적인 설명입니다.

A와 B는 서로 다른 시스템이라 직접 연계 불가

위의 그림처럼 시스템이 서로 다르면 시스템을 구성하는 개발 언어, 구조, 방법 등이 다양하고, 무엇보다 보안을 위해서 양쪽 시스템을 직접 연결시킬 수 없습니다.

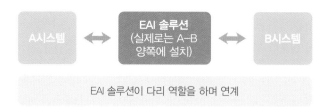

EAI 솔루션이 다리 역할을 하며 연계

그래서 두 시스템을 연계하기 위해 EAI 솔루션을 설치합니다. 정보를 요청하는 시스템이 EAI 솔루션의 표준에 맞춰 요청을 하면, EAI 솔루션은 그 요청을 정보를 제공하는 시스템에 전달하고, 정보를 제공하는 시스템은 EAI 솔루션의 표준에 맞춰 정보를 제공합니다. 이후 EAI 솔루션은 받은 정보를 최초로 요청한 시스템에 전달하는 방식입니다. 보통 양쪽 시스템의 특정 서버에 EAI 솔루션을 설치하여 정보를 주고받는 다리의 역할을 합니다. 이때 PM은 연계 대상 시스템의 업무 리더와 협의를 통해서 세 가지를 지원합니다.

첫 번째, 정보 연계 시 문제 상황에 대한 검토입니다. 상세한 정보 연계를 협의하기 전에 네트워크, 보안, H/W 시스템 현황 등을 검토해서 상호 간에 물리적으로 시스템 연계를 할 수 있는지 파악하고, 불가능하게 하는 요소가 있으면 제거하는 방법을 우선 협의합니다. 이때 PM의 개발 지식이 부족한 경우 개발 리더와 함께 상의합니다.

두 번째, 주고받는 정보에 대한 상세한 협의입니다. 업무 진행을 위해서 주고받는 정보의 내용, 형태, 주기, 검증 방법 등을 상세하게 협의해야 합니다. 상황에 따라 PM이 직접 정리하거나 기획자와 개발 리더가 세부 내용을 정리하고 PM이 의사 결정을 지원하는 경우도 있습니다.

세 번째, 연계 업무 진행 관리입니다. EAI 솔루션을 이용한 연계는 결국 제3자와 연계 업무를 하는 것입니다. 이 경우, 우리가 아무리 일정을 잘 맞춰도 연계하는 상대방의 개발이 제대로 진척되지 않으면 일정에 지장이 생깁니다. 그리고 실제 개발을 하다 보면 업무 협의 시 고려한 것 외에 전달되는 정보의 갭(타입, SIZE, 주기, 예외 처리 등)이 발생하며, 방화벽 오픈 등 네트워크 환경을 맞추기 위해 양쪽 회사의 IT 인프라 관리팀에 오픈 요청, 승인 및 오픈 처리 확인 등의 작업을 해야 합니다. PM은 이러한 전 과정을 계속해서 모니터링하면서, 그 과정에서 발생하는 다양한 문제를 빠르게 해결해야 합니다.

✦ e-Form 솔루션

IT 기술의 발전과 함께 많은 업무가 전자화되고 있습니다. 은행을 가도 종이에 사인을 하고 계약하던 것들이 태블릿의 전자 문서로 진행됩니다. 이처럼 종이 대신 계약을 위한 전자 문서를 만들고 관리해 주는 것을 e-Form 솔루션이라고 합니다.

e-Form 솔루션과 레포팅 솔루션을 혼동하는 경우가 있는데, e-Form은 문서에 사인, 필기, 내용 입력 등의 입력이 들어간 후 별도로 저장 관리되는 것을 말하고, 레포팅은 출력할 전자 문서가 눈에 보이지만 별도의 입력을 받지 않고 출력에 사용되는 솔루션입니다.

전자 문서는 세 가지의 필수 기능을 가지고 있습니다.

첫 번째는 레포트 디자인 기능입니다. 내용 작성이나 사인이 필요한 부분을 제외하고 나머지 정보가 계약서 양식에 따라서 깔끔하게 만들어져야 하는데, 이것을 지원하는 기능입니다.

두 번째는 입력 기능입니다. 은행의 전자 계약서처럼 고객의 사인, 주소나 이름 정보 입력, 동의 문서 내에서 정보를 입력받는 기능이 필요합니다.

세 번째는 위변조 방지 기능입니다. 종이 계약서는 한 번 작성하면 위변조가 쉽지 않습니다. 하지만 전자로 작성된 문서는 위변조 방지를 별도로 하지 않으면, 한글 파일의 내용을 바꾸는 것처럼 계약 내용을 언제든 쉽게 바꿀 수 있습니다. 이렇게 되면 전자 문서를 통한 계약과 같은 업무를 할 수가 없습니다. 그래서 누군가 위조 혹은 변조를 시도할 때, 이것을 막는 방법을 제공해야 합니다. 이때 타임스탬프라는 기능을 적용합니다. 마치 종이 문서에 도장을 찍어 진본임을 확인하고 위변조가 불가능하게 하듯이, 전자 문서에도 타임스탬프라는 도장을 찍는 방식입니다.

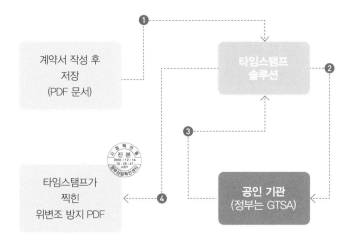

위의 그림은 e-Form 솔루션이 동작하는 구조입니다. 먼저 세 가지가 준비되어야 합니다.

첫 번째는 e-Form 솔루션입니다. 전자 문서가 동작할 수 있도록 기능을 제공하는 솔루션이 서버에 설치되어야 합니다.

두 번째는 타임스탬프 솔루션입니다. e-Form 솔루션을 통해 만들어진 전자문서의 위변조를 막기 위한 타임스탬프를 찍어 주는 솔루션입니다. e-Form 솔루션에 타임스탬프 솔루션이 포함되어 있을 거라고 생각할 수도 있지만, 대부분의 경우 별도로 분리되어 있으며 회사도 분리되어 있습니다. 그래서 위변조 방지를 포함한 전자 계약 등의 시스템을 구축할 경우, e-Form 솔루션 회사와 함께 타임스탬프 솔루션 회사도 함께 알아보고 계약을 해야 합니다.

세 번째는 공인 기관 계약입니다. 타임스탬프는 외부 인증 기관의 공식적인 인증을 받습니다.

이렇게 준비가 완료되면 다음의 단계를 통해 전자 계약이 진행됩니다.

먼저 계약서를 확인하고 사인한 후 저장합니다. 은행을 예로 들면 고객이 계약서의 내용을 확인한 후 기본 내용을 입력하고 자신의 사인까지 처리하고 저장버튼을 누르는 단계입니다.

그다음으로, 타임스탬프 솔루션이 공인 기관에 인증 정보를 요청합니다. 현재 이러한 문서의 계약이 진행되었으니, 이에 대한 인증을 해 달라는 요청입니다.

인증 기관은 인증 요청을 받으면 인증 결과를 타임스탬프 솔루션에 전달합니다. 인증 기관은 요청에 따른 인증 정보를 기관 내의 서버에 관리하고, 해당 내용을 타임스탬프 솔루션에 전달합니다. 그래서 언제든 개별 문서와 인증 기관의 정보를 비교하여 진위를 확인할 수 있는 근거를 남깁니다.

인증을 받은 타임스탬프 솔루션은 e-Form 솔루션에 타임스탬프를 찍습니다. 공인 기관으로부터 인증받은 정보를 고객의 계약 정보 및 사인 정보가 입력된 파일에 찍습니다. 앞의 타임스탬프 그림처럼 인증 기관, 시점 정보, 진위 여부가 표시된 도장이 해당 계약서에 찍힙니다. 이렇게 타임스탬프가 찍힌 전자 문서는 진본이라고 표시되고, 누군가에 의해서 임의로 변조될 경우 변조라고 바뀝니다.

PM은 이러한 e-Form 솔루션을 적용하여 전자 문서 작업을 할 경우 아래와 같은 업무를 지원합니다.

먼저 고객에게 e-Form의 적용 범위를 확인합니다. 고객사 상황에 따라 전자 문서에 타임스탬프 솔루션까지 이용하며 진위를 엄격하게 관리하지 않아도 되는 경우도 있고, 중요한 계약 정보라서 반드시 진위 확인까지 해야 하는 경우도 있습니다. 사전에 고객이 원하는 범위를 명확히 확인한 후, 엄격한 진위 확인 및 위변조 방지가 필요 없는 경우에는 e-Form 솔루션만 도입하고, 필요한 경우에는 타임스탬프 솔루션까지 도입합니다. 그리고 타임스탬프를 쓸 경우 인증 기관을 어디로 할지도 함께 협의해야 합니다. 정부는 GTSA라는 기관이 있고, 민간은 별도 인증 기관에 비용을 지불하며 진행합니다.

다음으로, 고객이 필요로 하는 전자 문서에 대한 상세 요구 사항을 확인하고 기획합니다. 고객이 원하는 전자 문서가 어떤 종류이며, 각각의 문서는 어떻게 구성할지를 명확히 확인하고 기획하여 개발해야 합니다. 이 경우 고객사의 담당자에게 해당 전자 문서를 한글 혹은 워드 파일로 만들어 달라고 요청하여 전달받습니다.

마지막으로, 시스템 개발을 관리합니다. e-Form 솔루션 설치, 타임스탬프 솔루션 설치, 인증 기관과 타임스탬프 솔루션 사이의 방화벽 오픈 등 개발을 위한 환경 구성뿐만 아니라, 사전에 기획된 문서에 따라 전자 문서가 의도대로 잘 만들어지는지도 관리합니다. 참고로 솔루션은 각 솔루션 업체에서 설치 및 환경 구성까지 다 진행하고, 고객이 요청한 전자 문서 서식에 대한 개발은 계약 상황에 따라 수행사에서 직접 혹은 e-Form 솔루션 업체에서 진행합니다.

✦ 마무리하며

지금까지 PM의 기초 지식부터 프로젝트의 진행 단계, 단계별 수행 업무 및 PM으로서 알아야 할 실무 필수 정보까지 여러분이 PM을 준비하고 PM으로서 일을 하며 알아야 할 기본이 되는 지식을 나누었습니다. 책을 마무리하며 여러분들께 가벼운 나눔과 인사를 드리고자 합니다.

PM은 프로젝트를 진행하는 동안 모든 것을 책임지고 이끄는 역할을 하는 사람입니다. 그래서 그만큼 많은 부담감과 책임을 갖고 일을 합니다. 때로는 그 부담과 책임이 너무 커져서 포기하고 싶을 때도 생기지만, 오랜 시간 PM으로 일을 하다 보니 반대로 그만큼 전체 사업을 이끄는 즐거움과 프로젝트를 성공적으로 완수했을 때 갖는 만족감 또한 높은 직무입니다.

저는 PM이라는 직무가 있다는 것을 컴퓨터공학과 재학 시절에 알게 되었고, PM이 되는 것을 꿈꿨습니다. 하지만 그때 당시 아무리 찾아봐도 PM이 무엇이며, 어떻게 PM이 되고, PM이 되면 무엇이 좋고 나쁜지, PM으로서 어떤 준비를 해야 하는지 설명해 주는 자료가 부족했습니다. 그래서 만약 내가 PM이 되고 경험을 쌓으면 저와 같은 입장에 있는 사람들을 위해서 꼭 좋은 정보를 나누는 사람이 되겠다고 다짐을 했습니다. 그리고 개발자로 일하다가 정말 아무것도 모르는 상태로 PM의 기회를 얻어 경험하고 배우며 여기까지 왔습니다.

저와 같이 PM을 꿈꾸고 준비하는 분들, PM으로서 처음 업무를 배우는 분들이 이 책을 통해서 조금이나마 도움을 얻길 바라며, 절대 포기하지 말고 꼭 멋진 PM으로 성장하기를 진심으로 응원합니다. 감사합니다.

아무도 알려 주지 않는
PM 필수 지식

1판 1쇄 2024년 10월 05일

저　　자 | 최선신
발 행 인 | 김길수
발 행 처 | (주)영진닷컴
주　　소 | (우)08512 서울특별시 금천구 디지털로9길 32
　　　　　 갑을그레이트밸리 B동 1001호 (주)영진닷컴
등　　록 | 2007. 4. 27. 제16-4189호

©2024. (주)영진닷컴

ISBN | 978-89-314-7752-8